AF345268

LA VÉRITÉ SUR LOUIS XVII

SOUVENIRS INÉDITS

de la

COMTESSE D'APCHIER

PRÉCÉDÉS D'UNE

INTRODUCTION SUR LOUIS XVII

par

JEAN DE BONNEFON

DORBON-AINÉ

19, BOULEVARD HAUSSMANN, 19

PARIS

LA VÉRITÉ SUR LOUIS XVII

SOUVENIRS INÉDITS

de la

COMTESSE D'APCHIER

LA VÉRITÉ SUR LOUIS XVII

SOUVENIRS INÉDITS

de la

COMTESSE D'APCHIER

PRÉCÉDÉS D'UNE

INTRODUCTION SUR LOUIS XVII

par

JEAN DE BONNEFON

DORBON-AINÉ

19, BOULEVARD HAUSSMANN, 19

PARIS

Le Château de Vaurenard, a Gleizé (Rhône)

LA COMTESSE D'APCHIER

NÉE

CORTEILLES DE VAURENARD

— Passez le premier, Monsieur le Cardinal, disait, dans une heure de jalousie, Louis XIII à Richelieu, au moment de franchir une porte intérieure au Louvre ; passez le premier puisque vous êtes le maître.

Richelieu, sans répondre, prit le flambeau que tenait un gentilhomme de service et précéda le roi :

— Sire, dit-il enfin, c'est en prenant les fonctions de son plus humble gentilhomme que je puis précéder Votre Majesté et je m'honore de porter le flambeau puisque Votre Majesté l'ordonne.

Et, avec le recul des siècles, on aperçoit cette scène intime et magnifique, le sang-froid et la souplesse de Richelieu, l'air contraint et serré du Roi. On entend le respect qui bruisse et la lumière de ce flambeau se prolonge dans les obscurités de l'histoire pour éclairer un peu cette chose dont nous n'avons maintenant ni la connaissance ni la notion : je veux dire la royauté, telle qu'elle fut en France. Ce respect qui caresse en se courbant, qui va d'un grand seigneur de fait, d'esprit et d'attitude, d'un cardinal tout-puissant à un roi débile, serait un des plus beaux gestes de l'histoire, s'il

1

n'était surpassé par un autre geste, celui d'une femme
née, pure, pieuse mais royaliste avant tout, dédiant son
respect et sa vie au fantôme de la monarchie, à un roi
sans trône, à un Bourbon sans nom, à un fils de France
sans fleurs de lys, à l'exilé de tout, même de la justice,
qui fut Louis XVII. A la fin de sa course douloureuse
à travers les routes du monde, les murs des prisons et
la malice des hommes, le baron de Richemont, fils de
Louis XVI, trouva une vieille femme châtelaine au pays
de Lyon, qui connut la vérité et qui vénéra l'exilé
vieilli, le prisonnier libéré comme elle eut admiré le
Roi, sur le trône de France.

Car Madame de Corteilles de Vaurenard, veuve du
comte d'Apchier de Vabre (1), n'était pas une pauvre

(1) APCHIER. Les d'Apchier forment une branche de l'illustre maison
de Châteauneuf-Randan. Elle fut formée par Guérin de Châteauneuf, marié vers 1180 à Alix, héritière de la baronnie d'Apchier en Languedoc.

Le premier d'Apchier qui ait laissé trace dans l'histoire fut Guil-
laume, compagnon de saint Louis dans son voyage d'outre-mer et
grand-maître élu de l'Ordre de Saint-Jean de Jérusalem entre les années
1244-1259.

La branche des barons d'Apchier s'est divisée en plusieurs rameaux
répandus en Auvergne et en Vivarais.

Le pape Clément VI eut pour chef de son armée Guérin VII, baron
d'Apchier, son beau-frère.

Guérin VIII, baron d'Apchier, fut arbitre entre le roi de Sicile, le
pape et le comte de Turenne, l'année 1389.

Béraud d'Apchier fut un illustre capitaine, ami du maréchal de
Sévérac et son fidèle compagnon jusqu'à la mort en 1422.

Claude, baron d'Apchier, fut écuyer du roi Charles VII.

Chevaliers de l'Ordre, gentilshommes de la Chambre, gouverneurs de
Haute-Auvergne, lieutenants-généraux, chevaliers du Saint-Esprit,
telles sont les fonctions des barons d'Apchier jusqu'à la Révolution.

Ils sont barons d'Apchier, comtes et marquis d'Apchier, seigneurs de
Sereys, de Vazeilles, de Montbrun, de Gironde, de Talhac, de Marge-
ride, de Roche-Romaine, de Lodières, de Vallette, de Frézen, etc.

Leurs alliances se font avec les Canillac, les Polignac, les Narbonne,
les Lévis, les Rochefort, les Rogier-Beaufort-Turenne, les dauphins

provinciale prête à être dupée par les mirages de la vanité. Elle avait appartenu à l'ancienne cour. De six ans plus âgée que le Dauphin, elle avait été attachée dans sa jeunesse à la duchesse d'Angoulême.

Comme d'autres royalistes sincères elle avait souffert d'une Restauration qui n'avait rien restauré, qui avait gardé les hommes de la révolution et avait reçu dans les palais royaux les renégats de plusieurs régimes. Quand la comtesse d'Apchier avait connu les noms de ceux qui montaient la garde d'honneur autour de Louis XVIII, puis de Charles X, elle avait refusé de mêler son nom à ces noms. Elle avait réfugié ses rêves trompés dans les ombres du parc de Vaurenard (1). Assez

d'Auvergne, les Tourzel, les Alègre, les Chabannes, les Chazeron, les Chalençon, les Langeac, les La Fayette, les Foix, les Flageac, les Crussol, les La Rochefoucauld, les La Tour d'Auvergne, les Lastic, les Mauriac-Miramont, les Pestels, les Peyre, les Gironde.

La branche de la maison d'Apchier fixée dans le Lyonnais s'est desséchée en la personne du comte d'Apchier de Vabre, mari de Mme de Corteilles de Vaurenard, dont on donne aujourd'hui les souvenirs.

Les autres branches sont tombées du tronc sans sève, et ceux qui portent aujourd'hui le nom d'Apchier font cela en dehors de toutes lois du code héraldique. Le Conseil d'État a pu leur accorder *ou leur refuser* cette faveur. La maison d'Apchier n'en est pas moins éteinte et aucune ordonnance n'a fait de substitution de nom et de titre, en faveur de quiconque.

Les armes de la maison d'Apchier sont : *d'or au château sommé de trois tours de gueules, maçonné, ajouré et coulissé de sable ; la tour du milieu plus élevée est accostée de deux haches adossées d'azur.*

(1) Falcon de Longevialle. Le propriétaire actuel de Vaurenard, neveu de la comtesse d'Apchier, descend d'Antoine Guérin Falcon, receveur des tailles à Saint-Flour, qui rendit hommage au Roi en 1717 pour le domaine noble de Longevialle de Chaliers.

Cette famille fut convoquée aux Assemblées de la Noblesse à Mende et à Saint-Flour en 1789. L'Acte de Coalition de 1791 porte deux fois cette signature.

Un Falcon de Longevialle fut maire de Saint-Flour, sous la Restauration et chevalier de Saint-Louis. Il eut plusieurs fils dont un marié à Mlle de Caissac de la Roquevieille.

riche pour ne dépendre de personne, elle n'avait rien demandé à la Monarchie et elle avait continué de verser ses pleurs avec ses prières devant les portraits de Louis XVI, de Marie-Antoinette, du Dauphin.

Tous ceux qui ont connu la comtesse d'Apchier ne sont pas morts : ils s'accordent à dire qu'elle était la grande dame avec l'ampleur du mot, avec la simplicité souriante de la fonction.

C'était en 1833 une femme déjà vieille qui semblait avoir, en cinquante-trois années, traversé plus d'hivers que de printemps. Ses cheveux en bandeaux plats étaient déjà tout blancs et disparaissaient sous un voile noir qui formait coiffure par la régularité de quelques plis. Des robes très simples d'étoffe noire disparaissaient l'hiver sous une ample pelisse et l'été se voilaient d'une légère mante de soie, « pour ne pas aller en taille » disaient alors les femmes de bon ton. Le nez un peu grand ne déparait pas un visage long et pâle, éclairé de deux yeux bruns, des yeux à reflets, dont les lourdes paupières semblaient en vain vouloir éteindre l'éclat. L'ensemble avait une grande expression de charité, cette bonté que l'amour du ciel porte sur la terre en quelques êtres d'élite.

Les mains très petites étaient ridées, avec des veines très visibles. Mme d'Apchier les soignait et montrait encore des pieds aristocratiques serrés dans les brodequins du temps.

Elle vivait noblement dans son grand château, en princesse exilée, plutôt qu'en veuve de qualité. Elle ne sortait que pour aller à l'église de Gleizé ou dans un ouvroir que dirigeaient les religieuses à Villefranche. Elle occupait les journées de solitude à soigner elle-

même les fleurs du parterre, à diriger le personnel de
sa maison qui était nombreux et de bonne tenue.

Elle déjeunait à dix heures et dînait à six, toujours
en grand service, avec la vaisselle plate et les domes-
tiques en livrée. Les bougies étaient allumées dans la
haute salle, comme on eut fait pour un dîner de gala.
Mais depuis la mort du comte d'Apchier nul ne s'était
assis à la table de sa veuve. Ses neveux et ses nièces
qui venaient passer quelques semaines à l'époque
des vendanges étaient servis à d'autres heures que leur
tante et Madame d'Apchier vivait vraiment seule, la
tête et le cœur dans le passé. Les châtelains du voisi-
nage venaient avec leurs femmes faire une ou deux fois
par an de solennelles visites que Madame d'Apchier
recevait poliment et ne rendait jamais. Quelques
semaines à Lyon dans son hôtel ou dans un couvent
où se retiraient d'autres dames nobles, une saison aux
eaux de Vichy coupaient cette existence qui avait la
grandeur de la tristesse.

La Révolution de 1830 ne dut pas troubler la quiétude
de cette survivance sans espoir et sans joie.

Aux yeux des royalistes de l'ancien régime, Louis-
Philippe était le fils du régicide Égalité. Mais
Louis XVIII et Charles X n'avaient-ils pas assassiné la
Monarchie, crime plus grand que l'assassinat d'un
roi?

Les malheurs de la duchesse de Berry donnèrent
quelque émotion aux âmes sensibles, quelque indignation aux êtres nobles. Madame d'Apchier joignit
les expressions de ses sentiments à celles des royalistes. Mais cette femme que l'amour n'avait jamais
atteinte souffrit de la faute commise par une princesse

de France. Il lui parut que les lys souillés de sang venaient de recevoir une nouvelle tache et la royaliste, plus royaliste que les rois, s'enferma dans le silence.

Telle était Madame d'Apchier quand elle vit pour la première fois le baron de Richemont. Mais elle n'avait pas toujours été la revenue de tout, la royaliste sans enthousiasme et, ce qui est pire, sans confiance. Sa correspondance, des notes nombreuses prouvent que la vaillante femme qui avait refusé d'émigrer, et qui avait traversé la Révolution parmi le respect des paysans de Gleizé, avait pris part à toutes les conspirations royalistes de la région lyonnaise sous le Directoire et sous l'Empire. Elle en avait tenu les fils les plus secrets et sa petite main nerveuse n'avait rien embrouillé de l'écheveau compliqué. Tous les secrets du parti elle les avait portés dans son cerveau de femme destinée au commandement, comme elle avait porté dans les plis de son éternelle robe noire les lettres les plus secrètes, les ordres les plus dangereux.

Irréprochable et pure, de mœurs sévères, Madame d'Apchier fut une personnalité plus élevée que toutes les femmes et que beaucoup d'hommes de son parti. Le baron de Glavenas qui l'avait connue jeune disait volontiers :

— Le respect que nous imposait cette femme frêle et menue était tel, son air nous dominait de si haut que nul de nous n'aurait osé savoir si elle était laide ou jolie.

Admirable hommage rendu à une admirable femme qui avait — pour la cause — effacé les lignes de son visage dans les grandes lignes de la cause royaliste au nom de laquelle elle luttait.

Nul ne fixa les traits de Madame d'Apchier avant de la laisser s'enfermer dans l'*in pace* de son château de Vaurenard. Statues d'êtres qui furent grands à l'insu du monde, d'êtres qui accomplirent leur œuvre sans laisser de traces, combien êtes-vous qui manquez à la galerie des femmes illustres? Elles sont nombreuses les femmes de la Révolution — dans l'un et l'autre parti — qui méritèrent la gloire et qui n'eurent que l'oubli. Nous ne connaîtrons jamais leurs traits effacés par le temps. Leur gloire couverte de la poussière contemporaine n'a pas dépassé le seuil de leur porte et nul écrivain n'a demandé aux générations futures un peu d'admiration pour ces grandeurs anonymes.

Afin de bien comprendre la ferme et placide force de cette tête il faut avoir l'intelligence de son catholicisme. Madame d'Apchier voyait trop de prêtres pour croire beaucoup en eux. Elle avait mis sa religion plus haut que les têtes des hommes ; elle l'avait mise tout entière au pied de la croix. Pour arriver là, pour dominer de ce Golgotha le monde et le temps elle avait dû monter lentement tous les degrés de la religion, s'arrêtant à chaque marche de son élévation, s'arrêtant enfin quand elle fut arrivée au faîte, le plus près de Dieu.

En 1833, Madame d'Apchier regardait tout du point de vue de Dieu. Elle avait tué en elle toute imagination, toute préoccupation humaine. Elle ne tenait plus à la Monarchie que par les liens qui rattachent les couronnes des rois martyrs à la couronne céleste. La flamme épurée de la sainteté avait dévoré depuis longtemps les grâces de la femme du monde.

Quand on parla pour la première fois à Madame d'Apchier du baron de Richemont, le prélat qui fit cette démarche ne trouva pas en face de lui une créature faible ou vaniteuse, aisément engouée, désireuse de jouer un rôle, une de ces royalistes de salon que l'odeur des lys faisait évanouir.

Madame d'Apchier était une femme de grand sens et de grande fermeté; elle n'avait ni ambition, ni nostalgie, ni vaines illusions. Elle examina froidement le fort et le faible du nouveau récit qui lui était présenté et ne se décida pas à la courte paille. Richemont de son côté n'avait plus rien à espérer, ayant perdu toutes les certitudes. Il vivait parmi les amis dévoués qui ne lui manquèrent jamais dans la région lyonnaise : l'abbé Nicod, le grand sculpteur Foyatier, des prêtres, des artistes, des hommes retirés de la lutte. Son incommode et inflexible droiture qui avait eu jadis quelque chose de souriant et d'aimable avait perdu la bonne humeur. Son physique, cette chose si frivole et si sérieuse, avait pris le caractère des médailles d'où la vie semble avoir fui dans la rigidité anguleuse du métal. Longtemps le royal méconnu avait gardé le rire des Bourbons, ce rire qui éclate le long de l'histoire comme une fusée héraldique. Les dernières déceptions, les trahisons ultimes avaient fixé maintenant la ligne des lèvres dans un pli dédaigneux ou désabusé.

Cette tête n'avait plus rien physiquement de ce qui peut captiver et retenir les femmes. De plus, les idées libérales bouillaient dans ce crâne formé par des siècles d'absolutisme. Le petit-fils de saint Louis, méconnu, renié, bafoué, risquait de mourir dans la peau d'un doctrinaire, dans les idées d'un Guizot revu par Thiers ! Le survivant du droit divin et de la justice armée, jeté dans le parti le plus bourgeois et le plus impopulaire de son temps ! Voilà un beau spectacle bien fait pour enthousiasmer une femme nourrie de la plus pure moelle royaliste !

On insiste sur ces détails pour prouver que l'imagination n'eut aucune part dans les décisions et les dévouements de la comtesse d'Apchier. Elle accueillit, elle recueillit le roi parce qu'elle eut la foi en ses preuves. Elle ne l'aima jamais et ne l'estima qu'à la longue.

J'ai eu la nette vision de cet état singulier — peut-être unique — quand je vis en 1908 un des derniers témoins de l'existence menée au château de Vaurenard par le roi et Madame d'Apchier, pendant les années de cette intimité, sans intimité. Je dois reproduire exactement ces pages écrites comme des notes de route parce que tout changement en diminuerait la précision, parce que le temps a effacé la couleur d'une scène que je vois maintenant dans le recul des heures écoulées.

Mlle Fanny A. (1) était une vieille fille, âgée de quatre-vingts ans, ridée, pliée sur elle-même, avec cette grâce singulière qu'ont parfois les femmes du peuple quand elles vivent longtemps dans la domesticité d'une grande dame. Mlle Fanny avait traîné son art de broder et de « relever les points de Saxe » pendant un demi-siècle dans les châteaux qui entourent Villefranche-sur-Saône. La comtesse d'Apchier l'employa plusieurs jours par semaine et Mlle Fanny avait vu les êtres de Vaurenard jusqu'au jour de 1861 où la grande comtesse

____

(1) *Le baron de Richemont, fils de Louis XVI*, par Jean de Bonnefon. Louis Michaud, éditeur.

prit à son tour le chemin du petit cimetière de Gleizé, là haut sur la colline toute parfumée des roses de l'été ou des lilas du printemps.

Mlle Fanny appartenait à la race des ouvrières traitées avec égards parce qu'elles avaient reçu une éducation supérieure à la position de leur famille, parce qu'elles étaient recherchées pour leur art spécial, parce qu'elles étaient les dépositaires des fières intimités de la famille, si jalousement cachées dans la noblesse provinciale.

Après avoir gagné la confiance de la vieille fille, je lui dis brusquement :

— Quand vous alliez à Gleizé, au château de Vaurenard, n'entriez-vous jamais dans le cimetière ? N'y avez-vous pas remarqué une tombe scellée dans le mur de la chapelle d'Apchier ?

— Si je l'ai vue ! Si je la connais ! s'écria la vieille fille éveillée tout à coup. Je l'ai vue comme vous la voyez avec l'inscription qui est maintenant gravée.

« Je l'ai vue longtemps couchée par terre, s'enfonçant peu à peu, s'effaçant sous les hautes herbes. Il y a plus longtemps, il y a très longtemps, je l'ai vue neuve avec une autre inscription.

— Comment ? une autre inscription ?

— Oui, mon bon Monsieur, cette tombe n'a pas toujours été là où vous la voyez. La comtesse d'Apchier de Vabre, née de Corteilles de Vaurenard, qui la fit faire, l'avait mise à la place d'honneur, près de sa chapelle funéraire. J'ai gardé dans ce cadre que vous voyez là l'inscription qui était alors écrite sur la face de la stèle. Et Mlle Fanny me désignait un petit cadre placé sur la cheminée. Je m'approchai et je lus :

LOUIS CHARLES DE FRANCE
FILS DE LOUIS XVI ET DE MARIE-ANTOINETTE
Né à Versailles le 17 mars 1785
Mort à Gleizé le 10 août. 1853

— Cette inscription demeura intacte pendant cinq ans, jusqu'en 1858. J'allais au château deux jours par semaine et j'accompagnais Madame la comtesse d'Apchier quand elle portait des fleurs sur la tombe du Roi, comme elle disait avec un grand respect.

« Chaque année, au temps où les lis fleurissaient, elle en coupait dans les plates-bandes de son château. Elle en achetait, elle m'en envoyait quérir et elle posait elle-même les grandes gerbes sur la tombe.

« Mais en 1858, sur la dénonciation d'un parent de Madame la comtesse d'Apchier, le sous-préfet de Villefranche, un petit gros que je vois encore, arriva au château accompagné du commissaire de police.

« Les gens de cette espèce n'avaient pas coutume de franchir les portes du grand salon de Vaurenard où les hautes boiseries étaient ornées de trois portraits voilés de crêpe, ceux de Louis XVI, de Marie-Antoinette et de Louis XVII.

« Les fonctionnaires furent reçus par la comtesse, de très haut, et de cet air qu'elle savait prendre avec le beau monde, elle qui était si douce, si bonne avec les petites gens.

« Le sous-préfet venait de la part du ministre, M. de Persigny, signifier à Madame de faire effacer sans délai l'inscription gravée sur la tombe du cimetière.

« Il fallut obéir, mais au lieu d'effacer la gravure on mit la dalle de pierre sur l'autre face et Madame y fit inscrire les dernières paroles du Monsieur qu'elle appelait le Roi.

« Quand Madame mourut, la tombe fut négligée, renversée peut-être dans les herbes où elle resta longtemps à demi-brisée.

« Il y a peu de temps une main pieuse a dressé de nouveau la pierre et l'a placée là où vous l'avez vue. On a scellé dans le mur la face qui porte toujours l'inscription interdite.

« Voilà ce que je sais et je suis seule à savoir quelque chose.

« Qui se souvient dans le pays du solitaire de Vaurenard !

« Pendant longtemps, on parla de Lui dans les châteaux où j'allais. Puis le silence est tombé sur cette histoire. Les héritiers de la comtesse d'Apchier font encore dire les messes que leur grand'tante a fondées pour le Roi. Mais ils ne parlent jamais de celui pour qui elles sont dites. »

La vieille femme se recueillit à ces mots comme si elle entrait dans une longue avenue bordée des spectres de ceux qu'elle avait connus :

— Dans ce temps-là, reprit-elle, les maîtres des châteaux étaient partagés en deux camps. Les uns croyaient que l'hôte de Gleizé était vraiment le fils de Louis XVI, l'enfant du Temple.

« Les autres se moquaient des châtelaines qui l'hébergeaient, lui donnaient du *Monseigneur* et le mettaient à table à la place du maître. Je dois dire que les plus nobles et les meilleurs étaient pour lui et qu'il avait pour adversaires ceux qui n'étaient pas admis en sa présence.

— Quand vous alliez au château de Vaurenard, n'aperceviez-vous pas celui qui en était l'hôte ?

— Je l'ai vu bien souvent, mais jamais je ne lui ai parlé, car il appelait le respect, quoiqu'il fût simplement habillé comme un bourgeois de Lyon. Quand il était au château, la maison présentait un aspect inaccoutumé. La comtesse et lui n'emplissaient pas les grands appartements silencieux, mais vivaient à l'écart l'un de l'autre. Madame d'Apchier faisant demander une audience au Roi qui était chez elle, comme elle eut fait au palais de Versailles pour un vrai roi.

« Souvent il se promenait à pied dans les longues allées du jardin muet. Il sortait même du parc et errait à travers les vignes le long des sentiers.

« Les hommes le saluaient sans jamais lui parler : ils n'osaient pas, tant il y avait de majesté et de tristesse dans le regard de ses yeux bleus. Les femmes le regardaient, parce qu'il était beau. Les enfants joyeux éparpillés de ci de là dans la campagne s'arrêtaient de jouer quand il passait, parce qu'il avait l'air douloureux.

« Sur la place, devant l'église, les gamins étaient tout bruyants, avec les mouvements du vif argent, avec l'éclat de leur carnation de lumière et de pain bis, avec leurs joues sales et rayonnantes...

« Le *Monsieur* paraissait. Et les enfants se taisaient pour suivre du regard avec étonnement cet homme seul et lent.

« Comme les grandes personnes, les enfants devinaient ou sentaient obscurément qu'il y avait dans cet être une misère qui n'était pas la leur, une douleur qui ne pouvait être ni devinée ni interrogée.

« Il était bon pourtant et donnait, sans sourire, de petites pièces blanches qu'il glissait dans les mains des pauvres avec cette phrase, toujours la même : « Je regrette d'être trop pauvre pour faire mieux. »

« Un jour, cependant, je vis le solitaire du château changer de ton et je faillis m'évanouir, bien que je fusse une spectatrice, étrangère à cette scène.

« Un parent de Madame d'Apchier était venu de Lyon porter des remontrances. Il avait parlé pendant deux heures contre le roi :

« Si vous avez peur de perdre mon héritage, avait « répondu la comtesse, soyez rassuré, c'est déjà « fait et je vous prie de ne plus vous présenter devant « moi.

« Pendant ce temps, le Roi poursuivait sa randonnée solitaire dans le parc.

« Malheureusement, il rentrait au moment où le parent de Madame sortait tout échauffé et remontait en calèche.

« Dressé sur ses pointes, rouge en plein, prêt à éclater, la peau des joues tendues, M. de X... se plaça en face du Roi et lui dit très haut une injure sonore.

« Le Roi qui n'avait même pas vu le parent de Madame, qui n'avait pas écouté le bruit de la calèche, releva la tête et, sans un geste, sans un sourcillement, répondit avec le calme qu'il aurait eu pour dire bonjour :

« Quoi que vous fassiez, quoi que vous disiez, « Monsieur, vous ne pourrez même pas faire que je « vous aperçoive.

« Et il passa sans presser ni ralentir sa marche.

« J'ai vu bien souvent depuis lors le parent de Madame la comtesse. Jamais il ne racontait cette scène sans ajouter :

« Cette réponse, le ton dont elle fut faite, me « convertirent tout à fait ou au moins me préparèrent « à examiner des preuves.

Il n'y a qu'un Bourbon pour trouver certains mots et les dire d'une certaine manière.

« Si je vous raconte cette anecdote, continua la vieille fille, si j'en ai gardé l'impression après plus d'un demi-siècle, c'est que les incidents étaient très rares dans la vie de Vaurenard quand le Roi y était.

« Il n'y avait pas d'intimité entre les deux hôtes du château. Ce n'était pas le souffle égal de deux âmes qui se sont rencontrées. C'était du respect mutuel avec un éternel silence tourné vers le passé.

« Le roi mourut à Vaurenard subitement, en arrivant de Lyon. Le maître d'hôtel avait été congédié pour le service du souper et j'avais été priée par Madame de veiller au service de la table, tandis que le valet de chambre servait. Ce jour-là, le Roi semblait plus triste encore que de coutume.

« Il parla peu pendant le repas et Madame, qui ne soupait pas, parla moins encore.

« J'ai retenu les seules paroles qu'il ait dites :

« Je me suis battu pendant cinquante-cinq ans « sans me soucier des nuages qui menaçaient, des « nuits qui venaient, du froid qui sévissait. Pour être « comme le chemineau de la route il ne m'a même pas « manqué les pieds nus. J'espérais toujours que la « conscience de ma sœur pousserait un cri et qu'elle

« me reconnaîtrait. Maintenant ma sœur est morte.
« Que m'importe la justice tardive ?

« Mme la comtesse répondit :

« Il faut mettre sa confiance dans la Providence.

« Et le Roi murmura si bas que Madame n'entendit pas :

« Je ne crois plus à la Providence ni à ses ailes.

« Aussitôt après le souper le Roi se coucha dans la chambre d'honneur qui était la sienne. La porte resta entr'ouverte. Un vieux valet fidèle, qui s'appelait Bernard, passa la nuit dans la pièce voisine. Il n'entendit aucun bruit. Le matin, il s'approcha pour prendre les ordres à l'heure accoutumée. Le Roi ne répondit pas. Bernard prit sa main. Elle était froide. On sonna les gens. On fit venir le médecin. Il était trop tard. L'hôte de Vaurenard était mort. Je veillai le corps. Madame vint plusieurs fois prier et me dit seulement : « Vous « avez veillé près du dernier Roi légitime de France, « près d'un martyr plus longuement martyrisé que « son père. »

Les notes et les souvenirs de la comtesse d'Apchier contiennent des erreurs de date qu'on a eu soin de ne pas corriger.

Elles donnent sur certains points de formels démentis à des vérités établies ou à peu près : tous ceux qui se sont occupés de Richemont ont cru que M. Aragonés d'Orcet (1), son défenseur le plus habile et son historien

(1) ARAGONÉS D'ORCET. Cette famille descendait de Gilbert Aragonés, anobli par lettres de Louis XIV en février 1647, avec confirmation du

avec M. Le Normand des Varannes (1) n'avait pas connu le Roi, Il semblait même qu'une haine sourde eut séparé les deux hommes. Madame d'Apchier déclare que M. d'Orcet devait être du voyage à Gaëte.

Les contradictions, les erreurs même deviennent avec un peu de bonne foi des lumières vers la vérité.

Tels qu'ils sont, les souvenirs de Madame d'Apchier restent pour l'histoire de Louis XVII d'un prix inestimable.

Afin de faciliter leur lecture, nous devons donner un résumé sec, un précis de la vie du malheureux errant qui fut connu sous les noms d'Hervagault, de Mathurin Bruneau, de Bourlon, de Richemont.

La lecture de résumé sans agrément rendra intelligibles les passages des *souvenirs* où les allusions manquent de transparence.

Conseil d'État en décembre 1667. Le personnage le plus illustre de cette famille fut Antoine Aragonés, seigneur de Vernines, receveur général des finances en la généralité de Riom. Il rendit hommage au Roi en 1669 et 1716. En 1789, les Aragonés étaient seigneurs d'Orcet, de Durtol, de Laval et de Vernines, tous fiefs du pays d'Auvergne. Cette famille a fini très noblement dans le militaire. En 1822, quatre Aragonés d'Orcet figuraient parmi les chevaliers de Saint-Louis.

Les armes sont : *de sable à la fasce d'argent, accompagnée en chef de deux étoiles et en pointe d'un croissant de même.*

(1) C'est à Ed. Le Normant des Varannes qu'est dû un des ouvrages les plus bourrés de documents, qui aient été écrit sur Louis XVII Richemont. Cet ouvrage, d'ailleurs précédé d'une lettre du Vte d'Orcet, et intitulé : *Histoire de Louis XVII d'après des documents inédits officiels et privés,* est un gros volume in-8 de 472 pages publié à Orléans en 1890.

VIE DE LOUIS XVII

Il ne semble pas possible qu'un historien impartial mette en doute l'évasion du Temple du fils de Louis XVI et de Marie-Antoinette d'Autriche.

Voici dans quelles circonstances le Dauphin fut sauvé.

Les époux Simon avaient été chargés par la Convention de la surveillance de Louis-Charles Capet. Le prince de Condé, MM. Frotté et Ojardias achetèrent à prix d'or leur complicité. Un cheval en carton fut introduit dans la prison du Temple sous prétexte d'amuser le petit captif. Ce jouet contenait un enfant de l'âge du Dauphin. Après avoir déposé sur un lit cet enfant que l'on avait endormi à l'aide d'un narcotique, on emporta bien vite le cheval truqué qui, déclara-t-on, faisait peur au jeune Capet.

Le 19 janvier 1794, Simon démissionna et, comme on ajournait le paiement de ses gages il refusa de retourner au Temple. Il ordonna à sa femme de déménager aussitôt. Cette dernière cacha dans un paquet de linge le jeune prince et quitta la prison sans éveiller le moindre soupçon. Le bruit de la survivance de Louis XVII se répandit... Dans la suite, Simon fut guillotiné, Ojardias assassiné, le comte de Frotté fusillé.

En 1818, Mme Chauvet de Beauregard recueillit de la bouche de la femme Simon, aux Incurables où on la soignait, le récit de l'évasion du Temple. Cette femme déclara avoir revu le prince en 1806 et à la fin de 1815.

Elle confirma les détails de l'aventure à la duchesse d'Angoulême. Les docteurs Noyer et Rémusat reçurent les confidences de l'ancienne geolière.

Un témoignage émanant des sœurs de l'hôpital, légalisé le 11 janvier 1849, affirme que la femme Simon n'a jamais varié dans ses déclarations et qu'elle n'était pas folle, comme on s'est plu à le dire.

M. Bourgeois, architecte aux Tuileries, affirma, en 1850, avoir vu chez lui le jeune évadé que sa mère, très liée avec Madame de Beauharnais, qui devint plus tard l'Impératrice Joséphine, hospitalisa pendant huit jours environ.

⁎

En six mois, le prisonnier du Temple est entièrement métamorphosé. A sa bonne santé de naguère a succédé un étrange dépérissement ; il est couvert de plaies purulentes. Le docteur Desault est mandé par le Comité de la Sûreté générale. Ce praticien déclare ne pas reconnaître le Dauphin qu'il avait vu à plusieurs reprises antérieurement à Meudon. Cette clairvoyance est punie par la mort : Desault fut empoisonné dans un dîner que lui donnèrent les Conventionnels. Les docteurs Pelletan et Dumangin furent alors chargés de visiter Louis-Charles Capet. Ils ne purent lui tirer une parole, car le pseudo-Dauphin était subitement devenu muet !...

Son supplice prit fin le 8 juin 1795. Le décès fut annoncé à la Convention par Sevestre. Aucun de ceux qui avaient intimement connu l'enfant royal ne fut appelé pour reconnaître son cadavre. Ce furent des gardes nationaux qui signèrent l'acte de décès. L'autopsie eut lieu : le trépas fut attribué à un vice scrofuleux. Le cercueil fut emporté de nuit et jeté à la fosse commune du cimetière Sainte-Marguerite. Il semble que si les Conventionnels n'avaient pas été instruits de l'évasion du fils de Louis XVI ils auraient mis plus d'enthousiasme à déclarer aux citoyens de la République que Dieu avait achevé l'œuvre des hommes.

Le cercueil fut déplacé en secret et posé près du mur de l'église. Plus tard, la construction d'un bâtiment amena l'exhumation.

Les traces de l'autopsie permirent d'identifier le squelette. Quatre docteurs, MM. Milcent, Teissier, Davasse et Bayle affirmèrent que ces ossements étaient ceux d'un enfant de quinze ans. Le fils de Louis XVI en aurait eu dix !

Lors du procès des Naundorff en 1874, on exhuma à nouveau le cercueil. Comme l'avaient fait leurs collègues en 1846 les docteurs de Backer et Bilhaut affirmèrent et prouvèrent que le prisonnier inhumé, en 1795, ne pouvait être Louis XVII.

Le remplaçant du Dauphin était fils d'un tailleur de Saint-Lô et de Nicolle Bigot. Il s'appelait Jean-Marie Hervagault. L'opinion publique lui attribuait pour père véritable le duc de Valentinois. L'enfant était chétif, scrofuleux et muet.

Envoyé à Paris, il fut rencontré par ceux qui cherchaient un remplaçant au Dauphin. On peut deviner quel fut le prix de l'échange.

Quand il mourut au Temple, l'acte de décès fut signé de « Remi Bigot, se disant ami ». Il est instructif de rapprocher ce nom de celui de la mère. Pendant la détention d'Hervagault, et surtout après sa mort, la Convention faisait traquer sur les routes de France tous les enfants que leur âge ou leur allure rendaient suspects.

La vie de celui qui aurait dû être Louis XVII fut un long martyre.

Quand Ojardias eut reçu des mains de Simon leur précieux dépôt il le conduisit dans une maison où se trouvaient M. de Frotté et deux dames dont l'une était Mᵐᵉ de Beauharnais. On ne peut nier que la future épouse de Napoléon ait été témoin et complice. Elle se confia sur ce point à son amie la comtesse d'Aumale... et à son génial mari.

L'évasion avait eu lieu en janvier 1794. Dès qu'il fut possible, MM. de Frotté et Ojardias emmenèrent leur protégé dans les provinces de l'Ouest. Ils ne voyageaient que la nuit et usaient de mille précautions. Ils arrivèrent au camp du général Charette, en Vendée. De là l'enfant royal fut dirigé vers le château de la comtesse de Turpin-Crissé, à Angry. Il passait pour le neveu de son hôtesse. On lui choisit deux petits camarades de jeu, Marie et *Mathurin Bruneau*, fille et fils du sabotier du bourg de Vezins. On verra le rôle que joua ce nom dans la vie du prince.

En juin 1795, le général Charette lança à son armée une proclamation où se trouve cette phrase : « Voulez-vous laisser périr l'enfant miraculeusement sauvé du Temple? »

Le but du comte de Frotté était de remettre le fils de Louis XVI entre les mains du prince de Condé. Les voyageurs s'embarquèrent donc à La Rochelle et gagnèrent directement la Hollande par mer, puis joignirent le prince de Condé à Steinstadt.

A la nouvelle de la mort de l'enfant du Temple, le comte de Provence s'était hâté de prendre le titre de roi. En proclamant Louis XVII, on divisait à jamais les émigrés. Le prince de Condé proclama donc la royauté de Louis XVIII. Afin que la vérité put être reconnue plus tard, il rédigea et signa le récit des circonstances de l'emprisonnement, de l'évasion, du séjour au camp ; il écrivit même les motifs de sa propre décision. Lors de l'arrestation du Dauphin à Mantoue, en 1820, ce document fut saisi et confisqué. Il se trouve encore aux Archives secrètes à Vienne.

Le bruit de la présence de l'ancien prisonnier à Steinstadt s'étant répandu, Louis XVIII, très alarmé, décida d'y venir. Prudent, le prince de Condé envoya l'infortuné petit voyageur chez les tantes de son père, Mmes Adélaïde et Victoire, à Rome. Chez elles, le pape Pie VI bénit l'orphelin. Mais ce dépôt précieux était très compromettant pour ceux qui le recevaient ! Les princesses remirent leur petit neveu entre les mains de l'abbé de Castillan qui vivait à Milan.

L'arrivée de Bonaparte en Piémont détermina le départ du prince. Il fut conduit chez la duchesse douairière d'Orléans qui habitait Barcelone, mais qui, trouvant dangereux de garder près d'elle l'enfant royal le confia au régent du Portugal. Peu de temps après, on l'embarqua à bord du *Spartiate* pour le ramener en France. Le témoignage du colonel Roger en fait foi.

Jeté sur la côte normande, il arrive, seul, errant, à Cherbourg. Arrêté comme vagabond il refuse de se nommer, puis se déclare fils du marquis de Longueville. Cette inexactitude une fois reconnue, il se déclare fils du tailleur Hervagault, de Saint-Lô. Ce dernier est prévenu. C'est le retour de l'enfant prodigue. Mais aucune affection véritable, aucune émotion de part et d'autre !

Il se remet en marche. On l'arrête à nouveau. Il avoue alors sa véritable identité. On l'incarcère à Vitry puis à Vire où il reste détenu pendant deux ans puis à Châlons-sur-Marne. C'est là qu'un ami du célèbre Étienne Feuillant le reconnut spontanément. Des visiteurs questionnaient l'enfant qui, à ce moment, jouait aux billes. Il répondait sans cesser son jeu. A une question plus pressante il répliqua brusquement : « Vous ne me connaissez pas et ne pouvez me croire, mais voici quelqu'un qui me connaît et qui peut bien le dire, s'il en a le courage ! »

L'ami de Feuillant en eut le courage. Il fut arrêté et reçut de Fouché le conseil d'être plus prudent à l'avenir.

Louis XVII avait treize ans à cette époque.

Si le véritable Hervagault avait vécu il aurait été âgé de *dix-sept ans*.

Coupable d'avoir fait l'école buissonnière, Louis-Charles fut condamné à quatre années de réclusion !

Il fut transféré de Châlons à Reims, puis de Reims à Bicêtre. Le docteur Maillefer de Corribert qui eut à le soigner à la prison de Reims ayant rencontré plus tard le baron de Richemont le reconnut formellement pour son malade de Reims.

Rendu à la liberté, il revint en 1806 à Paris. Il visita aux Incurables la femme Simon. Il revit également Joséphine Bonaparte et la duchesse douairière d'Orléans. Impliqué dans la conspiration de Pichegru et de Cadoudal, il fut pris et envoyé à Belle-Isle-en-Mer pour y être soldat. Les officiers reconnurent immédiatement l'homme que revêtait l'humble uniforme et ils lui témoignèrent publiquement leur respect.

Mis au courant, le ministre ordonna d'incorporer Hervagault au 4ᵉ bataillon d'infanterie de marine et de l'embarquer sur la *Cybèle*. On l'avait mis aux fers ; sa santé s'ébranla. Afin de faciliter son évasion le chirurgien Robert le fit entrer à l'hôpital de Lorient. Il s'enfuit et fut repris à nouveau. Au lieu de le fusiller comme déserteur, on lui offrit asile à la prison de Bicêtre-de-Rouen. Il s'enfuit et fut repris à nouveau. On le conduisit de Civita-Vecchia au fort Saint Ange à Rome, où, comme le prouve le témoignage d'Hébert, ancien directeur des Postes de l'Armée d'Italie, il fit devant le général Radet la preuve de son identité.

Cette dernière mésaventure décida l'infortuné voyageur à partir pour l'Amérique (1810). Il gagna le Brésil et se plaça sous la protection de Jean VI. Grâce aux bibliothèques et à l'amitié du chevalier Napione, général de l'empereur, et du général Torrès, gouverneur de Paraïbo ; du doyen des chanoines de la cathédrale de Rio, il put combler par l'étude les lacunes d'une éducation que ses emprisonnements avaient interrompue.

A l'avènement de Louis XVIII, il envoya aux puissances la notification de son existence. Il débarqua à Guernesey en 1815. Il se fit reconnaître du duc de Berri. Il rendit visite à la duchesse douairière d'Orléans et au prince de Condé, qui lui remit le précieux document écrit en 1795 et qui prouvait indiscutablement son évasion du Temple. Il eut l'imprudence de confier ces papiers à un ami. Il y était forcé par l'éventualité d'une arrestation et d'une confiscation. Cet ami, nommé Fualdès, ancien magistrat, crut pouvoir alléger son cœur de ce secret. Il lui en coûta la vie. On l'égorgea et on incendia sa maison.

Arrêté à Saint-Malo, on l'enferma pour la seconde fois à la prison de Bicêtre-de-Rouen. Il écrivit à sa sœur, la duchesse d'Angoulême, en lui demandant de le venir voir. Menacée de l'exil par Louis XVIII, celle-ci dut y renoncer.

Pendant son séjour en Amérique, on avait fait publier un acte de décès d'Hervagault. Les irrégularités d'écriture de la prison de Bicêtre, de la paroisse et de la commune de Gentilly prouvent le faux. L'intention se devine.

****

C'est en 1818, sous le nom de Mathurin Bruneau, que le prisonnier fut jugé. Par l'attitude antérieure de ses ennemis, on prévoit ce que fut la conduite de ses juges. La Bibliothèque nationale est riche en preuves de partialité émanant de la police ou de la magistrature. Le public fut manifestement favorable à l'inculpé.

On objectera que le baron lui-même ne reconnut jamais cette double et triple identité. Expliquons une fois pour toutes cette mince difficulté : évadé de presque toutes les prisons où il avait été enfermé, déserteur du vaisseau d'État, la *Cybèle*, Hervagault et Mathurin Bruneau encouraient les pires condamnations ; on conçoit aisément que le baron ait tout fait pour effacer et renier ce passé compromettant. Bruneau fut condamné à sept années de prison, trois mille francs d'amende, les trois quarts des dépens avec obligation de rester à la disposition du gouvernement à l'expiration de sa peine.

Au congrès d'Aix-la-Chapelle, en 1818, l'Autriche déposa un document émanant du fils de Louis XVI et dans lequel il exposait les erreurs de son oncle et ses propres principes nettement libéraux. Il y eut à ce sujet des conférences secrètes, un courrier fut envoyé à Rome, puis, brusquement, le congrès se sépara. La proclamation du prince n'était ni conçue ni rédigée de manière à gagner à sa cause les rois et les empereurs.

En 1816, avant le procès de Rouen, une entrevue secrète fut ménagée entre la duchesse d'Angoulême et son frère. Celui-ci fut amené à Versailles où le prince de Condé devait le présenter à la duchesse. Ils étaient dans le parc quand ils la virent sortir, accompagnée du duc de Berri, de la marquise d'Agoult et de quelques gentilshommes. Le prince de Condé se montra brusquement dans une allée écartée en disant : « Princesse voilà votre frère ? » L'émotion fut vive de part et d'autre : le Dauphin raconta les détails qui, par leur caractère d'intimité pouvaient évoquer les souvenirs de sa sœur et toucher son cœur. Mais, dominant son émotion, elle répondit, sévère et énigmatique : « Allez ! Allez ! vous êtes la cause de bien des malheurs ! Et jamais mes bras ne s'ouvriront pour recevoir l'ennemi de notre famille ! » Ces mots cruels devaient reprocher à un enfant de huit ans, d'avoir signé sous l'empire des menaces de Fouquier-Tinville, sous les coups du misérable Simon, une déclaration contre la Reine, sa mère.

Mais était-ce un prétexte suffisant pour rejeter un frère ?

Sans vouloir écouter les explications et les prières du

prince, elle se retira vivement, violemment agitée, entraînant le duc de Berri qui s'efforçait de la calmer.

Le comte de Pons qui assista à l'entrevue certifia l'authenticité de ce récit. Son attestation fut légalisée le 2 octobre 1842.

Incarcéré au Mont Saint-Michel, le Dauphin s'évada de nouveau. En 1819, il vint à Paris et y passa deux jours caché chez la duchesse douairière d'Orléans, comme en fait foi le témoignage de Labreli de Fontaine, qui était le bibliothécaire de la duchesse. De Paris il alla à Modène où, sur l'ordre du gouvernement français, il fut incarcéré.

C'est sous le nom de Louis-Charles de Bourbon qu'il fut inscrit sur les registres administratifs. C'est ce nom qui figure sur le dossier conservé aux Archives nationales où sont rassemblées toutes les pièces diplomatiques et judiciaires. François IV de Modène, tout en s'excusant de ne pouvoir le traiter selon son rang, lui fit subir les pires rigueurs. Transféré à Milan, il fut dépouillé du document qu'il tenait du prince de Condé et des lettres de la duchesse d'Orléans. C'est dans la prison de Sainte-Marguerite qu'il connut Andryane et Sylvio Pellico. L'auteur de *Mes prisons* lui consacre quatre chapitres dans ses *Mémoires*. Avant de lui faire subir l'interrogatoire d'usage, on le prévint qu'il risquait la peine capitale à persister dans ses prétentions.

« Je me nomme Louis-Charles de Bourbon, duc de Normandie, comme le disent les papiers qui ont été saisis sur moi et qui sont ma propriété. Louis XVI, roi de France, fut mon père ; Marie-Antoinette-Josephe, Jeanne de Lorraine, tante de l'empereur actuel d'Autriche, et reine de France, fut ma mère ; je naquis à Versailles, le 27 mars 1785. »

Telle fut sa réponse.

L'empereur d'Autriche disposé en sa faveur fut sur le point de reconnaître ses droits, mais l'intervention de Metternich arrêta ce loyal mouvement.

Louis XVIII mourut en 1824. Le 4 octobre 1825, Louis-Charles Bourbon fut rendu à la liberté. Il revint et se fixa à Paris. Le 2 février 1828, il adressa une proclamation à la Chambre des Pairs, signée duc de Normandie. Lors de la Révolution de Juillet, nouvelle proclamation. Le 12 août 1830, il adressa officiellement à toutes les Cours d'Europe, par l'intermédiaire des ambassadeurs le texte d'une protestation contre la nouvelle usurpation du trône de France : l'avènement de Louis-Philippe.

C'est alors que le gouvernement lui tendit un piège. En lui proposant des papiers importants, une femme nommée Durut et un homme, Carlier, chef à la police, obtinrent de lui des textes assez compromettants pour paraître justifier un procès politique, et le duc fut arrêté, le 29 août 1833, à onze heures du matin.

Nouvelle perquisition. Le prince fut écroué à la prison de Sainte-Pélagie sous les noms d'Ethelbert-Louis-Hector-Alfred, baron de Richemont, nom qu'il avait adopté depuis 1828. Il fut prévenu de complot.

Un jour — le récit qui suit est consigné dans un rapport de M. Prat, directeur de la prison à M. Gisquet, préfet de police — Richemont, alors en traitement à l'infirmerie, arrêta un des employés qu'il interpella en ces termes :

« Monsieur, plus je vous examine, plus il me semble

vous reconnaître. N'avez-vous pas habité Versailles ?
— Et, sur réponse affirmative ; « Que faisiez-vous à
Versailles ? » l'autre, marque sa surprise et ne répond
pas.

« Je vais donc vous le dire ; vous étiez à Versailles,
au Château de Trianon ; vous étiez logé au troisième
étage ; il y avait dans votre chambre tel et tel portrait ; votre lit était ainsi placé ; bref, vous étiez un
des pages de Louis XVI.

« Vous souvenez-vous d'un enfant avec qui vous
jouiez souvent ? Avez-vous oublié qu'un jour vous avez
obtenu la grâce de cet enfant, puni pour une espièglerie
qu'il avait faite à un capitaine des gardes du corps ? »

M. d'Aiguillon, car c'était lui, n'en entendit pas
davantage et reconnut immédiatement le fils de son
Roi.

L'instruction dura quatorze mois au bout desquels,
le 30 octobre 1834, Louis-Charles fut traduit en Cour
d'Assises.

L'acte d'accusation portait :

1° Complots ayant pour but un attentat contre la vie
du roi et des membres de la famille royale, destruction de gouvernement et excitation à la guerre civile ;

2° Délits de presse ;

3° Possession d'une imprimerie clandestine ;

4° Port d'arme prohibée ;

5° Tentative d'escroquerie.

L'affaire occupa six audiences. Afin d'égarer la con-
fiante impartialité des jurés on suscita l'apparition
d'un deuxième prétendant, puis d'un troisième. Le
second Louis XVII était un horloger prussien nommé
Naundorff, arrivé pour la première fois en France le

26 mai 1832. Il était faux dauphin de profession, inventé par le gouvernement pour opposer un autre dauphin au baron de Richemont dont le procès en Cour d'Assises gênait les autorités. — Les petits-fils de Naundorff continuent aujourd'hui la comédie jouée par leur grand-père.

Si Naundorff était un compétiteur sincère et sérieux pourquoi le Tribunal ne l'a-t-il pas fait asseoir au banc des inculpés ?

Il ne parlait que l'allemand et disait s'appeler Charles-Louis ; il vint aux audiences accompagné d'un interprète !

Aux injures du rustre, Richemont répondit : « Quand un citoyen réclame un nom, il doit au moins le connaître ; le fils de Louis XVI s'appelle Louis-Charles et non Charles-Louis. »

Le compte-rendu des débats indique que cette remarque fit *sensation*.

Les témoins à charge, recrutés à grand peine déçurent l'espoir des intéressés. Nous possédons des preuves écrites de leurs favorables dispositions.

Le baron de Richemont, en des termes ironiques et violents, dénonça les coupables manœuvres de l'avocat général.

Il rappela au duc de Choiseul, aide de camp de Louis-Philippe, cité comme témoin, certains faits se rattachant à l'arrestation de Varenne dont seule la famille royale et le duc avaient connaissance.

L'homme fut ému, mais le courtisan sut vite dominer son émotion.

Quelle était l'attitude du Président ? Cette déclaration qu'il fit au baron de Richemont va permettre d'en juger.

« Vous *devez* présenter une requête au procureur
du Roi, appeler *votre sœur* en cause et vous écrire de
faux contre l'acte de décès qu'on vous oppose et qui
ne peut tomber que devant une inscription en
faux (1). »

Il aurait été à souhaiter pour le triomphe de la vérité
que l'avocat général ait été animé du même sentiment
de loyauté et de justice.

Après le réquisitoire de l'avocat général, le baron
de Richemont adressa aux jurés une émouvante
harangue.

Le résumé du Président trahit une évidente sympathie à l'égard du prince.

*«... Ne serait-ce dit-il, qu'un infortuné, sauvé
comme par miracle des horreurs d'une sanglante Révolution, proscrit, frappé d'anathème par sa naissance
elle-même, ne trouvant plus de nom, d'asile, où reposer sa tête ?* »

Enfin le 4 novembre 1834, l'arrêt fut prononcé : la
réponse du jury fut négative pour l'attentat contre le
gouvernement, la vie du roi et pour le délit d'escroquerie, affirmative sur les autres points.

« La cour, après en avoir délibéré, considérant
qu'il résulte de la déclaration du Jury, que le baron de
Richemont est coupable :

1° D'avoir en 1830, 31, 32, 33, formé un complot
ayant pour but la destruction du gouvernement et
l'excitation à la guerre civile, complot concerté et
arrêté entre deux ou plusieurs personnes restées
« inconnues. »

____

(1) Le procès de 1834, dans le *Moniteur* et le *Réformateur.*

2° D'offense envers la personne du roi, par des écrits, imprimés, etc...

3° D'avoir été possesseur d'une imprimerie clandestine et porteur d'une arme prohibée par la loi ;

Condamne le baron de Richemont à 12 années de détention, le maximum de la peine.

L'arrêt ne prononce pas la surveillance.

L'accusé écoute sa condamnation sans proférer un seul mot. On l'entend dire en se retirant : « Celui qui ne sait pas souffrir n'est pas digne des honneurs de la persécution » *(Gazette des tribunaux)*.

Enfermé à Sainte-Pélagie où on lui manifesta tous les égards dus à son infortune, il s'en échappa l'année suivante, le 16 août 1835.

Il passa deux ans à l'étranger, puis revint à Lyon en 1838. Cependant la duchesse d'Angoulême avait officiellement chargé le comte de Bruges et le vicomte de Montchenu de procéder à une enquête. Cette enquête fut entièrement favorable au baron de Richemont. On en possède les témoignages écrits de ces deux gentilshommes. La duchesse d'Angoulême regrettant son bon mouvement refusa de se rendre à l'évidence.

En 1798, dans une allocution aux cardinaux, le Saint-Père avait officiellement annoncé que le jeune Louis-Charles avait été miraculeusement sauvé du Temple et qu'il vivait.

Le texte de l'allocution pontificale se trouve aux archives du Vatican. De plus, le duc de La Rochefoucauld, dans ses Mémoires, confirme l'entrevue du pape et du jeune prince alors que ce dernier était chez ses tantes, à Rome.

En 1848, Richemont fit tenir au Saint-Père, par le

père Fulgence, un exposé complet de ses vœux et partit lui-même de Paris le 22 janvier 1849 avec M. Noyer, son médecin, et M. Royonnais, curé de Chauffry, du diocèse de Meaux.

Le 20 février 1849, il fut admis à l'audience du pape et eut avec lui un entretien secret d'une assez longue durée. Quand il prit fin, Pie IX accueillit l'abbé Royonnais et M. Noyer par ces bienveilllantes paroles : « Je vous félicite de la preuve de courage et de dévouement que vous avez donnée à notre prince en l'accompagnant. C'est dans le malheur que l'on connaît ses vrais amis.

« Soyez toujours unis et vous serez forts ».

À leur retour, les deux amis du prince rédigèrent et signèrent une attestation où sont relatés ces détails.

Mais à cette époque les préoccupations politiques prévalaient en Cour de Rome et le pape n'avait aucun intérêt à mécontenter le gouvernement français!

En juillet 1850, Richemont écrivit au chevalier d'Olry, ancien ambassadeur du roi de Bavière.

Dans cette lettre on lit les phrases suivantes qui ont trait au désir exprimé par Richemont d'avoir une entrevue avec la duchesse d'Angoulème.

« Une entrevue seule peut réunir deux cœurs qui, j'en suis sûr, n'ont pas cessé de battre l'un pour l'autre. Dans leur enfance, il s'est passé entre le fils et la fille du roi des faits connus d'eux seuls qui n'ont été ni publiés ni racontés... les espiègleries de l'enfant royal, ses taquineries, ses exigences, lorsque, excité par le ton de supériorité que sa sœur s'arrogeait parfois pour lui imposer ses volontés, il se mettait en révolte ouverte contre elle. Qui pourrait encore révéler à Marie-Thérèse le secret des paroles échangées entre elle et son frère, alors que, renfermés au Temple, on les confinait dans la tourelle, pendant que Toulan, Lepitre et autres municipaux s'entretenaient avec la Reine et la sœur du Roi ?

« Qui pourrait enfin redire les paroles que la reine adressa à ses enfants avant leur séparation ? Une entrevue seulement peut jeter sur une foule de faits une lumière telle qu'aucun doute ne resterait dans l'esprit de la fille du roi.

« En la demandant avec instance, je prouve que je n'en redoute l'issue sous aucun rapport.

« Que le noble fils du duc de Berri intervienne donc en ma faveur !... »

A Frohsdorff de semblables lettres apportaient une vive émotion.

Le marquis de Nicolay, familier du château de Frohsdorff, écrivait à l'abbé de la Haye, secrétaire de Monseigneur Tharin, précepteur du duc de Bordeaux : « Croyez-moi, Monsieur l'abbé, la famille royale est aussi fermement persuadée que vous et moi de l'existence de Louis XVII. » « J'ai souvent parlé, disait le même M. de Nicolay en 1851, avec Charles X et Madame la Dauphine, de Louis XVII ; les cours de Russie et d'Autriche sont convaincues de son existence et regardent sa reconnaissance solennelle comme devant clore l'ère des révolutions. Une conversation avec le Saint-Père Pie IX, m'a donné la certitude qu'il a été reçu par le pape en 1849 à Gaëte comme fils de Louis XVI. »

Rien ne put ébranler la duchesse d'Angoulême qui, âgée et malade, n'avait plus la force de résister à son entourage.

Le baron de Richemont assigna sa sœur devant le Tribunal civil de la Seine. La duchesse n'eut pas à paraître devant le Tribunal des hommes, car elle mourut le 19 octobre 1851. En 1849 elle avait écrit en tête de son testament : « Je vais rejoindre les âmes de mon père, de ma mère et de ma tante. » Et elle ne parlait pas de son frère ! Elle le croyait donc vivant.

Cette fin, emportant le dernier espoir du malheureux prince, le plongea dans un maladif chagrin. Il ne devait pas survivre de beaucoup à sa sœur : il mourut le 10 août 1853, à Gleizé, au château de Vaurenard, qui appartenait à Mme la comtesse d'Apchier.

« M. de Richemont s'était couché le soir comme à l'ordinaire, écrit M. de Suvigny (1) laissant entr'ouverte la porte de sa chambre. Un vieux valet de confiance de Mme d'Apchier couchait dans la chambre voisine. Il n'entendit rien pendant la nuit, et le matin le vit paisible dans son lit. Enfin, étonné qu'il ne l'appela pas pour se lever, il s'approcha, lui prit la main, elle était froide ; il sonna les gens, on fit venir le médecin. Il avait été frappé d'un congestion cérébrale. » Ainsi fut terrassé l'infatigable lutteur.

L'acharnement de ses adversaires imagina une suprême iniquité. L'acte de décès, inscrit au registre de l'état-civil de la commune de Gleizé (Rhône) signé de M. André-Marie-Ennemond de Nolhac, propriétaire à Lyon, et de M. Dominique Lachat, curé de Gleizé, était rédigé au nom de Louis-Charles de France, natif de Versailles, rentier, demeurant à Paris, rue de Condé, numéro 12, âgé de 68 ans, célibataire.

____

(1) Archives de la Roseraie.

En 1859, *six ans plus tard*, le tribunal de Villefranche prononça la rectification de l'acte de décès et l'annulation de l'acte complémentaire ; le jugement fut transcrit sur l'acte de l'état civil.

Un an auparavant, le sous-préfet de Villefranche, de la part de son ministre, M. de Persigny, vint signifier à la comtesse d'Apchier d'avoir à effacer de la tombe du baron de Richemont l'inscription qu'elle y avait fait graver.

Il fallut obéir, mais au lieu d'effacer la gravure, on mit la dalle de pierre sur l'autre face et Madame d'Apchier y fit inscrire les dernières paroles du Roi :

> *Nul ne dira sur ma tombe :*
> *Pauvre Louis que tu fus à plaindre !*

Telle fut la douloureuse vie du dernier roi légitime de France et de Navarre.

SOUVENIRS
DE LA COMTESSE D'APCHIER
1833-1853

J'ai reçu hier la visite d'un vieil évêque missionnaire, Mgr B..., que j'ai connu autrefois, quand il était simple prêtre.

Il est né dans le pays, et il m'a semblé naturel qu'en y revenant, il vint causer des œuvres dont il s'occupe et auxquelles je m'intéresse. Je me suis aperçue bien vite qu'une préoccupation supérieure l'absorbait, et notre conversation a dévié.

Mgr B... s'est arrêté un certain temps à Paris, en revenant de Chine, et voici l'histoire angoissante qu'il m'a contée, avec la simplicité un peu rude de sa nature fruste :

— Je connais le Dauphin... Le vrai !... Le fils de Louis XVI et de Marie-Antoinette existe... Il vit à Paris dans un modeste logement de la rue de Fleurus, entouré seulement de quelques fidèles, et réduit à la misère.

Les intrigues menées par les faux Dauphins ont contraint le seul qui ait droit à ce titre à une extrême prudence. Il dissimule sa véritable personnalité sous le nom de baron de Richemont, et sa vie a été celle d'un héros. J'ai eu le grand honneur de lui être présenté, et j'ai la certitude qu'il est un vrai Bourbon...

Mᵍʳ B... m'a cité, pour appuyer son dire, le nom des hommes marquants qui partagent sa conviction, et son émotion était telle que je n'ai pu douter de sa bonne foi.

Il m'a donné de longs détails sur la vie de ce prince, sur l'héroïsme de sa conduite et la dignité royale avec laquelle il supporte l'injustice des siens.

Tout semble indiquer chez lui l'atavisme d'une grande race ; des preuves s'accumulent, attestent son origine ; une seule ombre tombe sur cette tête sacrée : le fils de Louis XVI serait un mécréant !

Avec la charité du prêtre, que double celle du missionnaire, Mᵍʳ B... s'efforce d'atténuer l'impiété de celui qu'il considère comme son roi.

Il le montre en butte à tant d'épreuves, souillé si jeune par de tels contacts, qu'elle peut bien n'être chez lui qu'une défaillance passagère causée par le désespoir.

Un peu de bonheur, un peu de tendresse relèveraient sans doute jusqu'à son véritable niveau cette âme royale, faite pour de grandes choses, qui s'étiole et s'énerve dans l'obscure médiocrité d'une vie difficile.

Tant que l'évêque a parlé, je l'ai écouté sans un mot. Sa voix éveillait en moi de tels souvenirs !...

Je me revoyais à Trianon, dame d'honneur de Madame Royale, avec qui je jouais en amie, dans l'insouciance heureuse de notre âge ?...

Le Dauphin avait sept ans de moins que moi. C'était l'enfant gracieux et blond dont les gravures ont reproduit la tête bouclée. On l'entourait déjà de cette flatterie fleurie de courtoisie qui, dès le berceau, fait cortège aux rois, et il y répondait avec l'enjouement spirituel et primesautier qu'il tenait de sa mère, et la grâce affectueuse qui en faisait le digne fils de Louis XVI.

C'était devant mes yeux toute une évocation du passé, et comme le recommencement de ces jours heureux et lointains, que reculent encore les heures tragiques de la Révolution.

Sans doute, l'orage grondait, l'avenir était assombri de menaces ; mais comment aurais-je perçu ces vagues rumeurs dans l'atmosphère de douce adoration où ma jeunesse s'épanouissait...

Et voici qu'un prêtre digne de foi m'affirme que le Dauphin existe, et qu'il est malheureux !...

Mon cœur s'est crispé de douleur à la pensée de cette infortune. Ce fils de France que j'ai tant pleuré, dont j'ai vainement cherché la trace, est-ce lui !

Ma vie, tout entière nouée au passé, va-t-elle retrouver dans l'avenir l'élan que donne l'espérance ?...

Si la lignée de nos principes légitimes n'est pas éteinte, tous les cœurs français devraient battre, car si l'avenir est à Dieu, la France appartient au roi...

Louis XVIII, dont l'odieuse politique a trahi tous nos bons sentiments, ne fut à mes yeux qu'un usurpateur. A quels pactes louches dut-il le trône ?... Voilà sans doute le secret qui pèse sur Louis XVII.

Ce prince, autoritaire et sans scrupule, qui n'eut de royal que le titre, et livra la France à l'ambition d'un Decaze, n'a jamais été pour moi le « Roi », et il a fallu toute la force des traditions et le respect de la volonté divine pour m'incliner devant ce monarque qui fut l'élu de la Révolution...

Charles X promettait à notre foi le retour vers des sentiments plus nobles, et de chevaleresques dévouements l'entouraient.

Hélas ! Tout fut déception sous ce règne d'un prince sans énergie... Tassé sur son trône, il oublia de s'y montrer royal, et mit de la bonté là où de la vigueur eût été nécessaire. La

France, incorrigible, lui montra qu'elle avait besoin d'un maître...

Et voici Louis-Philippe, ce d'Orléans fils de régicide, qui prend le trône tandis que le seul roi légitime traînerait une existence misérable, dans l'ironique élévation d'une mansarde ?...

Si réellement le Dauphin s'est évadé du Temple, comme on l'affirme, pourquoi ne serait-ce pas ce baron de Richemont que des hommes éminents entourent de leur vénération...

Et cependant, comment croire que le fils du roi-martyr renie la foi qui fit de ses parents, des héros et des saints ?...

Dieu ne permet rien d'inutile; peut-être a-t-il été envoyé vers moi, ce prêtre en qui j'ai confiance, pour me montrer la route du devoir...

Ma vie et ma fortune sont sans doute bien peu de choses, mais avec quelle joie j'irai les mettre aux pieds de ce prince, si j'étais sûre de sa naissance... Je remercie la Providence qui m'a permis de conserver la plus grande partie de mes biens au milieu des bouleversements où tant de fortunes se sont englouties, puisqu'un jour, peut-être, ils pourront *Lui* être utiles...

Mais voilà que je me grise d'espérance, et j'ai oublié ma prudence habituelle... C'est qu'il serait si doux de croire encore à la royauté, d'y dévouer sa vie, et de relier le présent à la chaîne brisée des souvenirs...

Dans l'austère retraite où je me suis enfermée depuis la Révolution, j'ai vécu vierge de curiosité, avec le seul désir de servir Dieu selon mes forces...

Mon mari, mort tout jeune au service du roi pendant l'émigration, n'a tracé dans ma vie qu'un sillon léger, que recouvre aujourd'hui la poussière des étés... Mais si j'ai ignoré la passion, si l'amour m'a à peine effleurée, j'ai gardé le culte de ce qui est beau, de ce qui est grand, et le baron de Richemont, s'il est vraiment le Dauphin, et le héros qu'on dit, saura ce que peut pour *son roi* le dévouement d'une femme.

Hier, je me suis confessée... Les confidences de l'évêque de Z..., au sujet de celui qui se dit le fils de Louis XVI, m'avaient jetée dans un tel trouble que je suis allée demander au Père X... d'éclairer ma foi.

Je connais sa prudence, son immense érudition, sa connaissance du monde, de ses intrigues, de ses dessous, et j'espérais un conseil. C'est presque un ordre que j'ai reçu.

Ce nom de Richemont a fait bondir le jésuite : « Richemont ! Mais c'est un mécréant, un faux Dauphin comme les autres, un libertin et un athée... »

Alors, j'ai voulu raconter les détails que je tiens de Monseigneur B..., énumérer les faits qui prouvent l'authenticité de *sa* naissance, mais le Père X... m'a arrêtée :

— Et quand il serait en effet le fils de Louis XVI, ce Richemont n'en devrait pas moins être écarté du trône à cause de ses opinions ; à cause de sa vie privée qui n'est pas celle d'un Prince soucieux de sa dignité.

« Les lys de France doivent rester blancs !... »

Il m'a démontré le danger qu'il y aurait à donner aux Français un roi démocrate, un roi frotté de peuple, ne sachant plus rien de la tradition, qui ne se transmet que sur les marches du trône...

Le Dauphin peut avoir dans les veines le sang royal, mais il s'est corrompu au souffle de trop d'impureté, et, d'après le Père X..., Richemont serait bien plutôt l'élève de Simon que le fils d'Antoinette...

Il m'a avoué que sa compagnie connaissait parfaitement l'existence et l'histoire de ce Dauphin, et qu'elle n'était même pas éloignée de le croire vrai ; mais que, devant son impiété, elle avait résolu de l'étouffer, la foi chrétienne étant la base immuable sur laquelle doit s'appuyer le trône...

Une infinie tristesse m'a envahie, toute la soirée j'en suis restée accablée, me demandant si la voix du jésuite était vraiment la loi de Dieu?... Si, de rejeter le pêcheur dans l'abîme au lieu de l'aider à gravir les sommets n'est pas contraire à la doctrine chrétienne, et, pour la première fois, j'ai douté de la voix du prêtre...

Alors je me suis adressée à Dieu, j'ai prié longtemps Celui qui ne se trompe jamais, le suppliant de dégager des voiles du doute mon âme meurtrie. Et, pendant ma prière, je croyais voir près de moi l'ombre auguste de Louis XVI et de Marie-Antoinette.

Pourquoi seraient-ils venus réveiller ma mémoire si ce n'est pour me guider vers leurs fils?... Je ressens une angoisse étrange que rien ne pourra plus dissiper... Ou le roi vit, et je devrais être à ses pieds, ou je m'engage dans une voie obscure en acceptant d'éteindre ce flambeau, comme l'ordonne la Compagnie.

L'éteindre, pourquoi?... Parce qu'il est mécréant, parce qu'il est libertin? Depuis quand discute-t-on la personne du roi?...

Est-il, oui non, l'élu du droit divin, et, marqué par Dieu, peut-il être censuré par les hommes?...

Et comment admettre cependant qu'un Bourbon donne l'exemple de l'impiété... Partie de si haut, jusqu'à quelle zone va-t-elle s'étendre, et qui, si ce n'est le Roi, préservera la France des malheurs qu'entraîne l'irréligion...

J'ai fait demander à Mgr B... de venir dîner avec moi ce soir. Je veux savoir tout ce qu'il sait, connaître les hommes attachés à la cause qu'il défend, et lui soumettre mes scrupules.

Sa piété m'est connue, et j'ai confiance dans son jugement.

Fils de paysan, il n'a pas ce brillant atavisme d'imagination qui fait parfois d'un gentilhomme un merveilleux coloriste.

Le bon sens a guidé sa vie, et il a marché dans une voie sûre, s'élevant progressivement par son seul mérite.

Nul mieux que lui ne doit démêler l'intrigue, parce qu'il regarde les gens en face et les juge sans se laisser influencer par les arabesques dont ils s'entourent...

La parole du Père X... a exaspéré mon incertitude... Son incontestable autorité, celle plus étendue de sa Compagnie pèsent aujourd'hui d'un poids lourd sur mon cœur, comme elles doivent peser sur la destinée du Dauphin... J'ai besoin d'entendre une voix plus douce, plus pitoyable aux misères de ce monde, et moins initiée aux nécessités de la politique... C'est de la pitié qu'il me faut, et non de la raison...

La dame d'honneur de la Dauphine s'est réveillée en moi ; et je sens vibrer vers le passé toutes les cordes de mon âme.

.   .   .   .

Je ne peux plus prier !...

Ce n'est pas que ma confiance en Dieu ait diminué ; mais je traverse une crise morale qui distend ma volonté et me laisse sans force de réaction...

Depuis que je suis veuve, les Jésuites ont dirigé ma vie ; ils m'ont associée à leurs œuvres, et m'ont donné cet élan vers la Foi dont j'avais besoin pour combler le vide d'une existence décapitée par la Révolution...

Je me suis étroitement unie à leur parti, et j'ai trouvé dans le Père X... un Directeur averti et indulgent, dont j'ai toujours suivi les conseils...

Pourquoi faut-il qu'aujourd'hui nous soyions en désaccord ? S'il croit à l'existence du Dauphin, pourquoi m'interdire d'aller vers lui et chercher à adoucir ses souffrances. Qui sait si le

crime d'impiété dont on l'accable n'a pas sa source dans l'é-
cœurement que lui cause son abandon ?... Comment juger
d'un homme que l'on ne connaît pas ?... Il faudrait le voir,
entendre de sa bouche le récit de ses malheurs, et alors peut-
être pourrait-on se faire une conviction.

En tout cas, je ne pense pas que de lui porter l'hommage
attendri d'un respect sans limites puisse être une faute.

Je suis certaine de lire dans ses yeux cette vérité qu'un
regard établit plus sûrement que des documents accumulés.
Ses traits d'enfant, ses yeux rieurs et profonds sont restés dans
ma mémoire ; qui sait si je n'en retrouverai rien dans ce
prince vieilli et fatigué à qui on refuse le trône.

J'ai parlé à Mᵍʳ B... de mon projet d'aller à Paris et
d'y voir le Dauphin. Je lui ai même demandé de m'accompagner, afin de me mettre en rapport avec les gentilshommes
qui se font les gardes du corps de ce roi sans serviteurs. Si
mon impression n'est pas bonne, je reviendrai délivrée d'une
obsession. Je reprendrai mon habituelle existence, austère et
froide comme la pierre des cimetières, et je demanderai encore aux œuvres de m'aider à la remplir !

Mais si Dieu le voulait !... Si je retrouvais là-bas l'enfant de
Trianon, le prisonnier du Temple, la victime de tant d'ambitions et de tant de haines, la vie me deviendrait précieuse et
j'en comprendrais alors le véritable sens, et si la France n'est
pas mûre pour reconnaître son roi, si le roi n'est pas prêt à
faire une France catholique, l'attente s'adoucirait de l'espérance des lendemains...

. . . .

. . . .

J'ai communié ce matin. J'ai pensé qu'une journée
aussi grosse d'émotions devait commencer par un acte de
foi...

Je suis à Paris depuis huit jours, et, ce soir je dois être présentée au baron de Richemont...

Il est entendu que cette présentation n'aura rien d'officiel... Elle se fera simplement et sans la moindre étiquette, comme le comportent les circonstances...

J'ai cru devoir néanmoins laisser de côté mes vêtements noirs et prendre une livrée moins sévère. Il est inutile de porter au Roi une nouvelle vision de deuil.

J'ai dû m'occuper des différents ajustements nécessaires à une tenue un peu spéciale, dont la simplicité doit être accompagnée d'une certaine recherche.

Depuis que j'ai quitté Paris, après les journées de juillet, pour me retirer dans ma terre du Lyonnais, j'ai renoncé aux frivolités de la mode, et c'est avec peine que je me suis remise aux mains des brodeuses, des coupeuses et des essayeuses! J'en ai ressenti une extrême fatigue, faite d'ennui et d'incertitude.

Paraître devant le Dauphin en tenue de Cour eut semblé une dérision, et la robe ordinaire d'une femme sans prétention ne marque pas un respect suffisant. J'ai hésité, moi qui, d'habitude, attache peu d'importance aux habits, et j'ai fini par adopter un vêtement de teinte *scabieuse*, brodé ton sur ton, qui convient à mon âge et aux circonstances. Cette grave question réglée j'en ai éprouvé un soulagement. Elle m'oppressait en raison même de sa futilité.

J'ai vu, ces jours-ci, les plus fervents adeptes de la cause du Dauphin, et j'ai exigé d'eux la certitude qu'il me faut pour aller d'un pas ferme jusqu'à la rue de Fleurus.

Mon amour propre souffrirait horriblement d'une fausse démarche, et je crois que la déception que j'en éprouverais serait mortelle.

J'ai mis un quart de siècle à me consoler de la mort de Louis XVI, à oublier Trianon et le Dauphin (en admettant que la résignation soit une forme de l'oubli) et quinze jours ont suffi pour réveiller en moi la royaliste exaltée qui n'a jamais cessé de prier pour le Roi...

C'est le vicomte d'Orcet, l'un des gentilhommes restés fidèles au malheureux Dauphin, qui a bien voulu obtenir pour moi une audience.

Le Prince a daigné accueillir ma demande avec bienveillance. *Il* a prétendu se souvenir de mes humbles services à Trianon, près de sa sœur, aujourd'hui duchesse d'Angoulême, dont la conduite bizarre et inexpliquée déroute tous mes sentiments.

Le vicomte d'Orcet est un jeune magistrat, démissionnaire de 1830, qui appartient par lui-même et par ses alliances à la meilleure noblesse de France.

Sa conviction de l'évasion du Dauphin étant formelle, il s'est ardemment dévoué à la recherche de la vérité, et affirme l'authenticité du baron de Richemont avec l'orphelin de la Révolution.

Il est l'ami, et l'allié moral dans la défense de la cause, du marquis de Nicolaï, du marquis Mathieu de Montmorency et de l'abbé Perreau.

Ces messieurs ont eu la bonne grâce de se réunir chez moi ces jours-ci ; je leur ai soumis mes doutes, mes scrupules, mon ardent désir de connaître leur sentiment sur le Dauphin, et, devant leur attitude si franche et si ferme, devant d'irréfutables preuves établies d'après les plus sérieux documents, devant leur parole surtout, que je ne saurais mettre en doute, je me suis sentie définitivement gagnée et dégagée de toute inquiétude...

C'est donc le baron de Richemont que j'irai voir, mais c'est le Roi devant qui je m'agenouillerai...

Je prie Dieu de m'aider de sa grâce, afin que ma fervente adoration apporte à ce vaincu un chétif réconfort...

. . . .

. . . .

Hier, j'ai vu le roi !...

L'émotion que j'en ai ressentie a soulevé en moi un tumulte d'âme que je ne parviens pas à apaiser...

J'ai vécu à ses pieds des minutes intenses et définitives qui suppriment de ma vie tout ce qui ne fut pas lui, et relient la gravité du présent aux heures jolies de Trianon.

Le vicomte d'Orcet est venu me prendre à cinq heures..... J'étais prête dès longtemps. J'avais occupé mon après-midi à des minuties d'élégance dignes de Marie-Antoinette. Je voulais apporter au Dauphin un vague relent de Cour, et j'éprouvais une joie d'adolescente à me parer pour lui.

Dans la voiture qui nous emmenait, nous avons gardé le silence, pris de recueillement en allant à *lui*, comme lorsqu'on va vers un but sacré...

J'ai voulu prier, élever ma pensée vers Dieu, lui demander le tact et la mesure dont j'allais avoir besoin ; mais je ne l'ai pas pu... Depuis la veille, une angoisse mêlée d'ardeur me tarissait la liberté de vivre, et je me sentais astreinte à l'heure unique où le fils de Louis XVI paraîtrait devant moi.

Arrivée rue de Fleurus, j'ai levé les yeux sur la maison maussade qui dresse, entre la France et le Roi, sa face morne, patinée de taches louches, pluies et fumées des villes qui attachent leur lèpre aux vieux murs, comme la maladie pose sa griffe sur les vieillards.

C'était donc là le Trianon de Celui qui devrait être à Versailles !...

Dans l'escalier, j'ai dû m'arrêter. Mon cœur battait en désordre, et à coups si pressés que ma respiration en fut gênée.

Le vicomte d'Orcet montait devant moi avec une lenteur triste ;

nous avions tous deux le sentiment de la plus cruelle des déchéances, celle qui atteint en nous un être vénéré. Oh! cet escalier de pauvre qui menait chez un roi ?...

C'est dans ce piètre logis que j'ai retrouvé le fils de Louis XVI, grandi par l'épreuve et plus inaccessible à mes yeux dans sa détresse qu'il ne l'eût été sur un trône !... Mon émotion s'en est augmentée, et je suis prosternée toute en larmes devant Louis-Charles de Bourbon...

Le Prince m'a relevée avec bonté, d'un geste où la dignité royale se fondait avec la courtoisie du gentilhomme. Il m'a priée de ne voir en lui que le baron de Richemont, ce qui entre nous élargit l'étiquette, et de lui conter comment j'avais été amenée à le connaître.

Je ne suis pas une femme d'imagination, je n'ai pas cherché à retrouver à *tous prix* le Dauphin enfant dans les traits de l'homme déjà mûr qui me parlait ; mais j'affirme que son attitude, ses mouvements, et jusqu'au son de sa voix ont réveillé en moi des souvenirs assoupis, et si l'élan spontané qui nous porte vers un être supérieur peut devenir une preuve dans l'ordre matériel, cette preuve, je l'ai acquise... Quand je me suis trouvée assise près du baron de Richemont, dans la pièce austère où s'écoule son existence, mon cœur s'est fondu en désespoir et en gratitude : *Le* voir là, et se sentir impuissante à l'élever jusqu'au trône, quelle suprême épreuve !... Mais *Le* voir vivant, *Le* voir noble et plein d'une foi énergique en sa destinée, quelle suprême espérance !...

Louis XVII est de taille moyenne. *Il* a le type Bourbon sans qu'on puisse accuser une ressemblance avec son père. Ses yeux sont bleus et gais. Mais un arrière fond de tristesse en éteint parfois la vivacité. Quand *Il* vous parle, *Il* met dans son regard une telle douceur qu'on a l'impression d'en recevoir une caresse. Ses cheveux châtains ont des reflets clairs de la nuance délicate des cheveux du Dauphin. *Il* est bien fait de sa personne ; avec un léger embonpoint qui ne nuit pas à son élégance. Sa tenue est soignée, et *Il* a le maintien noble de ceux de sa race. Sa conversation est pleine d'imprévu, ses réparties sont brillantes. *Il* a l'enjouement facile des aristocrates, profite avec esprit de son double personnage et se sert du baron de Richemont pour diminuer la distance qui nous sépare du Roi....

Il me serait difficile de rendre compte de notre conversation. Elle fut, je pense, incohérente comme quand une émotion trop forte paralyse les facultés...

Le Prince me parla de la mort du duc de Bourbon et de la complicité probable des d'Orléans avec la baronne de Feuchère, ajoutant que ce malheur l'atteignait personnellement dans ses affections et dans ses intérêts. Il ne met pas en doute que le Prince *n'ait été suicidé*, et il est convaincu que la Baronne n'a pas assuré seule la responsabilité de ce crime...

Le vicomte d'Orcet l'a interrogé ensuite sur ses projets, et il a affirmé vouloir cesser jusqu'à nouvel ordre toute démarche officielle, soit près du gouvernement désormais établi, soit près de sa famille exilée, pour vivre tranquille sous le nom de Richemont.

Il ne s'occupe de politique que dans un but humanitaire et signale les réformes et les améliorations à introduire dans le régime actuel par une série de brochures qu'il publie sous différents pseudonymes.

Il collabore également au journal *Le bon sens* toujours dans le même but, et sa vie oisive en apparence, est tout entière consacrée à de nobles tentatives...

Il pense à écrire ses mémoires voulant opposer le récit de la vérité aux légendes calomnieuses répandues sur son compte.

Ce serait en quelque sorte un roman, nous a dit le Prince, tant la haine des miens m'a acculé aux plus folles aventures. J'ai dû chercher, dans une existence périlleuse et lointaine, un refuge contre le vaste filet d'intrigues tendus sur mes pas...

Et comme je manifestais le désir de connaître dans ses grandes lignes l'histoire d'une existence dont je devinais les épreuves, le baron de Richemont m'a répondu avec une courtoisie de grand Seigneur, que si j'avais la bonne grâce de l'entendre, il me ferait le récit des aventures de sa vie...

Je lui ai demandé alors de vouloir bien honorer de sa présence le vieil hôtel que j'habite, et dont les portes massives se sont ouvertes plusieurs fois devant des Princes de sa Maison. Le Dauphin a accepté avec bonhommie. On sent parfois chez lui l'oubli du rang qu'il n'a pu tenir, et un certain dédain de l'étiquette !...

Il a baisé mes mains en m'assurant que ma démarche lui était allée au cœur.

« Si ma sœur m'abandonne et me renie, nous a-t-il dit, si ma famille me rejette, les rares amis qui me restent m'en deviennent plus précieux... Vous, Madame, qui depuis Trianon gardez pour le Dauphin des souvenirs intacts, laissez-moi vous remercier... »

. . . .

. . . .

Que d'heures vécues dans une intensité d'émotion depuis ce jour où, pour la première fois, j'ai porté aux pieds de Louis XVII l'hommage fervent de ma foi royaliste.

J'ai revu le Dauphin rue de Fleurus, je l'ai reçu chez moi au milieu des amis attachés à sa cause, et avec toute la pompe dont est susceptible le vieil hôtel fermé depuis longtemps...

Puis, ce furent des soirs d'intimité dans le décor fané de mon salon. Le Prince, fidèle à sa promesse, m'a raconté l'histoire de sa vie, et, depuis lors, c'est le héros que je salue, en même temps que le Roi !... Chaque mot, chaque phrase tombée de ses lèvres marquait sur moi son emprise, et je ne pense pas jamais oublier les moments passés près de lui dans une aussi complète communion d'âme...

Ce récit qu'il a fait pour *Moi seule*, avec l'abandon et la sincérité qui naît de la confiance, j'en conserve le souvenir précis, et je crois pouvoir le rapporter ici sans omettre un détail, sans négliger une nuance.

L'histoire de mon *Roi* se mêlera ainsi étroitement à la mienne sur ces feuilles éphémères qui disparaîtront avec moi...

HISTOIRE DE LOUIS XVII

racontée par lui-même

(Récit du Dauphin à la comtesse d'Apchier)

Je n'ai pas à revenir avec vous, Madame, sur les jours de Trianon. Vous en avez connu la grâce un peu mièvre ; vous y avez vécu à un âge où l'on n'oublie plus, et les traits de ma mère, de mon père et de ma sœur sont certainement gravés dans votre mémoire.

La mienne, beaucoup plus incertaine, retrouve avec peine les menus faits de mon enfance. Trente-huit années de souffrance et de lutte en ont affaibli le souvenir. Pour moi, Trianon n'est plus qu'un mirage indécis et lointain, où évoluent de gracieux fantômes.

Le retour de Varennes avec son cortège d'insultes, d'humiliations et de craintes fut le premier événement qui marqua dans ma vie, et le marchepied de toutes mes douleurs.

J'étais trop jeune pour avoir eu conscience du malaise qui, depuis quelque temps, soufflait sur l'Europe, et je fus atteint en pleine insouciance de mon enfance heureuse.

Il est inutile, n'est-ce pas, de vous rappeler par quelles évolutions politiques furent amenés les événements qui devaient me faire orphelin sacrifié par la Révolution et par ma propre famille...

Vous avez voulu connaître l'intime de ma vie ; je ne vous répondrai pas par une page d'histoire, persuadé que vous n'avez rien oublié de ces heures tragiques de la Révolution, dont le délire sanglant couvrit la France d'un suaire rouge et fit de mes parents d'immortelles victimes.

Ramenés de Varennes à Paris par une foule en délire, nous fûmes conduits dans l'ancien couvent des Feuillans. Mme de Tourzel, ma gouvernante, vint nous y rejoindre avec plusieurs personnes de la Cour. Je me souviens qu'on nous servit des fruits et du sirop ; car il faisait une chaleur atroce, et nous avions demandé à nous rafraîchir.

Cléry, mon valet de chambre, et mes sous-gouvernantes vinrent également nous retrouver là.

Peu de jours après, par décret de l'Assemblée Nationale, nous fûmes transférés au Temple, et dès ce moment commença le long martyre qui devait finir pour les uns sur l'échafaud, et se continuer pour moi à travers les vicissitudes d'une existence sans issue...

Je passe sous silence les vexations et les brutalités dont nous fûmes l'objet pendant cette dure captivité. Les historiens ont trouvé là un thème à de poignantes variations, et nos souffrances s'étalent, dénaturées ou profanées, en maintes pages banales. Pour moi, je ne puis encore en parler sans une profonde amertume.

Certains détails me reviennent cependant, qui méritent d'être rapportés.

Je me souviens que, jouant avec Cléry dans le jardin du Temple j'aperçus, inscrits sur les plaques de fonte des cheminées, les mots : *Liberté, égalité, propriété, sûreté !* j'en fus surpris et frappé et j'interrogeai Cléry à ce sujet.

Un autre incident sans importance a fixé ma mémoire : Un garde municipal qui fumait la pipe dans la tour du Temple avait soin de nous envoyer sa fumée dans le nez quand nous passions près de lui. J'en étais très incommodé, et l'aversion insurmontable que m'a toujours inspirée la pipe remonte certainement à cette époque.

Notre vie était monotone et réglée : nous ne savions rien de ce qui se passait à l'extérieur ; mais nous voyions chaque jour se resserrer autour de nous le cercle de surveillance établi dès les premiers moments.

L'humidité des appartements que nous occupions provoqua chez moi une fièvre, bientôt suivie de la petite vérole. Mon père me soigna, ainsi que ma mère, en l'absence de Cléry, atteint lui aussi par la maladie.

Je travaillais un peu avec les uns et les autres ; Cléry m'apprenait à écrire et me lisait des ouvrages sérieux, tels que ceux de Montesquieu, et de différents auteurs en vogue.

Ma sœur et moi allions jouer à la balle et au volant dans la chambre de ma tante, et notre jeunesse finissait par s'accommoder de cette existence en si complet désaccord avec notre rang. Mon père, qui n'a cessé de s'occuper de nous jusqu'à son dernier moment, jouait aussi avec moi au jeu de *Siam*. Un jour, je me souviens que, ne pouvant dépasser le nombre seize, je perdais toutes les parties. Je m'écriai alors étourdiment : Mon Dieu ! Quel chiffre malheureux !

Le roi eut un sourire triste qui tomba sur mon cœur comme une goutte de plomb...

Nous vivions dans une atmosphère d'incertitude et d'appréhension qui décuplait notre sensibilité.

J'avais acquis en quelques mois une sorte de maturité douloureuse qui contrastait avec mes jeux d'enfant, et le pressentiment de ma destinée devait certainement germer en moi.

Vers ce moment, on sépara Louis XVI de sa famille, et nous ne le revîmes que longtemps après, la veille de sa mort.

Jusqu'ici, Madame, je ne vous ai conté que des faits connus ou insignifiants, mais les dernières paroles de mon père ne furent entendues que de nous seuls, et en vous les répétant, c'est presque un secret que je vous livre...

Le journalisme et la littérature ont dénaturé à plaisir cette suprême entrevue. On a voulu donner en pâture aux amateurs d'émotions fortes, l'agonie morale de la famille royale, et on n'a réussi qu'à produire un misérable pastiche de ce que furent en réalité les dernières heures du roi. J'éprouve à vous les raconter l'orgueil légitime d'un fils qui n'a connu la douceur d'aimer qu'entre les murs d'une prison.

Mon père fut amené près de nous afin de nous faire ses adieux, et aussitôt nous tombâmes à ses pieds. Nous le savions condamné, et cette pensée effroyable paralysait notre élan.

Dans de pareils moments, toute démonstration reste inférieure au sentiment qu'elle exprime, et le roi lui-même hésitait à parler...

Cependant, au bout de quelques secondes d'une émotion surhumaine, si vaillamment supportée qu'elle élevait la souffrance jusqu'à l'héroïsme, Louis XVI, nous ayant pris dans ses bras, ma sœur et moi, prononça d'inoubliables paroles.

Après nous avoir exhortés à la résignation, il essaya de calmer notre douleur, nous assurant que la mort mettrait un terme aux souffrances morales dont il était déchiré... Puis, se tournant vers ma mère, il lui traça un plan de conduite avec la sagesse prévoyante de son cœur.

Il la mit en garde contre l'hostilité sourde de certains souverains, lui signalant le danger qu'il y aurait à nous mettre dans leurs mains...

L'empereur d'Autriche et le cabinet de Windsor lui inspiraient une égale défiance.

Il engagea la Reine à chercher un refuge auprès de l'empereur de Russie, Paul, qu'il considérait comme son ami, et sur la loyauté de qui il croyait pouvoir compter.

Il ne mettait pas en doute que sa mort ne fût une rançon suffisante pour racheter notre liberté, et après avoir dirigé ainsi lui-même nos premiers pas hors de la prison, il en vint à l'éducation morale que la reine devrait me donner :

« Avant tout, faites de lui un honnête homme... La France peut un jour en avoir besoin !... Enseignez lui qu'il est né citoyen, et qu'il n'est plus Roi... Le peuple français était libre de changer la forme de son gouvernement : MON FILS NE DOIT PAS CHERCHER A RESSAISIR UNE PUISSANCE QUI NOUS FUT OTÉE... La volonté unanime du peuple peut *seule* le rappeler sur le trône, et son devoir, dans ce cas, serait d'accepter ce triste héritage. Avant tout, notre nom ne doit pas devenir une cause de discorde, et je défends à *Louis* de venger ma mort.

« Ma mémoire aura plus de force en laissant le crime impuni, et nos oppresseurs chercheront moins à vous nuire...

« Rien n'arrive que ce que Dieu veut, et sa volonté surpasse celle des rois... »

Il m'engagea ensuite à acquérir les vertus nécessaires pour régner, afin de montrer aux Français que j'eus été digne du trône dont on nous écartait.

J'écoutais les paroles de mon père avec une terreur angoissée, comme si elles venaient déjà d'un mort...

Une dernière étreinte nous confondit dans ses bras, et il s'éloigna en nous promettant de revenir le lendemain.

Nous nous prîmes tous à ce pieux subterfuge ; mais le lendemain, le sacrifice s'accomplit sans que nous ayions revu la royale victime...

Vous devez comprendre, Madame, ce que de pareilles minutes laissent de traces dans le cœur d'un enfant.

Les dernières paroles de mon père s'y marquèrent d'une

telle empreinte qu'elles vibrent encore en moi, et règlent ma conduite.

Si je n'ai pas jeté mon nom au milieu des troubles de Juillet et en maintes autres circonstances où il eût rallié nombre de fidèles, c'est pour obéir à ce vœu suprême d'un mourant.

Le spectacle de Louis de Bourbon se battant pour arracher le trône qui lui appartient des mains de son cousin, le d'Orléans usurpateur et régicide, n'eut cependant pas été sans grandeur ; mais du sang aurait coulé, et Louis XVI, en versant le sien, a espéré en tarir la source...

Après la mort de mon père, je restai encore plusieurs mois auprès de la Reine... Elle m'entourait de soins et me comblait de caresses...

Dans notre abandon, l'affection qui nous unissait était un refuge, et quand on vint m'arracher de ses bras, je sentis qu'on brisait en elle les dernières fibres qui l'attachaient encore à la vie. .

Je fus remis entre les mains des Simon, et c'est de ce moment que date vraiment mon martyre.

La crainte que m'inspiraient leurs mauvais traitements anéantit ma volonté... Je devins un misérable jouet dans des mains cruelles, et ils se plurent à me briser autant au moral qu'au physique.

Je dus les servir et me nourrir de leurs restes.

On m'enleva mes vêtements pour me couvrir de misérables loques, sous prétexte de me faire jouer au « Roi dépouillé ». On me fit chanter des chansons que je ne comprenais pas, et Simon m'apprit à jurer et à danser la Carmagnole.

Je n'obtenais à boire et à manger que lorsque j'avais obéi ; et je recevais des coups à la moindre objection.

Je m'accoutumai peu à peu au langage grossier de mes

geôliers où les jurons tenaient une grande place, et j'arrivai à parler comme eux...

On m'a reproché, plus tard, d'avoir gardé une certaine liberté de mots qui choque mes amis, et l'on n'a pas voulu tenir compte de la force de l'habitude.

Pendant un certain temps, je conservai un semblant de liberté. On s'amusait de moi ; souvent on m'affublait d'un bonnet rouge, et l'on me traitait de Jacobin, par dérision, et pour blesser mes sentiments.

Un jour vint où l'on m'enferma dans une pièce dont toutes les issues furent condamnées, sauf une ouverture pratiquée dans la porte, par laquelle on me passait ma nourriture.

Le seul meuble de cette prison était un mauvais grabat qui me servait de siège pendant la journée, et de lit pour la nuit.

Bientôt, on n'enleva même plus les ordures qui s'accumulaient autour de moi, et je m'étiolai rapidement dans cette fétide atmosphère.

Mes gardiens s'ingéniaient à me torturer ; ils venaient dans la nuit m'effrayer de leurs voix menaçantes et avinées. Je devais leur répondre aussitôt, sous peine d'être frappé par Simon, qui se montrait le plus acharné. Mon sommeil, coupé par les monstres, devint un long cauchemar ; je n'y trouvais plus le repos et mes souffrances augmentaient chaque jour.

Je déclinai rapidement ; mes joues se creusèrent, se couvrirent de taches livides, et mes lèvres perdirent leur couleur.

J'avais une peine extrême à me redresser. Mes membres étaient douloureux et lourds. Une léthargique langueur enveloppait mon corps et mon intelligence... Je me sentais mourir, et je *m'écoutais m'en aller* avec une sorte d'ivresse morbide surprenante chez un enfant.

Je n'avais plus la force des réactions, et, d'ailleurs, nulle espérance n'ouvrait devant moi sa porte d'azur.

Ce fut donc en pleine crise d'agonie morale, alors que je n'attendais plus rien de ce monde, que ma porte s'ouvrit devant un étranger dont la voix douce et les allures mystérieuses me surprirent. Il portait dans ses bras un cheval de carton de grande dimension ; il l'ouvrit et en retira un enfant qui dormait.

Cet enfant fut placé sur mon lit, et l'étranger me fit signe de me taire.

Puis, s'étant assuré que nous étions bien seuls, il m'ordonna à voix basse de prendre place dans le cheval, et je ne résistai pas.

L'aspect sympathique de celui qui me parlait contrastait si violemment avec la face bestiale et congestionnée de Simon que je m'abandonnai à lui, sans appréhension.

D'ailleurs, toute lutte m'eut été impossible ; je n'étais plus qu'une loque humaine, incapable du moindre effort, et totalement inconsciente de ce qui allait se passer.

Un seul sentiment m'animait : la pitié pour l'enfant qu'on venait d'apporter...

Il me semblait qu'entré dans cet enfer, on ne devait plus en sortir, et je ne concevais pas la possibilité de m'en évader moi-même.

Je sentis cependant qu'on m'emportait, et, après des allées et venues dont je ne pus me rendre compte, on me fit sortir de ma prison de carton, et je fus mis sur un lit.

Je me souviens qu'il faisait un temps atroce, la pluie tombait à torrents, et les rues, paraît-il, étaient désertes.

Nul ne remarqua ce qui se passait, et je restai jusqu'au soir dans la pièce où l'on m'avait amené.

On s'occupa à me donner les soins qui m'étaient si nécessaires, et j'éprouvai un indicible bien-être à sentir sur mes plaies la fraîcheur de l'eau.

La nuit venue, on m'enferma de nouveau dans un cheval beaucoup plus grand que celui qui m'avait apporté. Il était recouvert de la véritable peau de l'animal, et donnait à s'y méprendre l'illusion de la vie.

On l'avait rembourré à l'intérieur afin de m'éviter les chocs et secousses qui pourraient se produire en cours de route, et l'on avait ménagé des ouvertures sous la queue ; dans les oreilles, les narines et les jambes, afin de faciliter ma respiration.

Ce cheval fut attelé à une charrette avec trois autres chevaux de même taille, et si artistement dissimulé au milieu d'eux qu'il était difficile de découvrir la supercherie.

Deux allonges en fer, cordées et peintes en couleur chanvre, soutenaient l'animal. Ses jambes, pliantes aux jointures, s'agitaient au moindre contact.

Placé en avant du cheval de trait, et derrière les chevaux de volée, il faisait étroitement corps avec l'ensemble.

La charrette, conduite par un homme en blouse, ne contenait qu'un peu de paille...

Au grand jour, il eut été périlleux, malgré tout, d'affronter les investigations de la surveillance, mais la nuit et sous des avalanches d'eau, elle se trouvait forcément relâchée.

La charrette fut cependant visitée ; mais comme elle était à peu près vide, les employés n'eurent aucune méfiance ; et, après avoir soulevé la paille avec l'instrument réglementaire, et fouillé le conducteur, ils nous laissèrent passer. Aussitôt l'attelage prit le grand trot, et je m'endormis bercé par le balancement du cheval.

Après un espace de temps que je ne saurais mesurer, on ouvrit ma boîte, et j'en sortis pour être placé aussitôt dans une voiture qui m'emporta à toute allure loin des lieux où j'avais tant souffert.

Voilà, Madame, ce que fut mon évasion ; je sus plus tard que je la devais à mon cousin de Condé ; et j'appris en même temps les difficultés qu'on dut surmonter pour assurer ma fuite.

Le Prince lui-même m'en a donné le détail en 1794, et nous sommes revenus sur ces faits en 1816, époque où je pouvais mieux apprécier l'importance du service rendu.

Il me conta comment, ayant des craintes pour ma vie, il avait envoyé à Charette un aide de camp avec mission de se concerter avec lui en vue de mon évasion.

Une forte somme d'argent, jointe à des lettres de créance, devait faciliter à ce personnage l'accès de la prison.

Aussitôt après avoir conféré avec le général vendéen ; il vint en effet à Paris et ne tarda pas à avoir des intelligences avec un certain nombre de mes gardiens.

Il se lia tout d'abord d'amitié avec le gardien chef qui remplissait les fonctions de concierge ; et, sans rien livrer de ses intentions, il obtint de lui la facilité d'entrer à toute heure au Temple, dans le but avoué d'adoucir ma captivité.

Une fois dans la place, il lui fut facile de gagner les bonnes grâces de certains municipaux en jouant avec eux, ou en leur offrant du tabac, et s'étant ainsi assuré leur inconsciente complicité, il se décide à attaquer la femme Simon.

Il lui offrit une forte somme, lui promit de la préserver de la colère de son mari dont elle avait peur, et l'assura d'un avenir brillant si je remontais jamais sur le trône... Elle hésita, redoutant les représailles et la fureur de Simon ; mais l'appas de l'or fut plus fort que ses craintes, et, en peu de jours, le marché fut conclu...

Un cheval de carton avait été préparé ; on demanda la permission de m'apporter ce jouet, afin de me faire prendre un peu d'exercice, et l'autorisation en fut accordée.

C'est alors qu'un enfant de mon âge, endormi par une forte dose d'opium, vint prendre ma place dans la prison où je devais mourir...

Le cheval sortit sans encombre, comme il était entré.

La femme Simon simula à sa vue une violente colère, et refusa de le recevoir en l'absence de son mari, qu'on avait écarté.

Cette façon d'agir révolta le gardien chef, qui insista pour que le cheval me fût laissé ; son bon vouloir faillit me coûter cher ; mais la Simon tint bon et l'on s'indigna à la Tour du Temple de sa cruauté.

Le cheval de bois dans lequel on m'emporta hors de Paris fut également construit d'après les indications de l'émissaire de Condé, et c'est dans une maison de la rue Philippeau qu'on me déposa tout d'abord et que je reçus les premiers soins.

Si ce plan, bien conçu et heureusement exécuté, avait échoué, c'en était fait de moi ; car j'étais à bout de forces et une seconde tentative devenait impossible avant longtemps.

L'homme dévoué qui accepta de se charger d'une aussi périlleuse entreprise était mort quand le prince de Condé m'en a conté les péripéties.

Le comte de Lille, informé par lui de mon évasion, en accueillit la nouvelle avec froideur. Il parut se soucier fort peu de mon sort, et ne poussa pas plus loin la recherche de mon identité.

Condé crut prudent de m'éloigner et de laisser ignorer le lieu où j'habitais.

Si ma famille avait désiré connaître la vérité, elle se fut adressée à la femme Simon, qui ne demandait qu'à en témoigner ; mais comme c'était au contraire ce qu'on redoutait le plus au monde, on enferma cette malheureuse à la Salpêtrière, et on la fit passer pour folle, afin de détruire préventivement l'effet des paroles révélatrices qu'elle ne manquerait pas de prononcer. Elle fut ainsi la première des victimes que j'entraînai dans l'ornière dangereuse où s'enlisait ma vie.

Robespierre gouvernait la France au moment où je fus enlevé du Temple. Il en fut informé. Mais, pour des raisons politiques, il feignit de tout ignorer, attendant l'heure propice pour exercer sa vengeance.

Peu après, il montait sur l'échafaud, sacrifié à son tour à des ambitions contraires, et Simon le suivit dans la mort, à peu d'intervalle.

Ces deux hommes, en disparaissant, délivraient la France d'une obsédante vision de crimes et d'immondices.

L'enfant qui m'avait remplacé dans ma prison fut confié à une nouvelle gardienne, et celle-ci reçut l'ordre de veiller sur lui avec soin.

Barras ignorait les faits que je viens de vous conter, et voyait dans le détenu le fils de Louis XVI. Moins cruel que ma famille, et n'ayant pas les mêmes raisons de souhaiter ma disparition, il s'informait de ma santé et veillait à ce que rien ne manque à mon bien-être.

Les propos de la femme Simon qui racontait à qui voulait l'entendre les événements du Temple, ne tardèrent pas à l'éclairer, ainsi que Joséphine.

La police reçut aussi à ce sujet de nombreuses révélations ; mais Decaze eut soin de faire disparaître le dossier.

Ma première étape fut la Vendée. Je séjournai quelques semaines auprès du général de Charette, et je fus ensuite conduit en Allemagne où je devais rejoindre le prince de Condé.

Il me garda quelque temps auprès de lui, n'osant me confier à aucun des souverains d'Europe.

Il craignait que je ne serve d'instrument à leur ambition, et qu'après avoir joué de moi, ils ne me rejettent brisé...

Cependant, comme le bruit de mon évasion commençait à se répandre en France et en Allemagne, il eut peur de voir mon identité dévoilée, et résolut de m'éloigner.

La difficulté était de trouver un homme loyal et intègre à qui l'on pût me livrer sans danger.

Le Prince jeta les yeux sur Kléber, qu'il jugeait en tous points digne de sa confiance et me fit part de son choix. Il m'exposa en même temps l'avantage qu'il y aurait pour moi à vivre sous la tutelle de ce grand général et au milieu des Français. Il estimait que j'y serais plus en sûreté que partout ailleurs, n'étant pas connu d'eux.

Je lui demandai alors pourquoi je ne pouvais aller rejoindre ma sœur et mes oncles en Allemagne, et je me souviens encore de l'énergie avec laquelle il repoussa ma proposition.

« Le ciel vous préserve de tomber jamais sous la coupe de vos oncles, et épargnez-moi la douleur d'avoir à vous conter le rôle joué par l'un d'eux dans les malheurs de notre Maison !..

« Votre sœur est déjà captive de l'Empereur d'Allemagne, et il est inutile de lui donner deux otages... Son but est de s'emparer de la France en lui faisant épouser un de ses frères, qu'il mettrait ensuite sur le trône. Vous voyez combien votre présence gênerait ses projets, et vous pouvez deviner avec quelle facilité vous seriez sacrifié !... »

Avant de se séparer de moi, Condé voulut rédiger un mémoire contenant le résumé de ma vie, depuis ma naissance jusqu'à l'heure de notre réunion. Il y mentionnait les raisons pour lesquelles il me confiait à Kléber plutôt qu'à tout autre personne de sang royal.

Je fus conduit à Mayence par ses soins, et après quelques semaines d'hésitations et de pourparlers, Kléber consentit à se charger de ma personne.

5

Il me fit comprendre quelle responsabilité il assumait, et m'engagea à imiter sa discrétion.

Il me dit aussi être dépositaire d'un pli qu'il ne devait me remettre que dans un certain temps, et qui servirait plus tard à me faire reconnaître.

Ses protestations de fidélité faites avec la mâle franchise du soldat, m'impressionnèrent vivement, et il éveilla en moi un noble enthousiasme. Je compris que la moindre légèreté de ma part mettrait sa vie en danger, et, liant mon sort au sien, j'observai, pour sauver nos têtes, la plus grande réserve.

Vers cette époque surgit Bonaparte...

Ses victoires étonnaient le monde et surpassaient en éclat les espérances de la France.

Le jeune Corse, dont le plus grand génie fut peut-être de juger de la valeur des hommes, ne pouvait manquer de distinguer Kléber. Il l'attacha à l'état-major de l'armée et l'emmena en Égypte. Je l'y suivis, et plusieurs fois en cours de cette campagne, Napoléon demanda qui j'étais.

Le brave Kléber eut le courage de mentir :

« C'est un orphelin que m'a légué une parente. Il est encore jeune et manque d'expérience ; mais j'essaie de guider ses premiers pas, et je suis convaincu qu'avant peu il saura mériter vos bonnes grâces... »

Le général en chef accepta cette légende et me témoigna par la suite une réelle bienveillance.

J'avais pour lui l'enthousiasme qu'éveille le courage ; je cherchais à l'approcher, à le voir, à l'entendre. Il étendait sur moi son prestige, et les sentiments que je conserve pour son fils ne sont que le reflet de ceux que j'avais voués au père. Je devais trouver aussi en Joséphine un défenseur ardent ; sa belle âme, éprise de vérité, se dévoua à ma cause, et j'eus le cha-

grin de la voir mourir sans avoir la certitude d'être étranger à
ce malheur.

Je crois devoir ici, Madame, revenir un instant sur ma sortie
du Temple, afin de mettre en lumière certains faits qui ont été
dénaturés par Cléry et par ma sœur elle-même, dans le but
d'égarer l'opinion.

Ils ont voulu prouver que ma présence au Temple
au delà du 9 thermidor détruisait la légende de mon évasion.

Il est vrai que le Directoire, en éloignant les Simon, nomma
de nouveaux geôliers et leur prescrivit d'avoir soin des enfants
royaux. On leur montra la Dauphine et le moribond mis à
ma place, et ces gens, ignorants du passé, ne purent s'apercevoir d'une supercherie que les Directeurs eux-mêmes n'avaient
pu découvrir.

Ce fut le docteur Dussault qui, le premier, les détrompa.
Il m'avait vu autrefois, et ne pouvait me reconnaître dans
l'adulte remis à ses soins. Il en témoigna dans un procès
verbal qu'on fit disparaître, et paya de sa vie cette page
d'histoire. Joséphine, mise au courant, informa Barras qui
garda mal le secret.

Les détails que je vous donne furent néanmoins peu
connus du public, ce qui vous explique comment les auteurs
de l'époque, insuffisamment informés, rendirent compte des
événements sans les contrôler, s'appuyant uniquement sur les
« on dit » sortis du Temple.

C'est ainsi qu'ils font un récit fantaisiste des souffrances de
l'enfant sacrifié à ma place, et qui mourut en 1795. Cet infortuné fut, il est vrai, atteint du même mal dont je souffrais, et
c'est là une coïncidence bizarre dont on a essayé de tirer parti
contre moi ; mais les mauvais traitements lui furent épargnés ;
et s'il n'eût été d'avance mortellement atteint, il aurait ré-

sisté à une captivité singuliérement adoucie par la retraite du ménage Simon.

Malgré tout, les préventions qui s'élèvent sur mon identité furent augmentées de ces racontars, et ceux qui avaient intérêt à ma disparition se gardèrent de les démentir.

Il est évident que le comte de Lille, Bonaparte, Robespierre, Barras et ma sœur elle-même, désiraient faire le silence sur la tombe du Dauphin, prison, ou cercueil...

La volonté de Robespierre d'épouser ma sœur, même malgré elle, et de s'imposer ainsi aux Français, est un fait rapporté par tous les historiens, et il suffit à expliquer le désir qu'il avait de me voir disparaître.

Ces explications m'ont semblé nécessaires pour établir clairement par quelles fausses assertions on a essayé de faire la preuve de ma mort...

Je reviens maintenant à l'armée du Consul. Bonaparte, après une succession de combats et de victoires, rentra en laissant à la tête de l'armée Kléber et Desaix.

C'est à ce moment qu'il s'empara définitivement du pouvoir et prit le titre de premier Consul.

Au début de la campagne d'Autriche, Desaix débarqua, et je le suivis, car ma santé, très ébranlée par les souffrances du passé et les fatigues de la guerre, ne me permettait pas de rester plus longtemps en Égypte.

Kléber, en me confiant à son ami, lui donnait une suprême preuve d'estime. Il n'avait cessé de veiller sur moi avec la plus extrême sollicitude, prouvant ainsi jusqu'à quel point il avait conscience de ma naissance.

Desaix reçut de lui les papiers qu'il tenait du prince de Condé, et sans doute aussi le secret de mon évasion, car il me témoigna aussitôt un intérêt déférent auquel je ne pouvais me tromper.

Dès notre retour en France, Desaix, inquiet de mon isolement dans le cas où il viendrait à disparaître, se préoccupa de me trouver un nouveau protecteur. Il réalisait en cela les intentions de Kléber, qui cherchait depuis longtemps quel homme assez puissant pouvait me préserver des pièges tendus à mon âge et à mon inexpérience, par ceux qui poursuivaient en moi le roi de France.

Le nom de Fouché, que le général me désigna comme propre à remplir ce rôle, me fit frissonner. J'étais loin de m'attendre à trouver en lui un ami, et je sentais une insurmontable répugnance à me remettre entre ses mains.

Desaix, avec la sagesse de l'âge mûr, et l'expérience qui en découle, m'explique qu'il était imprudent de juger un homme d'après les apparences. L'ambition opère sur les caractères de singuliers revirements ; d'ailleurs, l'âge, les circonstances de la vie, et parfois aussi le remords, changent le cœur et modifient les actes. Autant Fouché avait mis d'acharnement contre la famille royale, autant il en mettait à sauver le Dauphin.

Je n'avais pas à mettre en doute les paroles de Desaix, et j'acceptai sans la discuter la tutelle éventuelle du farouche révolutionnaire.

Peu après cet entretien, nous rejoignîmes l'armée française à Voghera, et Desaix fut tué à la bataille de Marengo, quelques jours plus tard.

J'étais encore sous le coup de la douleur que m'avait fait éprouver cette perte, quand j'appris la mort de Kléber assassiné par un mameluck.

Ces deuils successifs me laissaient isolé et désemparé. J'avais été blessé à la main gauche, au même instant où le général tombait près de moi, mortellement atteint, et je dus rester à Alexandrie pour y soigner ma blessure.

Je connus alors pour la première fois cet isolement douloureux dont j'ai pris l'habitude par la suite, mais qui me surprit à ce moment et faillit me réduire au désespoir.

Je me trouvais, à seize ans, seul, à deux cents lieues de mon pays, sans asile, sans argent, sans protection aucune, et sans projet arrêté. Je pouvais, il est vrai, rester sous les drapeaux malgré ma blessure, en établissant que j'avais rempli les fonctions d'aide de camp auprès de Kléber et de Desaix ; mais il eut fallu accompagner ma demande d'une déclaration positive de mon âge, du lieu de ma naissance et de mon nom : c'était me compromettre à jamais, et donner à Bonaparte le droit d'exercer sur moi son despotisme. Je gardai donc le silence, résolu à tout souffrir plutôt que de compromettre l'avenir par une imprudence.

C'est ainsi que furent anéanties toutes les espérances qu'avaient fait naître en moi de brillants débuts dans la carrière des armes.

J'étais convaincu que Bonaparte ne m'avait pas oublié, et plusieurs fois je surpris son regard posé sur moi, au cours des campagnes faites avec Kléber et Desaix.

Je sus plus tard qu'il avait appris par Joséphine, Barras et Cambacérès les circonstances de mon enlèvement, et que sous une apparence de complète indifférence, il gardait l'inquiétude d'une restauration.

Profitant du moment où il s'éloignait d'Alexandrie pour courir à de nouveaux combats, je quittai cette ville et je me décidai à rentrer en France. Je portais avec moi les pièces qui m'avaient été remises par Desaix, et qui me venaient du prince de Condé, et je frémissais à la pensée qu'elles pouvaient être saisies. C'était en effet la preuve absolue de mon identité que je portais ainsi en guise de passe-port, et, loin de m'assurer la vie sauve, ces papiers précieux constituaient pour moi le plus terrible de tous les dangers.

La pensée de retomber aux mains de Simon, ou autres bourreaux du même genre, me causait une insurmontable terreur, et moi qui, déjà, avais affronté les balles, et reçu le baptême du feu, je me sentais sans courage pour retomber dans l'abîme dont on m'avait miraculeusement arraché...

Le nom seul de Fouché faisait naître en moi les plus cruelles incertitudes. Je me souvenais des conseils de Desaix, et je pensais sérieusement à me mettre sous sa protection... D'un autre côté, ma répulsion pour ce personnage ne s'était pas amoindrie, et je redoutais un piège sous sa bienveillance.

Je dus cependant prendre un parti, et je me décidai à m'en remettre à lui du sort qui m'attendait.

Aussitôt arrivé à Paris, je fus le trouver, et je pus me convaincre que Desaix n'avait rien exagéré...

Fouché me prit sous sa protection, et mit en lieu sûr les papiers que je lui confiai et déjoua la police particulière du premier Consul qui, par ordre du Maître, recherchait avec zèle le malheureux Dauphin.

Bonaparte ayant eu connaissance de mon passage dans l'armée, pouvait certainement me faire accuser de désertion, et il n'y eut pas manqué s'il n'avait craint qu'en me justifiant, je ne dévoile mon origine. Il fit semblant de m'ignorer, mais, en secret, il mit sur mes traces ses plus habiles limiers.

Je vivais donc dans de perpétuelles transes, malgré l'égide protectrice dont Fouché prétendait me couvrir, et je gardais contre lui une prévention que je ne parvenais pas à dominer.

Vers cette époque, je rencontrai Pichegru, qui venait de rentrer à Paris, et je m'ouvris à lui sans arrière-pensée. Sa joie de me retrouver fut extrême. Lui aussi me croyait mort au Temple, et la pensée de posséder encore un Bourbon, *un vrai*, exaltait son enthousiasme.

Il informa Moreau de ma présence, et tous deux cherchèrent aussitôt à former un parti.

Leur projet était, non de tuer le Consul, comme on l'a prétendu, mais de le renverser.

Je fus présenté aux conjurés sous un nom d'emprunt, mais tous se levèrent à ma vue et se découvrirent.

Ce mouvement spontané devait tout compromettre. Fouché et le Consul en furent informés, et dès le lendemain, Moreau, Pichegru et leurs compagnons étaient arrêtés.

J'avais écrit des vers dans la chambre de Pichegru ; ils furent saisis, et remis directement au premier Consul ; celui-ci s'emporta, furieux de me savoir si près, et connu des conjurés. Il accusa Fouché de sa négligence, et l'engagea à me retrouver s'il ne voulait encourir sa disgrâce.

Bonaparte fut très étonné d'apprendre que, seul, Pichegru savait qui j'étais ; les autres conjurés m'avaient pris pour le duc d'Enghien, et agissaient pour lui. Comme il eut été dangereux d'interroger un homme qui pouvait révéler à tous mon existence, on le fit étrangler dans sa prison. Le bruit de son suicide fut habilement répandu, mais il est inadmissible d'y ajouter foi. Le courage bien connu du conjuré se serait révolté devant cet acte de désespoir. Il était de ceux qui luttent et ne vont pas au-devant d'une sentence.

Au cours des débats, il eut facilement prouvé que ni lui, ni ses coaccusés ne complotaient contre la vie de Bonaparte, et la sûreté de l'État, et il ne se fut pas trouvé de loi pour les envoyer à la mort.

D'autre part, comment, m'étant trouvé parmi les conjurés, n'ai-je pas figuré au banc des accusés ?... La raison en est simple : loin de rechercher des éclaircissements sur ce prétendu complot, on s'efforçait d'en étouffer les suites, afin que mon véritable nom ne fût pas prononcé.

Pichegru, après Dussault, a payé, de sa vie, la connaissance d'un secret que je portais en moi comme un germe de mort.

Si Moreau n'a pas été sacrifié, c'est parce que le premier Consul ignorait qu'il fût initié au mystère de ma naissance.

Mais, dès ce moment, une surveillance active fut établie, et des perquisitions faites chez tous ceux qui semblaient suspects.

Je n'étais plus en sûreté à Paris, et je songeais à m'expatrier.

Ici je place une objection qui pourrait revenir souvent au cours de ce récit ; c'est pourquoi je crois devoir y répondre une fois pour toutes, afin d'éclairer la suite d'une lumière très nette.

On se demandera plus tard, et vous demandez sans doute, Madame, pourquoi, au lieu de fuir vers des pays inexplorés, je n'ai pas cherché à rejoindre ma famille, ou à m'abriter sous la protection d'un souverain d'Europe ?...

La raison en est simple et concluante. Je considérais le comte de Lille comme le fléau de notre Maison, et j'avais la certitude qu'il n'avait pas été étranger au drame royal dont j'étais l'épilogue.

La haine qu'il m'avait vouée dès le berceau n'avait pas dû s'amoindrir, et une fois entre ses mains, j'étais bien sûr de disparaître. Ce prince ambitieux, égoïste, avare et dissimulé était incapable d'un noble sentiment.

Sa complicité avérée avec les ducs d'Orléans et de Chartres, sa correspondance avec Robespierre prouvent jusqu'à quel point il fut étroitement mêlé aux intrigues politiques de la Révolution.

Quant à la protection des souverains, elle eut été illusoire, et se découvrir à eux présentait de graves dangers.

Soit qu'*ils* aient consenti à reconnaître en moi le « Dauphin », soit qu'ils aient nié mon identité, je me trouvais perdu.

Dans le premier cas, *ma reconnaissance* officielle ou discrète serait connue de Napoléon, dont la police s'étendait jusque dans le Cabinet des rois, et il exigerait qu'on me livre à lui. Le prétexte eut été ma participation au fameux complot de Pichegru, et, en cas de refus, Bonaparte déclarait la guerre.

L'assassinat du duc d'Enghien m'instruisait du sort qui me serait réservé...

Ces considérations personnelles étaient encore peu de choses auprès du sanglant conflit que mon nom pouvait amener.

Jeté sur l'Europe, il eut été l'étincelle qui allume les discordes, réveille les ambitions et provoque les désastres. L'adversité n'avait pas réussi à éteindre en moi les sentiments d'humanité. J'avais au cœur l'amour de ma Patrie, et la pensée d'y porter le deuil et la dévastation, ces fruits odieux de la guerre, me glaçait d'horreur. Mon père m'avait légué son âme pacifique, et je ne pouvais oublier qu'il était mort pour avoir trop longtemps respecté ce sang de France dont Napoléon se montrait si prodigue.

Une seconde hypothèse s'ouvrait devant moi, non plus terrifiante que la première, dans le cas où les pièces dont j'étais muni ne parviendraient pas à convaincre mon protecteur de ma royale origine. Traité d'intrigant ou d'espion, j'eus été chargé de fers et remis à Napoléon en ma qualité de Français.

Alors c'était la prison, l'enfouissement de ma vie, et la mort certaine, si le premier Consul conservait un doute.

Le prince de Condé m'eut accueilli, mais les raisons qui m'avaient éloigné de lui une première fois subsistaient, et je ne voulais pas jeter sur sa vie l'ombre douloureuse d'une existence vouée à d'étranges fatalités.

Et ma sœur ? Me direz-vous... Hélas ! Madame, nous abordons un sujet dont l'amertume m'a toujours abreuvé !...

Vous dont le malheur et la solitude n'ont pu altérer le cœur, et qui conservez intact l'amour de votre roi, pourrez-vous comprendre par quelle empreinte néfaste on effaça du sien l'image de son Frère...

Ma sœur habitait alors Courlande ; peut-être eut-elle consenti à m'y recevoir ; car, à cette époque, on n'avait pas encore réussi à éteindre dans son âme tout sentiment de générosité et de tendresse ; mais les espions dont on l'avait entourée n'eussent pas manqué de dénoncer ma présence, et le danger restait le même.

Je consultai Fouché, qui jugea comme moi mon départ indispensable, et, après avoir étudié les régions qui pourraient m'être hospitalières, il me conseilla de me réfugier du côté des sauvages, dans les pays inexplorés, où ne saurait me rejoindre l'implacable férocité de mes ennemis.

Fouché n'était pas fâché de se débarrasser de moi. Je pouvais devenir pour lui un danger ; j'étais en tous cas une grave préoccupation, et la perspective de mon prochain départ le soulageait d'un poids. Je dois reconnaître qu'il se montra loyal, n'abusa jamais du secret qui lui avait été confié, et me donna des conseils pleins de sagesse.

Je le quittai sans regret, mais non sans reconnaissance, pour me jeter à corps perdu dans la vie d'aventure où j'espérais trouver la sécurité et l'oubli.

Je m'embarquai au Havre et, deux mois plus tard, après diverses péripéties sans intérêt, j'abordais à New-York.

Je ne tenais pas à séjourner dans cette ville, et je pris le premier bateau faisant voile vers le Sud ; je parvins, au moyen de divers petits vaisseaux, à entrer dans l'Amazone, et je remontai ce fleuve autant que cela fut possible.

Une fois débarqué sur cette terre brûlante de l'Amérique du

Sud, je cherchai les moyens de me préserver, non seulement des bêtes féroces, mais encore des humains. Je possédais un tromblon acheté en Italie, deux pistolets, une hache et un poignard. Ainsi équipé, je pouvais affronter les fauves. Ma boussole me servait de guide ; je n'avais plus à craindre les pièges des souverains, et le pays m'offrait quelque nourriture.

J'errai pendant trois mois le long de l'Amazone, mangeant des fruits et des œufs de tortue, couchant la nuit sur un arbre, afin d'échapper aux animaux qui cherchent leur pâture pendant la fraîcheur.

J'assistais à d'effrayants combats. Les fauves, mis en furie par la faim ou le rut, se jetaient les uns sur les autres avec de magnifiques élans.

Les vainqueurs dévoraient ensuite les vaincus, et chaque nuit voyait renaître ma frayeur. Leurs cris emplissaient le désert de notes lugubres et je frissonnais en haut des branches où j'étais contraint de chercher un refuge.

Le jour, un ardent soleil me brûlait, et la nuit ne pouvait me donner le repos qui eut été nécessaire à mon corps et à mon esprit.

Ma pensée me reportait sans cesse vers le passé, vers le Trianon que vous avez, Madame, embelli de votre grâce et où ma mère mit le piquant contraste d'une grande souveraine jouant à la bergère... On lui en a voulu d'être jeune, d'être gaie, d'avoir montré à la France quelle femme adorable était la reine, et on a posé sur ce front altier la couronne du martyre.

Avais-je le droit de me plaindre, moi qui était son fils, de subir à mon tour un atavisme de douleur.

Je parvins, après de longues marches, dans une région qui me parut habitée par des humains. Des traces de pas me conduisirent auprès d'une cahute dans laquelle je trouvai une femme dont la laideur et la saleté me firent horreur. Elle n'avait plus rien des grâces de son sexe et, en l'approchant, mon cœur se soulevait de dégoût. A ma vue, elle fit entendre des sons gutturaux qui ressemblaient à des hurlements, et aussitôt deux hommes parurent. Je compris à leurs gestes menaçants que je devais me mettre en garde.

J'avais alors dix-neuf ans, et je n'étais pas d'humeur à me laisser assommer sans me défendre. Mon attitude résolue impressionna les sauvages qui tinrent alors conseil. Un étrange colloque s'engagea entre eux, pendant que je traçais sur le sol une ligne avec mon coutelas. Je leur fis comprendre qu'ils ne devaient pas la dépasser.

Le plus jeune des sauvages s'élança en bondissant, sa masse en arrêt, prêt à m'assommer. Aussitôt qu'il eut franchi la ligne, je tirai et lui fracassai la cuisse. Le vieux et la vieille, impressionnés par cette rapide exécution, se retirèrent à distance, cherchant par où ils pourraient m'atteindre sans subir le sort de leurs fils.

Le vieux me décocha une flèche qui vint s'émousser contre la cuirasse de fil de fer que je portais toujours cachée sous mon gilet. Voyant l'impuissance de son dard à me pénétrer, il fut pris d'une sorte de terreur superstitieuse et se mit à pousser d'affreux hurlements. Je compris qu'il essayait de rallier ceux de sa tribu, et je résolus d'en finir, afin d'en éviter les représailles qu'on ne manquerait pas d'exercer sur moi, si j'étais pris. Je m'approchai du blessé comme pour l'achever ; aussitôt, les deux vieillards bondirent sur nous ; et j'étendis son père à ses pieds d'un coup de pistolet. Je saisis ensuite la vieille à la gorge et je la serrai jusqu'à ce qu'elle ait perdu connaissance.

Puis, n'ayant plus à redouter des adversaires momentanément terrassés, je m'éloignai rapidement et me dirigeai vers le Nord...

Je marchai un certain temps sans rencontrer d'autres vestiges d'habitation.

Mais, un jour, je me vis subitement entouré d'un grand nombre de sauvages qui m'adressaient des questions auxquelles je ne pus répondre, ne connaissant pas l'idiome bizarre qui était leur langue. Ils tinrent alors conseil pendant que les femmes déposaient des fruits tout près de moi. Je les mangeai, ce qui parut leur faire plaisir, et l'un d'eux, se détachant du groupe, vint vers moi et me demanda en hollandais qui j'étais, d'où je venais et ce que je comptais faire dans ces régions.

J'entendais mal sa langue, dont il semblait lui-même peu instruit ; je répondis donc en allemand que j'étais français et en butte aux persécutions d'ennemis puissants. Je venais, parmi eux, chercher un asile, persuadé qu'ils ne me refuseraient pas une protection que je saurais reconnaître en mettant à leur service mon courage et mes armes.

Mes paroles furent transmises à l'assemblée, et les sauvages poussèrent alors de longs hurlements en signe de joie et d'adhésion.

Dès ce jour, je fis partie de la horde des *mamelucks*, et il fut convenu qu'après quelques temps d'épreuve on m'admettrait au nombre des guerriers.

Mes armes me furent enlevées avec les égards qui prouvent l'estime, et je conservai seulement ma cuirasse.

J'étais fort intrigué par la présence d'un demi-Européen parmi les barbares. J'essayai de lui poser des questions ; mais il me fit comprendre qu'il ne pourrait y répondre que lorsque je me serais familiarisé avec l'idiome du pays. J'attendis avec patience, étudiant les mœurs et les habitudes de ceux qui m'avaient accueillis, et bientôt je fus en état de me faire entendre.

Je racontai alors aux *anciens* mon aventure avec les premiers sauvages que j'avais rencontrés, et comment j'en étais sorti victorieux.

Ils me félicitèrent chaudement et m'apprirent que j'étais tombé sur la peuplade la plus féroce de toutes les Amériques, celle des *Arouas*.

D'après mon récit, ils augurèrent que j'avais tué ou blessé les desservants de leurs prêtres, crime puni par les derniers supplices, et que certainement les Arouas me recherchaient et viendraient me poursuivre jusque chez eux.

Ils ajoutèrent que je n'avais rien à craindre, qu'ils seraient reçus à coup de *bouloux*, et certainement mis en déroute.

J'insistai pour prendre part au combat.... Je ne pouvais rester parmi les vieillards et les femmes tandis qu'on se battrait pour moi. Je me sentais, d'ailleurs, dévoré par un besoin d'action... Mon sang, jeune et généreux, bouillonnait d'impatience et, ne pouvant le donner à mon pays, je l'offrais aux guerriers qui m'avaient accueilli.

Le Conseil des anciens accepta mon offre avec satisfaction, et promit de m'enrôler. Je parlais alors suffisamment la langue pour pouvoir causer avec mon camarade de désert, le Hollandais, et le questionner sur les circonstances qui l'avaient amené chez les Arouas.

Il me raconta qu'étant né à Amsterdam, il avait été envoyé en garnison à la Guyane. Là, il eut une affaire grave : s'étant insurgé contre une injuste punition, son chef le menaça de son épée, et lui, révolté, lui enfonça sa baïonnette dans le ventre.

A la suite de cela, il dut déserter pour sauver sa vie, et vint errer dans l'Amérique du Sud. Après de longs mois de souffrance, il rencontra la horde à laquelle il devait s'attacher, et combattit avec elle. On lui donna la femme d'un guerrier tué pendant le combat et, plus tard, ayant donné des preuves de bon sens et de bravoure, il se vit élevé à la dignité de chef.

Il m'instruisit des mœurs des *Arouas*, des *Galibis* et des *Illinois*. Ces hordes, unies pour la guerre, sont des ennemis des *Mamelucks*, qu'ils attaquent sans merci, mais qui réussissent à les écraser.

Ces hordes sauvages sont ravagées par le *tétanos*, et leurs enfants meurent en bas-âge, ce qui les empêche de s'étendre et d'anéantir les autres peuplades.

Les *Mamelucks* sont moins cruels ; ils n'attaquent jamais un homme sans défense, exercent l'hospitalité et soulagent l'infortune. Ils respectent leurs prêtres et entendent les faire respecter ; ils sont attachés à leurs croyances et punissent de mort quiconque voudrait y porter atteinte...

Je remerciai le Hollandais des avis et des renseignements qu'il voulait bien me donner, ainsi que l'amitié qu'il m'offrait. Nous en scellâmes le pacte par un embrassement, et il me présenta sa femme, qui m'accueillit d'un sourire. Elle était nue jusqu'à la ceinture, et un tablier voilait seul ses charmes. Son teint rougeâtre était le même que celui des Mamelucks. Ses traits avaient de la régularité, mais sa beauté me semblait par trop exotique. Ses trois enfants se serraient autour d'elle.

— Sois le bienvenu, me dit-elle, toi qui est l'ami de mon mari ; je serai ta servante et t'obéirai.

Je félicitai le Hollandais sur sa compagne ; et il crut devoir m'assurer que j'en trouverais sous peu une semblable.

Ce brave homme ignorait que certaines destinées vouent à la solitude ceux sur qui elles pèsent.

Je lui répondis que le bonheur conjugal n'était pas fait pour moi ; il parut surpris.

Comment lui aurais-je expliqué que le malheur entraîne le malheur, et que, privé de famille, je n'avais cependant pas le droit de m'en créer une...

Je continuai à vivre seul au milieu des *Mamelucks*, comme je l'avais fait depuis la mort de mes protecteurs, et je n'eus même pas la consolation de savoir que l'amour du Roi gardait intact au fond d'un cœur comme le vôtre, le souvenir du Dauphin...

Ce que les *anciens* avaient prévu arriva : les *Arouas* ayant découvert ma retraite, envoyèrent une députation pour demander vengeance du meurtre commis par un homme blanc sur deux guerriers et une femme. Les victimes étant attachés au service de leur *Piayes*, le cas parut grave, et l'on m'invita à faire le récit de ce qui s'était passé...

Je rapportai fidèlement les faits et les affirmai sous la foi du serment.

Les sauvages ne mirent pas en doute ma parole, bien différents en cela des autocrates civilisés, qui nient sans pudeur les faits qui gênent leur ambition.

La guerre fut donc déclarée entre les *Mamelucks* et les tribus alliés des *Arouas*, des *Itannarés* et des *Galibis*.

Je vis avec étonnement ces êtres primitifs, informes et près de la nature, faire preuve d'un sentiment d'honneur que l'on rencontre bien rarement chez les peuples polis par la civilisation. Chez eux, pas de compromissions, pas de *Cabinet noir* où disparaissent les documents compromettants. La lutte au grand jour, au grand air et pour une cause avouable. Les *Mamelucks* m'avaient accueilli, ils n'hésitaient pas à me venger, tout au moins à repousser mes agresseurs...

Quel est le souverain d'Europe qui eut agi ainsi ?... Vous

avouerez, Madame, qu'il est douloureux de penser que ce ne fut que chez les sauvages que le petit-fils de saint Louis trouva un peuple prêt à le défendre.

J'employai le temps qui s'écoula entre la déclaration de guerre et les premières attaques à enseigner à mes nouveaux amis certaines manœuvres ou évolutions européennes destinées à faciliter le combat, et à préparer la victoire. Ils se montraient soumis et émerveillés des résultats qu'on obtenait avec des efforts moins grands que ceux qu'ils sont obligés de donner. Le Hollandais, Charles Vau-Den-Howen, s'efforçait de me seconder, il avait d'ailleurs commencé, avant mon arrivée, à instruire les sauvages de certaines manœuvres qu'ils exécutaient avec entrain et précision.

Le Conseil de la Nation, impressionné par les connaissances dont je faisais preuve, me nomma « cacique » et me confia le commandement de tous les tacticiens.

On nomma *Chika* mon premier lieutenant.

On s'engagea à renvoyer les femmes et les filles des prisonniers, à ne garder que les mâles, et j'obtins la promesse qu'à moins de circonstances très particulières, aucun de nos prisonniers ne serait supplicié.

Dès lors, certain d'être scrupuleusement obéi, j'employai toute mon intelligence et mon énergie à préparer au combat des hommes valeureux.

Je ne vous donnerai pas, Madame, le détail des diverses phases d'une lutte où j'eus l'occasion d'utiliser le peu de science que j'avais acquise auprès de Kléber, dans les armées de Bonaparte.

Mon premier soin fut d'initier Chika à mon plan d'attaque, afin qu'il pût continuer à l'exécuter, si je venais à être tué, ou trop gravement blessé pour garder le commandement.

Je répartis avec circonspection les armes et la poudre dont je pouvais disposer entre d'habiles tireurs, et j'envoyai la veille du combat, le cacique *Wika* avec cinq cents hommes, faire une reconnaissance jusqu'au camp des *Arouas*.

Nous fûmes attaqués le lendemain au soleil levant. Nos ennemis poussaient des cris assourdissants, tout en lançant des flèches et des javelots qui éclaircirent nos rangs...

Immédiatement, nous répondîmes par un feu nourri qui terrorisa nos adversaires et en détruisit un bon nombre. Alors, je fis exécuter le mouvement tournant que j'avais étudié et préparé, et qui devait forcément nous livrer l'ennemi.

Il fut enveloppé en effet de toutes parts, et n'eut pas le temps de se dégager.

Alors commença le carnage...

Se voyant pris, nos adversaires se battaient en désespérés. Je fus blessé à la tête par un coup de *boutou*, tandis que je me baissais pour ramasser une hache, et sans mon atom-assap, j'eus été achevé sans pitié.

On m'emporta, et mes camarades me croyant mort, se ruèrent sur les Arouas et les exterminèrent presque tous.

Les autres tribus parvinrent à se dégager. Mais on les poursuivit jusqu'au camp où se trouvaient leur trésors, leurs femmes et leurs vieillards. On y mit le feu, et nos guerriers ramenèrent un grand nombre de prisonniers.

Quand je revins de mon étourdissement, j'appris le résultat de la bataille avec un intérêt d'autant plus grand que j'en avais été le général en chef.

L'éclatante victoire que nous venions de remporter me valut l'estime complète des anciens, et l'enthousiasme des jeunes guerriers.

Pendant huit jours, les fêtes se succédèrent. On fit d'abondantes libations avec certains breuvages épicés, et les femmes nous offrirent les fruits du pays, avec des gestes de frayeur et d'admiration. On dansa les danses les plus extravagantes, et on fit le partage du butin.

Les *Itaunarès* et les *Galibis* furent tous renvoyés avec leurs femmes, leurs enfants et leurs vieillards, et l'on ne garda que les plus jolies veuves pour les donner aux guerriers qui s'étaient fait remarquer par leur bravoure et leur ardeur dans le combat ; car, même dans les peuplades sauvages, la femme est considérée comme la suprême récompense du courage et de l'honneur.

Les *Arouas* seuls furent exterminés, et quelle ne fut pas notre surprise de trouver, parmi les prisonniers, le guerrier que j'avais blessé à la cuisse qui, non seulement n'était pas mort de sa blessure, comme on l'avait prétendu, mais qui avait retrouvé assez de force pour me blesser à son tour d'un coup de son *boutou*. Son père et sa mère étaient là également, et j'obtins avec beaucoup de peine qu'ils fussent relachés.

Ainsi, les trois prétendus assassinats que m'avaient imputés les *Arouas* se réduisaient à une simple blessure et, par suite de leur mensonge, trois mille hommes s'étaient exterminés.

Malgré tous mes efforts, je ne pus obtenir l'élargissement du jeune guerrier, cause de tant de maux, et je regrettai une fois encore de ne point jouir du pouvoir suprême, même chez des sauvages, afin d'y exercer le droit de grâce...

Le supplice terrible que l'on fit subir à ce jeune homme me cause une indicible horreur... On lui brûla les pieds et les mains : on décharna ses doigts avec les dents et, en ayant coupé un, on l'alluma dans une pipe et on le lui fit fumer. On usa tour à tour du feu et du fer pour brûler ses chairs, briser ses nerfs et produire le maximum de souffrances. Par un raffinement de cruauté, le supplice fut lent, et dura deux jours. Le supplicié ne cessa de chanter, de rire et de causer avec ses bourreaux. Sa pâleur et le tressaillement de ses nerfs dénonçaient seuls sa souffrance. Mais, à l'exemple de tous ces sauvages, il se fit un point d'honneur de mourir sans une plainte.

Des combats semblables à celui que je viens de vous décrire se sont succédés à différents intervalles pendant les six années que j'ai passées chez les Mamelucks.

Je n'insiste pas sur les mœurs de mes amis sauvages. De nombreuses relations de voyages vous ont initiée depuis longtemps aux coutumes de ces peuplades barbares.

Ce qui choque davantage l'Européen au milieu des bizarreries d'une civilisation rudimentaire, c'est l'état d'infériorité et de domesticité où l'on maintient la femme. Elle vit en esclave, condamnée à nourrir l'homme qui, lui, se repose, sauf en temps de guerre. Le mariage n'est pas l'union féconde de deux êtres qui s'aiment ; c'est un contrat de maître à serviteur !... Les femmes y vivent exclues de tous les plaisirs, même celui de la danse, pour lequel elles ont un goût marqué.

Leur existence se passe dans les plus durs travaux, et leur mari ont sur elles droit de mort, sans qu'elles songent à se révolter.

Elles accouchent sans douleur, ce qui est une petite compensation, et l'homme joue dans ce cas une comédie amusante : Au moment de l'enfantement, il se couche, et sa femme est obligée de le servir et de lui prodiguer les soins qu'elle même devrait recevoir. Il se livre à des contorsions, pousse des cris, et observe les jeûnes habituels en pareil cas. Malheur à la femme qui met au monde deux jumeaux ; si elle ne parvient à en étouffer un et à le faire disparaître, le mari l'accuse de l'avoir trompé, et rarement elle obtient son pardon.

En somme, les sauvages gardent leur énergie pour se battre en temps de guerre, et la vengeance est le seul sentiment capable d'éveiller leurs passions.

En temps de paix, ils s'occupent à rechercher leur nourriture et organisent des festins où ils absorbent une grande quantité de liqueurs fortes.

La facilité de se procurer des aliments, jointe aux influences d'un climat ardent, les incite à prendre plusieurs femmes ; mais le geste d'amour n'entraîne chez eux ni égards, ni considération pour celle qui partage leur couche.

Je ne pus échapper à la *fièvre jaune* qui est le mal du pays ; mais, grâce à des précautions et à une continence absolue observée *depuis mon arrivée*, la maladie céda facilement, et j'en fus quitte pour quelques mois de repos et de régime.

Je serais sans doute demeuré longtemps dans ce pays hospitalier, près de ces gens réputés sauvages, chez qui j'avais trouvé plus d'humanité que chez mes propres parents, si des circonstances très particulières ne m'avaient entraîné au Brésil.

La veuve de Don Pedro, qui portait le titre d'Impératrice, et Don Juan son fils, époux de Charlotte Joachine, sœur du roi d'Espagne, en étaient alors les souverains.

En réalité, Don Juan, l'héritier présomptif de la couronne, gouvernait au nom de sa mère...

Des incidents de frontière survenus entre les Portugais et les hordes qui confinaient à leurs états amenèrent entre ces peuples de violents dissentiments.

La mauvaise foi des ministres et la rapacité des gouverneurs rendirent illusoires les traités qui assuraient la liberté et l'indépendance.

Les récriminations véhémentes des opprimés n'ayant trouvé aucun écho chez les autorités compétentes, on résolut de tenir conseil afin de prendre les décisions nécessaires pour assurer la franche exécution des traités.

Tous les *caciques* et *anciens* des hordes furent convoqués et invités à donner leur avis...

Étant le plus jeune, je parlai le dernier. J'exposai à nos alliés le danger qu'il y aurait à se lancer dans une guerre où les forces seraient inégales, sans prendre auparavant des mesures capables d'augmenter nos moyens de défense.

En effet, l'artillerie des Européens moissonnerait bien vite nos guerriers nus et armés de massues, de flèches et de javelots.

Je leur démontrai la nécessité d'attirer par la ruse l'ennemi chez nous, au lieu d'aller le combattre auprès de ses forts et de ses munitions.

Une guerre d'embuscade nous assurait en effet une certaine supériorité et permettait de s'emparer peu à peu de l'artillerie, des armes et des munitions des vaincus. Une fois en possession de ces moyens de défense, je me chargeais en peu de temps d'apprendre à nos hommes à s'en servir.

Mais avant d'en arriver à une lutte sans merci qui entraînerait de part et d'autre des pertes considérables et ferait couler le sang à flots, n'était-il pas plus loyal et plus adroit en même temps de porter nos revendications au pied de Don Juan en lui demandant d'y faire droit?...

Mon discours fut acclamé, et après une assez longue délibération, il fut décidé que les peuplades unies enverraient une députation au Brésil dans un but de pacification et de paix. Il ne s'agissait plus que de choisir des envoyés capables de mener à bonne fin cette démarche diplomatique. Les Conseils se succédèrent, et mon nom fut mis en avant comme chef de de la Députation. Ma qualité d'Européen inspirait aux sauvages une grande confiance. Ils pensaient que, mieux au courant du caractère et des habitudes des pays civilisés, je tirerais un meilleur parti de la situation.

Une seule chose les inquiétait : la pensée de ne pas me voir revenir parmi eux... Il fut question d'exiger de moi un ser-

ment ; mais, devant les preuves d'attachement et de dévouement que je n'avais cessé de leur donner, les *anciens* conclurent
qu'il serait injurieux de paraître douter de ma bonne foi, et
je pus partir sans que mon honneur fût engagé.

Je me procurai des passe ports pour moi et les dix guerriers
qui faisaient partie de la Députation. Nous emportâmes des
présents pour l'Empereur et les Impératrices. C'étaient des
vases d'or finement ciselés, des diamants, des topazes et
autres pierres de nos contrées.

Nous fîmes une partie du voyage dans des hamacs portés
par des sauvages.

Dès mon arrivée dans la capitale du Brésil, je fis demander
une audience particulière à Don Juan, l'informant que j'avais
à lui confier un secret de haute importance pour lequel aucun
interprète n'était nécessaire.

L'Empereur, étonné et curieux, consentit à me voir, et,
le surlendemain, j'étais admis au Palais impérial.

Je racontai à Don Juan le drame du Temple et lui confiai
le secret de ma naissance en lui demandant de le garder
inviolable jusqu'au jour où je pourrais obtenir justice et me
montrer à tous sous mon nom véritable. Cette confidence
imprévue faite par un inconnu à mille lieues de son pays parut
tout d'abord *le* désorienter ; mais se reprenant peu à peu,
Il me témoigna de l'intérêt, s'informa avec bonté des péripéties de mon existence depuis ma sortie du Temple et
me promit d'appuyer de sa bienveillance mes revendications.

Personnellement, je ne pouvais demander davantage ; mais
je ne devais pas oublier que d'autres intérêts étaient à ce
moment là liés aux miens, et j'employai tout mon crédit
à faire aboutir les réclamations présentées par notre Ambassade.

Don Juan me promit de parler à sa mère en notre faveur,

et je retournai auprès de mes amis heureux et satisfait.

La Reine daigna donner sa haute approbation aux sentiments de son fils, et comme nos revendications étaient justes, loyales et basées sur des faits indéniables, les traités furent renouvelés avec promesse de veiller à leur parfaite exécution.

Au cours de ces négociations, je revis plusieurs fois Don Juan, et quand elles furent terminées, il me fit savoir qu'il désirait me parler en particulier. De cette entrevue devait dépendre la direction de ma vie...

L'Empereur me confia qu'il avait fait prendre des informations sur moi auprès de mes compagnons, et que leur récit, conforme au mien, avait augmenté sa confiance. Mon avenir l'intéressait... Il ne pouvait admettre ma vie enterrée dans ces peuplades sauvages quand un pays civilisé pouvait m'appartenir légitimement, si je savais profiter des circonstances...

Il me fit comprendre que les succès de Napoléon gênaient les souverains, et qu'ils seraient heureux sans doute, un jour ou l'autre, de m'opposer à ce géant. Son insistance, et les arguments décisifs qu'il opposait à mon incertitude eurent raison de mes scrupules, et je résolus de rester auprès de lui.

La difficulté était de décider mes compagnons de route à repartir sans moi.

J'éprouvais une peine profonde à m'en séparer, et j'avais le remord d'une conduite qui leur semblerait à tous dictée par la plus noire ingratitude. Il fallut l'énergique influence de Don Juan pour me déterminer à leur annoncer ma décision. Ils poussèrent de grands cris, et leur désespoir fut encore supérieur à mon attente. Prières et malédictions me furent tour à tour prodiguées, et je ressentis vivement la douleur de paraître indigne à des êtres bons et loyaux qui m'avaient accueilli quand le monde entier me rejetait.

On dut employer la force pour faire repartir ces Américains

vers les hordes qui les avaient envoyés, et je restai auprès de Don Juan, abandonnant lâchement les seuls amis que j'ai rencontrés dans mon malheur.

Je vécus au Brésil dans une obscurité protectrice, évitant de laisser deviner une personnalité et fuyant avec soin toute occasion de me montrer en public. L'œil de Napoléon embrassait le monde, et il m'eut vite découvert sur cette terre d'Amérique où je cherchais avant tout le repos.

J'habitais une maison de campagne à peu de distance du palais où j'entrais librement.

Je profitai du répit qui m'était accordé par les événements pour m'initier au mécanisme administratif. Je repris les habitudes européennes, et je fis disparaître de mon corps les peintures bizarres qui le recouvraient.

Je passai ainsi plusieurs années, comparant la civilisation de ces contrées avec celle du Continent, et j'acquis la conviction que partout s'exerce le même despotisme ; partout le peuple est à la merci des grands qui l'oppriment et le pressurent.....

Pendant ces années d'étude, j'élaborai le programme d'une constitution que j'établis plus tard définitivement, avec le projet de le faire agréer aux Français, le jour où ils me donneraient leur confiance.

Je m'efforçai d'y faire entrer autant de justice qu'il est permis à un roi d'en avoir en tant que chef d'État, et j'y délimitai nettement sa situation vis-à-vis la loi et le peuple.

L'amitié que j'avais pour Don Juan s'augmentait chaque jour, et je voyais avec tristesse se développer chez ses fils des penchants et des vices qui devaient plus tard porter des fruits sanglants. Don Miguel, en particulier, m'effrayait par ses instincts de cruauté. J'avertis l'Empereur, le conjurant de réprimer sévèrement des défauts qu'il serait plus tard impossible de déraciner...

L'avenir a justifié mes prévisions, et Don Miguel a étonné le Monde par sa férocité.

Cependant, en 1815, l'Empereur du Brésil, ayant connaissance des graves événements qui se passaient en Europe, me conseilla de rentrer en France.

Il me donna un passe-port, ou plutôt une lettre destinée à en tenir lieu, et dans laquelle j'étais désigné sous mon véritable nom : *Louis-Charles de France, duc de Normandie, fils de Louis XVI.* Il voulut aussi assurer mon existence, et m'offrit une somme suffisante pour éloigner de moi, pendant longtemps, tout souci matériel.

Je partis accompagné de Tancrède, dont la fidélité m'était connue, et qui devait, dès l'arrivée, se sacrifier pour moi.

Nous débarquâmes à Saint-Malo, et, prévoyant que mon passe-port allait soulever un incident, je le remis à Tancrède et je pris le sien dont l'insignifiance me sauva, tandis que le mien motivait son arrestation.

La pièce fut aussitôt envoyée au Ministre de la Police, où elle provoqua une vive émotion.

Je pris moi-même la route de Paris, et je fus voir Fouché qui sembla stupéfait de ma présence. Il me savait arrêté à Saint-Malo et ne s'expliquait pas comment j'avais pu échapper à mes gardiens.

Je lui racontai par quel innocent stratagème j'avais réussi à conserver ma liberté, et il donna immédiatement des ordres pour que le prisonnier de Saint-Malo soit envoyé en Angleterre.

Le Ministre de Louis XVIII me croyait mort, et je vis qu'il était médiocrement satisfait de mon retour en France.

Il me conduisit chez le vieux prince de Condé, qui me reçut

à bras ouverts. Il pleurait son petit-fils, le duc d'Enghien, lâchement assassiné par ordre de Napoléon, et il m'assura que nul mieux que moi ne pourrait le remplacer près de lui.

Fouché lui remit alors les papiers dont il était resté dépositaire depuis 1802 ; mais le Prince m'avait reconnu sans qu'il fut besoin de lui fournir de preuves.

Cette première entrevue réveilla en moi le sentiment de la famille, qui s'était forcément assoupi pendant mon séjour chez les sauvages. Je fus rendre visite à la duchesse douairière d'Orléans, qui m'avait toujours témoigné de l'affection et du dévouement. Elle m'accueillit à merveille, m'assura que son amitié ne me ferait jamais défaut, et me rendit le courage nécessaire pour supporter les épreuves qui me guettaient.

Elles ne se firent pas attendre, et ce fut ma sœur qui plongea elle-même le poignard dans un cœur qui ne demandait qu'à lui revenir.

Le prince de Condé, de concert avec Fouché, se décida à tenter auprès de Louis XVIII une demande suprême. Il ne pouvait admettre que le frère de Louis XVI pousse la perfidie jusqu'à renier et à faire arrêter son neveu, le malheureux Dauphin.

Fouché, plus sceptique, prit les mesures nécessaires pour me faire disparaître avant que la police du Roi ne m'atteigne, et ce fut lui qui, le premier osa parler de moi.

La façon dont Louis XVIII reçut ses ouvertures ne laissait aucun doute sur l'hostilité de ses intentions, et il en fit le rapport au prince de Condé. Celui-ci, indigné, voulut faire un éclat et forcer l'Europe à reconnaître pour le seul Roi légitime, fils de Louis XVI...

J'opposai à son indignation tout le sang-froid que j'avais puisé dans ma vie d'aventures, et je le suppliai de renoncer à un projet qui ferait couler du sang de France. Je l'assurai que j'étais prêt à repartir, à m'éloigner de nouveau d'une patrie dévorée d'intrigues, où mon nom ne servirait qu'à allumer la guerre civile. Quand je le vis suffisamment calme pour m'écouter sans colère, je le priai de tenter auprès de Louis XVIII une démarche personnelle tendant à m'assurer sa protection à l'étranger, afin que j'y sois exempt des vexations auxquelles étaient soumis les Français, depuis la Restauration.

Louis XVIII accueillit le messager avec les égards dus à son rang, et il promit tout et au delà de ce qui lui était demandé ; mais Fouché, qui veillait, apprit en même temps qu'il prenait ses dispositions pour sévir contre moi au moindre incident.

Pendant l'intervalle, Condé, dont l'indignation ne parvenait pas à s'apaiser, chercha à faire vibrer chez la duchesse d'Angoulême les sentiments absents de ceux de son oncle.

Le duc de Berry, dont la fidélité à ma cause a signé l'arrêt de mort, se fit l'allié du Prince, et tous deux résolurent de me présenter inopinément à ma sœur.

Elle devait se rendre à Versailles pour une partie de plaisir. J'y fus de mon côté avec le prince de Condé, et nous l'attendîmes dans un bosquet. Elle vint de notre côté accompagnée du duc de Berry, de la marquise d'Agoult et de plusieurs gentilshommes. Lorsqu'elle passa près de nous, le Prince s'approcha d'elle et lui dit brusquement : Princesse, voilà votre frère !... Je crus voir quelque signe d'émotion sur le visage de ma sœur, et je lui parlai aussitôt de mon enfance, lui rappelant divers incidents que nous seuls pouvions connaître, et la suppliant de me poser les questions qu'elle jugerait propres à la convaincre.

Après quelques instants de trouble, d'incertitude et d'agitation, ma sœur, au lieu de m'ouvrir ses bras comme s'y attendaient le duc de Berry et le prince de Condé, me repoussa du geste en s'écriant : Allez ! Allez ! Vous êtes la cause de bien des malheurs, et jamais mes bras ne s'ouvriront pour vous !

Je restai atterré devant tant d'injustice.

Ma sœur pouvait-elle me reprocher encore les soi-disant aveux que m'avait arrachés, au Temple, la brutalité de Simon ?... Elle s'éloigna sans un mot, sans un regard, suivie par le duc de Berry qui s'efforçait de l'amener à une conciliation.

Je sus plus tard que les gentilshommes qui m'accompagnaient, et dont l'attitude discrète voilait à peine l'émotion, étaient les comtes de Pons, de Curial, de Montbrun et d'Arjuton.

Après ce qui venait de se passer, soit à la Cour, soit à Versailles, je n'avais plus qu'à partir en exil. Les intentions de Louis XVIII ne faisaient pas de doute, et je n'hésitai pas à mettre ma liberté et ma vie hors de son atteinte.

Avant de quitter Paris, je fus revoir une dernière fois la duchesse d'Orléans pour la remercier de l'intérêt constant qu'elle m'avait témoigné et de son dévouement à la cause sacrée dont j'étais l'unique représentant.

J'eus une peine incroyable à m'arracher des bras du prince de Condé. L'indignation qu'il ressentait de la conduite des miens augmentait sa tendresse pour moi. Il eut voulu donner une grande publicité à ma naissance et en demander la sanction aux souverains d'Europe en vertu de la convention secrète qui réservait *les droits du Dauphin*, convention dont il avait eu connaissance par l'empereur Alexandre.

Je lui représentai que l'heure n'était pas propice à des revendications qui pourraient déchirer la France, qu'elle se lasserait bientôt de ses gouvernants qui accumulaient faute sur faute, et saurait les expulser.

Le moment serait alors venu de se montrer et de s'offrir à ses suffrages.

Le prince de Condé me remit alors sa première lettre, qu'il avait conservée, en y ajoutant le récit de ce qui s'était passé depuis. Il revêtit le tout de son sceau et je joignis ce pli précieux aux lettres de Don Juan que je portais toujours avec moi.

Je m'acheminai d'abord vers le Midi de la France, et je m'arrêtai à Rodez où je vis un digne magistrat, M. Fualdès ; je lui remis une lettre du comte de Viomesnil, qui me recommandait à lui d'une façon toute particulière.

La confiance et l'estime qu'il sut m'inspirer m'amenèrent à lui confier les lettres de Don Juan et différents autres papiers d'un intérêt moindre. Il me promit de les conserver fidèlement et de ne les remettre qu'à moi-même.

J'étais loin de me douter que ce dépôt d'amitié serait la cause de sa mort, et quand j'en fus informé quelques mois plus tard sur les côtes d'Édimbourg où je m'étais réfugié, je compris de quel signe fatal se marquait tous ceux qui faisaient au Dauphin l'aumône de leur pitié...

Je rejoignis Tancrède en Angleterre, et nous nous y reposâmes pendant quelque temps, à l'abri des intrigues et des turpitudes dont le spectacle menaçait de me démoraliser complètement !

Les détails de « L'affaire Fualdès » que s'arrachait le monde entier vinrent nous y trouver.

Vous savez certainement, Madame, ce que fut cette affaire Fualdès, qui souleva d'horreur tout un pays, et posa son énigme devant un jury impuissant à faire la lumière.

Je me permets d'en rappeler les détails, car ils marquent de façon frappante la mainmise du pouvoir sur les êtres faibles ou vicieux dont il fait ses instruments. Tant du côté des assassins que parmi les jurés admis à les juger, nous trouvons cette contrainte venue d'en haut qui arrête la vérité et pose sur les lèvres un sceau funeste.

C'est en 1817 que la ville de Rodez fut le théâtre de cet assassinat monstrueux, qui marque dans les annales du crime.

M. Fualdès, honorable magistrat dont les vertus privées et publiques étaient connues de tous, fut assassiné dans une maison louche, et son cadavre précipité dans l'Aveyron la nuit même du crime. Les détails révélés par l'enquête qui suivit cette mort mystérieuse dépassaient en horreur tout ce que l'imagination peut concevoir.

Il fut avéré que Fualdès avait été égorgé par des hommes réputés honorables, et dont il est l'ami.

Bastide et Jansion, les principaux accusés, appartenaient à une bonne bourgeoisie languedocienne et étaient alliés aux meilleures familles de l'Aveyron.

L'émoi fut immense dans ce pays de probité et d'honneur...

La position sociale de la victime et de ses assassins, les circonstances inouïes qui accompagnèrent le drame ont fait une cause célèbre de l'affaire Fualdès.

Ce malheureux vieillard, entraîné dans la Maison Bancal où il n'est jamais entré, et qui est en quelque sorte un lieu de prostitution, se voit tout à coup menacé de mort par ses amis, ceux-là mêmes avec qui, journellement, il passe ses soirées. Il croit d'abord à une plaisanterie ; mais bientôt, désabusé, il est en proie à une terrible angoisse ! Il se voit perdu, et essaie de se sauver en signant entre leurs mains une renonciation à toute sa fortune, un acte qui le dépouille de tous ses biens... Ce n'est pas assez, il faut qu'il meure !... On l'étend sur une table de bois blanc, et tandis qu'il supplie pour qu'on lui laisse la vie, ses assassins lui disent : « Non ! Tu ne peux pas vivre, tu possèdes des secrets qui doivent mourir avec toi !... »

Et alors, avec un vieux couteau rouillé pris sur la table de la Bancal, on égorge l'homme lentement, comme on fait des cochons ; le sang tombe dans un baquet, et la femme Bancal le remue avec un bâton pour éviter qu'il ne se fige !

Au dehors, devant un square placé à une faible distance, deux jeunes musiciens ambulants jouent les airs de leur pays et les sons de la vielle couvrent les cris de la victime.

Le lendemain, ces deux enfants ont disparu ; on ne s'en inquiète pas, ce sont des nomades. Mais, plus tard, des travaux sont faits dans le square, et on retire d'un massif les cadavres des joueurs de vielle... Ils ont été enfouis là à la hâte avec leurs instruments...

Eux aussi furent les victimes inconscientes et occasionnelles de la grande victime du Temple...

Cependant le drame avait eu un témoin : Mme Manson, venue dans la Maison Bancal pour des motifs étrangers au crime, fut refoulée dans un cabinet attenant à la pièce où il se perpétrait.

Tremblante de frayeur, elle entendit les supplications de Fualdès, les menaces de ses assassins, et assista à la mort par une fente de la porte. Un mouvement la trahit, et on la retira de sa cachette à demi morte de frayeur.

Il fut question de la tuer à son tour pour s'assurer de son silence ; mais Jansion prit sa défense, et elle fit le serment de se taire sur le cadavre encore chaud de Fualdès.

On le ficela alors dans un sac, et c'est le colosse Bastide, dont la force était légendaire, qui le charge sur ses épaules et va le jeter dans la rivière.

Le lendemain, les assassins se rendent dans la maison de Fualdès, forcent le secrétaire et fouillent dans les papiers.

Il s'agit maintenant de retrouver ceux qui me concernent, ceux pour lesquels on vient de sacrifier une vie, ceux enfin qui sont la garantie de ces hommes. Car, s'ils ont joué la leur, c'est par ordre supérieur, et ils se croient assurés de l'impunité.

Je n'ai pas trouvé un seul morceau de papier chez mon malheureux père n'a cessé de répéter le fils de la victime dans ses dépositions.

En effet, tout a disparu ; non seulement les registres sur lesquels étaient inscrites les créances des deux complices, mais encore les papiers les plus insignifiants, comme s'ils avaient craint que quelque chose de grave n'échappe à leurs investigations.

Ils ne trouvèrent probablement pas tout ce qu'ils cherchaient car j'avais eu la précaution d'emporter avec moi les lettres du prince de Condé et je n'avais laissé à la garde de Fualdès que celles de Don Juan.

Ces dernières prirent sans aucun doute le chemin de Paris. Elles furent envoyées au ministère de la Police, qui était alors M. Decazes, le même qu'on retrouve ministre de l'Intérieur et président du Conseil, le 13 février 1820, lors de l'assassinat du malheureux duc de Berry...

Je n'ai pas à insister sur une corrélation qui saute aux yeux. Ce ministre néfaste d'un gouvernement amoindri par toutes sortes de compromissions, ne craignit pas de tacher de sang le règne de Lous XVIII.

Dès le lendemain du crime, le corps de Fualdès flottait sur l'eau, rejeté par l'Aveyron qui ne voulait pas être complice de ce forfait. Les meurtriers furent découverts et arrêtés, et la justice commença d'instruire ce mystérieux procès.

Dès le début, on constate combien elle avance lentement, péniblement, dans la recherche du vrai.

Les dépositions sont obscures et contradictoires, les débats se traînent, les audiences se succèdent, et il est impossible de faire la lumière. Mme Manson qui, seule, peut dire la vérité, se rétracte sans cesse, obéit à un mot d'ordre ou à une menace, et ses contradictions suspendent le jugement, sèment l'incertitude et énervent l'opinion.

Un pouvoir occulte semble dominer la Cour.

Les accusés eux-mêmes ne parlent jamais franchement. Leur défense est pleine de réticences, et jusqu'à la fin on suit avec angoisse des débats où chaque mot semble signifier autre chose que ce qu'il dit.

Ce qui frappe tout d'abord c'est l'intérêt particulier que le gouvernement prend à ce procès. Le préfet de Rodez, appelé à l'audience du 12 août, ne dissimule pas au président des Assises qu'il adresse au ministre de la police un rapport journalier sur les incidents de l' « Affaire Fualdès ».

Enfin, Mme Manson déclare : *Que tous les aveux qu'elle a faits lui ont été arrachés par la violence* et qu'on la menace de lui enlever son enfant si elle ne parle pas dans le sens qu'on lui indique.

On influence les témoins par la crainte ; on muselle les accusés par l'espoir.

Bastide prononce des paroles bizarres, qui sont une involontaire allusion à la main qui arma son bras pour le crime.

La mort de Fualdès ne peut être attribuée à l'intérêt, car il était pauvre. Elle ne peut être le résultat de la haine ou de la vengeance, puisque personne ne lui connaît d'ennemi.

Il faut donc chercher plus haut le mobile du crime, et la *raison d'État* peut seule l'expliquer.

Louis XVIII sent monter autour de lui une haine sourde ; son ministre est abhorré ; il suffirait d'une étincelle pour allumer l'incendie des passions.

Le roi, inquiet, n'hésite pas ; conseillé par Decazes, il poursuit le Dauphin jusque dans ses fidèles, et malheur à celui qui connaît le secret de ma naissance.

Jusqu'au pied de l'échafaud, Jansion et Bastide semblent compter sur une puissante intervention. On dut, jusqu'à la dernière minute, les leurrer d'espoir pour obtenir leur silence, et quand ils virent le couperet suspendu sur leur tête, il était trop tard pour parler.

Leur mort ne réussit pas à satisfaire l'opinion. Les Ruthénois gardèrent l'inquiétude du doute au sujet de ce crime qui avait attiré sur eux l'attention du monde.

Pendant que ma triste personne faisait ainsi de nouvelles victimes, je parcourais les provinces de l'Écosse, accompagné de Tancrède, que j'avais retrouvé en Angleterre, et dont la fidèle amitié et le dévouement de tous les instants comblaient un peu le vide affreux creusé en moi par l'absence de famille et d'affection. J'étais partout le proscrit qu'on poursuit, le chemineau royal qui n'a pas le droit de s'arrêter et vit errant, au hasard des chemins ! Tout en cherchant à m'étourdir par des voyages curieux et instructifs je ne m'illusionnais pas sur les suites de mon séjour à Paris.

Les démarches de Fouché et du prince de Condé, l'entrevue de Versailles, et surtout l'attention que prêtait le public aux bruits qui circulaient sur l'évasion du royal orphelin, devaient faire naître l'inquiétude chez Louis XVIII et son ministre.

De là à me faire rechercher et arrêter, je savais que la distance n'était pas longue à franchir.

Un ordre, un décret, et c'en était fait de ma liberté, peut-être de ma vie...

Je fuyais donc une destinée plus noire encore que celle dont je souffrais, et parfois, pendant les nuits froides d'Édimbourg, tandis que je me promenais avec Tancrède sous un ciel d'acier bleui, je songeais au *masque de fer*, à l'homme tragique qui traverse l'histoire comme le spectre de la douleur, sans qu'elle parvienne à lui donner un nom.

Sans doute, sa destinée ressemblait à la mienne. Il dut naître trop près du trône, et c'est ce crime qu'on lui fit expier.

Qui sait si, pris moi aussi dans les réseaux de la politique, je ne finirais pas mes jours sous le terrible masque de l'anonymat. Ces pensées ne contribuaient pas à me rassurer ; mais l'intérêt que je prenais à mes différentes étapes en atténuait l'amertume.

Je parcourus les côtes d'Afrique ; je visitai Alger, Tripoli, Tunis... De là je me rendis à Damiette, et je séjournai quelque temps en Palestine.

La Terre sainte me réservait une nouvelle douleur. Tancrède y succomba à un mal étrange dont rien ne put arrêter les ravages, et après lui avoir donné tous les soins nécessaires, je le vis mourir dans mes bras. Je perdais en lui le serviteur et l'ami, et une fois encore je me retrouvai *seul*...

Pendant quelques jours, ma détresse fut immense, et je cherchai vainement un cœur vers qui me retourner.

Tandis que je cheminais ainsi à la recherche de l'oubli, mes ennemis ne désarmaient pas.

Decazes, ne pouvant parvenir à découvrir le lieu de ma retraite, et voulant donner le change à l'opinion qui commençait à se prononcer nettement en ma faveur, jeta en pâture au peuple français le procès du faux dauphin, *Mathurin Bruneau*, qu'on tenait emprisonné à Rouen depuis un certain temps.

Bruneau se faisait appeler *Charles de Navarre*, et prétendait prouver l'authenticité de sa naissance.

En suscitant un procès autour de cet imposteur, on semblait admettre la possibilité de ses revendications, et en livrant à la publicité son abjection et son identité véritable, on détruisait

l'intérêt chevaleresque qui s'attachait au fils de Louis XVI...
On établit que Bruneau s'appelait Hervagault, que ses parents
étaient connus et que lui-même n'était qu'un vulgaire ambitieux.

La duchesse d'Angoulême se prêta à la triste comédie qui
fut jouée à Rouen. Elle envoya le marquis de Mont-Mort avec
mission d'interroger Bruneau, afin de s'assurer s'il *était*, ou
n'était pas le Dauphin...

En réalité, Madame, c'est moi qu'on poursuivait dans la
personne d'un être inférieur et répugnant, qui devait détruire
la légende de loyauté et d'honneur dont on ne parvenait pas à
découronner la royauté *légitime*.

Bruneau fut condamné à Reims comme imposteur, et plus
tard à Vitry, pour récidive. Il avait pris goût au rôle qu'on
lui faisait jouer, et continua de se prétendre le Dauphin, jusqu'à sa dernière heure. Il mourut d'ailleurs ignoré et misérable, dans une prison de Bicêtre.

Voilà, Madame, à l'aide de quelles armes on a essayé de
tuer ma personnalité. Ne pouvant m'atteindre dans mon corps,
on a détruit mon prestige. On a montré à la France un fan-
toche, et on lui a dit : « Voilà le roi que vous récla-
mez... »

C'était habile et déloyal, et la mise en scène imaginée par
Decazes a réussi dans une certaine mesure.

Elle dérouta l'opinion, arrêta le courant de sympathie qui
se formait en ma faveur, et fut, pour plus tard, l'assise de
doute contre laquelle viendraient se briser mes justes revendications.

Je suivis le procès de loin, mal informé par des journaux,
que j'avais une grande difficulté à me procurer, ne voulant
dévoiler à personne mon nom et ma retraite.

Cependant, je compris la portée de cette manœuvre, et j'eus

la tentation de me jeter en travers en rentrant brusquement
en France sous mon véritable nom.

Encore une fois je fus arrêté par la perspective des souffrances qui m'attendaient. Je considérais d'ailleurs que je me
devais à mon pays, et si mon heure n'était pas venue, elle
pouvait sonner bientôt.

Il fallait donc se garder libre pour répondre à l'appel du
peuple, et ne pas se compromettre à l'avance par un coup
d'éclat qui ne réussirait qu'à donner à ma famille une nouvelle
occasion de me renier.

Je cherchai à m'étourdir en accélérant ma marche en avant
et je parcourus rapidement les divers pays qui pouvaient me
fournir de nouveaux sujets d'étude.

C'est ainsi que je visitai Damas, Bagdad qui tire son nom
d'un ancien moine chrétien appelé *Dad* qui posséda jadis en
cet endroit une cabane et un jardin. En arabe, Bagdad signifie
Jardin de Dad. Les Persans y viennent en pèlerinage, per-
suadés que leur prophète, Aly, dut y séjourner.

La Mecque m'attirait. Je voulais étudier sur place la religion du cimeterre et de la volupté; mais l'Islamisme, vu de
près, perd son prestige. Mahomet a su exploiter les passions
humaines pour régner sur des hommes barbares qui n'ont
entrevu dans la loi du prophète que la satisfaction d'appétits
sensuels, et la plus grossière interprétation de la survie.

Je traversai l'île de Chypre, et je me rendis à Smyrne; je
parcourus sur les côtes l'ancien emplacement de Troie, et
l'Iliade en main, je retrouvai tout ce qu'Homère a décrit...

Sur la plage où fut laissé le fameux cheval de bois, je ne pus
m'empêcher de faire un rapprochement entre moi et les sol-
dats qui en sortirent. Eux, du moins, s'en échappèrent pour
combattre l'ennemi, tandis que ma destinée fut toujours de
le fuir...

Après avoir terminé mon historique pèlerinage par le tombeau d'Achille, je me rendis à Constantinople; mais l'ancienne Byzance me parut dépouillée d'une partie de sa splendeur depuis qu'elle est tombée au pouvoir des Turcs.

Puis ce fut Athènes, Corinthe, Sparte, célèbre par ses lois et ses cruautés.

Je voulus connaître par moi-même les vestiges de ces villes disparues qui emplirent le monde de leurs exploits, de leur art ou de leur tyrannie...

Un prince doit s'appliquer à puiser des leçons chez les peuples qui l'ont précédé dans l'histoire. Appelé à régner par ma naissance, je devais épeler la vérité sur les murs mêmes où elle s'inscrit en ruines sublimes ou en florissante industrie.

Après deux ans de pérégrinations à travers l'Europe, l'Afrique et l'Asie, je rentrai en Italie où je comptais prendre quelque repos, et le 10 avril 1818, je me rendis à Parme.

J'avais tout lieu de penser que, mes persécuteurs ayant perdu ma trace, je pourrais jouir pendant un certain temps du calme et du repos que m'assurait l'incognito.....

Encore une fois, je fus déçu, et, le 12 avril 1818, c'est-à-dire deux jours après mon arrivée, j'étais arrêté à Mantoue, *sur les instances du gouvernement français...* On m'interna dans la prison où, vingt ans auparavant, avaient été enfermés le marquis de Semonville et Maret, devenu duc de Bassano. Peu de jours après, je fus transféré à Milan, et j'appris là, à n'en pas douter, que l'Autriche, en me faisant arrêter, obéissait à un mot d'ordre venu de Paris. On s'empara de mes papiers, et je fus soumis à un minutieux interrogatoire. Les lettres du prince de Condé, que je portais toujours sur moi, avaient été saisies et remises directement à François II, qui en prit connaissance.

Dès lors, l'empereur ne pouvait plus ignorer ma naissance.

Cependant, comme on continuait de m'interroger sur des questions étrangères à celles qui avaient pu motiver mon arrestation, je pris le parti d'établir nettement la situation. Je déclarai me nommer Louis-Charles de Bourbon, français voyageant pour mon instruction et mon plaisir, et je réclamais qu'on me ramène à la frontière, du moment où mon arrestation n'était motivée que par ma nationalité.

Je passais trois mois sans qu'on daigne répondre à ma demande, et j'éprouvai chaque soir la même angoisse et le même découragement à me sentir enseveli vivant dans cette prison de Sainte-Marguerite dont les murs n'avaient pas d'écho.

Vous ne pouvez comprendre, Madame, ce que sont les heures d'un détenu quand il sait être seul au monde, et qu'il ne peut établir un courant sympathique au delà des murs qui l'enserrent. S'évader de soi pour aller vers un être aimé, c'est presque quitter ses fers, et en cherchant à le consoler, on oublie de pleurer...

Mais quand la solitude est la même au dedans et au dehors ; quand on n'attend ni pitié, ni tendresse, il faut toute l'énergie d'une âme trempée pour résister longtemps aux suggestions du désespoir.

Au bout d'un temps très long, je reçus la visite d'un émissaire de l'empereur, du moins je le jugeai tel, tant il me parut différent des magistrats qui m'avaient interrogé jusqu'alors. Il causa avec moi en gentilhomme chargé d'une mission, et non d'un interrogatoire. Il me confirma les motifs de mon arrestation. En somme on m'avait mis sous les verroux pour complaire à Louis XVIII, et sous le seul prétexte qui permit cet acte arbitraire. Les papiers qui m'avaient été enlevés semblaient prouver mes prétentions au trône de France et l'envoyé de François II m'engageait à expliquer leur provenance, ou à en affirmer la possession.

— Si l'empereur vous reconnaît pour son parent, il est prêt, me dit-il, à vous traiter avec tous les égards que mérite votre rang... Ce qu'il lui faut, c'est une certitude ; il ne peut risquer d'être la dupe d'un imposteur...

Je l'écoutais, attentif aux moindres inflexions de sa voix, au jeu de sa physionomie, persuadé qu'un piège se cachait sous le miel des paroles. Et j'hésitais à répondre ; affirmer mes droits au trône en affirmant ma naissance, n'était-ce pas fournir moi-même les matériaux d'une nouvelle accusation autrement grave que la première. C'était le crime de lèse-majesté que l'on cherchait à faire peser sur ma tête, et je ne pouvais l'écarter qu'en reniant les lettres du prince de Condé...

Or, les lettres qui n'étaient plus en possession restaient quand même la preuve indéniable de ma légitimité, et l'empereur ne les avait pas détruites.

Une cruelle indécision me déchirait, et je cherchais les moyens d'observer une réserve prudente, quand mon interlocuteur prononça des paroles décisives.

« Je ne dois pas vous laisser ignorer qu'une loi aussi ancienne que la monarchie punit de mort tout individu qui, se disant parent de l'empereur, ne parvient pas à en faire la preuve... Pesez donc votre réponse avant de me la communiquer... »

Je bondis sous l'outrage... On essayait de m'intimider par une menace de mort !...

Je demandais aussitôt du papier et de l'encre, et j'écrivis : « Je me nomme Louis-Charles de Bourbon, duc de Normandie, fils de Louis XVI et de Marie-Antoinette, Josèphe, Jeanne de Lorraine, tante de l'empereur d'Autriche et reine de France.

« Je suis né à Versailles le 27 mars 1785 et je proteste contre la spoliation dont je suis victime... »

Je signai d'une écriture ferme, malgré que ma main tremblât, et j'engageai l'ambassadeur impérial à porter à son maître ma courte réponse.

Je sentais bouillonner en moi des flots d'indignation, et puisqu'il fallait mourir, je voulais signer moi-même mon arrêt.

Je m'attendais à être traité d'imposteur, et comme on avait arraché de mes mains les preuves qui faisaient ma force, je n'avais plus pour me défendre que la superbe révolte qui me secouait.

Quand je fus plus calme, j'essayai d'envisager la situation, et la jugeai désespérée.

Louis XVIII et François II n'accepteraient jamais de me reconnaître pour le *Roi de France*, et leurs intérêts unis causeraient ma perte. Comme on venait de me le faire pressentir, on se servirait de la vieille loi monarchique qui punit de mort l'ambitieux se disant le parent de l'Empereur, pour faire tomber ma tête. Je me résignai et j'attendis...

J'attendis plus de six ans avant d'être rendu à la liberté, et cependant, le seul fait de me laisser la vie prouvait que François II reconnaissait en moi son neveu.

Je fus soumis à la plus dure des captivités. On m'enferma dans l'un des cachots destinés aux grands criminels, et on me refusa tout moyen d'étude ou de distraction. Je demandai vainement des plumes, du papier et des livres. Par ordre supérieur, je fus laissé dans une sombre inaction. Les souverains unis pour me nuire espéraient sans doute me voir succomber à une aussi longue et aussi rigoureuse détention. J'étais tellement convaincu de leur mauvais vouloir que je n'osais prendre aucune nourriture *préparée*, par crainte du poison.

Je vécus longtemps d'œufs à la coquille cuits ou crus, trouvant dans cet unique aliment à boire et à manger. Je serais mort sans doute, car l'homme ne résiste pas indéfiniment à la souffrance morale, quand rien ne vient l'en distraire, si je n'avais trouvé dans ma prison même un écho à cette souffrance.

J'avais essayé, comme tous les prisonniers, d'écrire certaines strophes sur les murs de ma cellule, en gravant les lettres dans la pierre avec un petit couteau.

A un moment donné, on ordonna mon transfert dans une autre pièce. A peine y étais-je depuis quelques jour que j'entendis chanter l'homme qui avait pris ma place. Toute manifestation extérieure est un événement pour celui qui compte les heures ; j'écoutai avec attention, et je reconnus les vers que j'avais inscrits sur le mur.

Je répondis à sa voix par un chant semblable, et j'eus dès lors la joie de communiquer avec un être vivant, en dehors de mes gardiens. En élevant le ton, nous parvînmes à causer de longues heures.

Silvio Pellico m'ayant appris son nom, je reconnus en lui l'auteur de *Françoise de Rimini* et le félicitai de son œuvre que j'avais lue avec intérêt au temps de ma liberté.

Le prisonnier me répondit en me demandant mon histoire, et je la lui contai, trouvant un soulagement dans sa généreuse émotion. Mes geôliers, dont la pitié commençait à s'émouvoir des mauvais traitements que je subissais sans me plaindre, me permirent d'apercevoir mon nouvel ami, et le pacte d'amitié né d'une confraternité de souffrance qui liait déjà nos âmes, revêtit une forme. Quand Silvio me parlait, je le voyais en pensée, ce qui ajoutait au charme de sa parole, il semblait touché de mes malheurs, et nos deux infortunes communiaient dans un immense désir de liberté et d'action.

Désespéré par une détention qui menaçait de ne prendre fin qu'avec ma vie, je songeai à recourir au duc de Berry, dont je connaissais la loyauté, et je lui fit savoir quelle était ma situation dans la prison de Milan. Je le priais d'intervenir auprès de Louis XVIII et de François II, convaincu qu'on aurait égard à ses observations.

Ce Prince généreux n'hésita pas. Il écrivit à l'empereur d'Autriche en lui demandant d'adoucir ma captivité, et en lui démontrant ce qu'elle avait d'arbitraire.

Non content de cela, il osa proposer à Louis XVIII de me rendre le trône, lui indiquant ainsi le chemin du devoir, et renonçant généreusement pour lui-même à tout espoir de succession.

Le roi accueillit fort mal ses ouvertures. Il essaya de persuader le Prince que mon avènement troublerait la paix générale et remettrait en question les traités existants, et comme Berry, incrédule, affirmait que l'Europe ne pouvait en vouloir à la France de couronner son roi légitime, Louis XVIII lui répondit avec irritation :

« Prenez garde, Berry, prenez garde, vous vous engagez là sur un terrain dangereux !... »

Et il le pria de ne plus revenir sur ce sujet.

Quinze jours plus tard, ce malheureux Prince tomba frappé à mort.

La France perdait en lui le seul Bourbon populaire, celui qui, par ses qualités, rappelait son aïeul Henri IV !... Louvel, l'assassin, ne fut qu'un instrument. A lui aussi, on promit l'impunité ; le duc de Berry, avant de mourir, demanda sa grâce, sachant bien que cet homme n'était pas le vrai coupable ; mais Louis XVIII ne tint aucun compte de sa prière, pas plus que des promesses faites en son nom. Louvel fut exécuté en place de grève, et jusqu'au dernier moment, comme Bastide et Jansion, il semble avoir conservé de l'espoir. Au pied de l'échafaud, il tourne encore la tête de côté et d'autre, et au moment où le bourreau s'empare de lui, il pâlit et prononce ces mots, recueillis par les témoins les plus rapprochés : *Je n'aurais jamais cru qu'ils me laisseraient mourir !...*

Je ne connus les détails de cette nouvelle tragédie qu'à ma sortie de prison ; mais j'avais appris à Milan la mort violente de mon cousin, du seul parent sur qui je pouvais m'appuyer avec confiance, du seul cœur qui m'ait témoigné d'affectueux sentiments. J'en ressentis une douleur d'autant plus vive qu'un secret pressentiment m'avertit qu'encore une fois j'étais la cause innocente de cet assassinat...

Plus tard, j'en acquis la certitude, et ce n'est pas une des moindres causes de la tristesse qui enveloppe ma vie comme d'un voile de crêpe.

Ce fut à cette même époque, et toujours sous le ministère Decazes, que disparut M. Caron.

Les grandes victimes ne suffisaient pas à assurer la sécurité du roi ; il fallait encore faire disparaître les comparses, ceux qui pouvaient, par leur témoignage, affirmer l'évasion du Dauphin.

Caron, avant de devenir l'homme de confiance du marquis de la Roche-Aymon, avait été employé à la Tour du Temple pendant la captivité de ma famille. Il connaissait les particularités de mon enlèvement, et en avait parlé confidentiellement à plusieurs personnes. Cette indiscrétion lui coûta la vie.

Decazes le fit arrêter clandestinement, et l'on n'a jamais su ce qu'il est devenu.

Cette malheureuse victime de l'ambition d'un roi dut être précipitée dans les oubliettes de la Bastille.

Je pleurai Caron dont le bon cœur m'était connu. Il avait adouci mes souffrances pendant ma captivité du Temple, cherchant constamment à se rapprocher de moi pour me rendre les soins dont j'étais privé. C'est ainsi qu'il fut mis au courant des détails les plus circonstanciés de mon évasion.

Il en rendit compte à ma sœur en 1814, lors de la rentrée

des Bourbons en France, et elle le gratifia d'une pension en reconnaissance de ses services. Elle consacrait ainsi la vérité de ses affirmations.

Plus tard, interrogé par Louis XVIII sur les faits qu'il avait avancés, il en confirma l'exactitude.

Le roi parut satisfait et le remercia... Mais, le 4 mars 1820, c'est-à-dire peu de jours après, il disparut, laissant une famille dans la désolation...

Je n'appris ces diverses circonstances qu'à ma sortie de prison, et je vis alors son malheureux fils qui me les confirma, en y ajoutant certains détails propres à jeter une lumière plus grande sur l'infamie de cette suppression.

« J'avais tout mis en œuvre, me dit-il, pour retrouver mon père : je pensais que, vivant ou mort, sa trace devait exister quelque part, et j'eus recours au préfet de police, au ministre de l'Intérieur, et en désespoir de cause, ne pouvant rien obtenir de ces messieurs, je m'adressai au secrétaire particulier de la duchesse d'Angoulême. Celui-ci me répondit sèchement *qu'il était surpris que ma famille mît tant d'insistance dans ses recherches !* Je compris alors dans quel horrible guet-apens mon père était tombé, et je devinai qu'on lui avait fait expier la connaissance qu'il avait d'un *secret d'État !...* »

Avant de disparaître, Caron reçut la visite du prince Jules de Polignac, qui écrivit sous sa dictée les faits relatifs à ma sortie du Temple...

Ces révélations laissèrent donc leur trace, en dépit des efforts de Louis XVIII et de son ministre...

Hélas ! la série rouge n'était pas encore close; je devais entraîner à ma suite d'autres victimes dont les noms obscurs n'appartiennent pas à l'histoire et j'étais impuissant à protéger ces fidèles qui signaient de leur sang leur attachement à la légitimité.

On mit un terme aux démarches de la famille Caron en lui faisant savoir par un inconnu *qu'il était de son intérêt de cesser des recherches qui ne pouvaient aboutir qu'à les compromettre*. Cet individu disparut aussitôt sans vouloir répondre à aucune des questions qui lui étaient posées, et il fut impossible, par la suite, de retrouver sa trace.

Ainsi s'éteignit la mémoire et la vie d'un homme de bien qui n'avait commis d'autre crime que de me rester dévoué.

Je ne puis m'empêcher de rapprocher la mort de Caron de celle de l'Impératrice Joséphine, qui me témoigna, à diverses époques, une sympathie affectueuse, et s'entremit pour défendre mes intérêts. Comme lui, elle fut victime du redoutable secret dont elle connaissait toute l'importance. A diverses reprises elle essaya de me rapprocher du trône, d'abord en cherchant à décider Napoléon à une adoption en ma faveur, ensuite en entretenant l'empereur de Russie de ma misérable personne, chaque fois qu'il vint à la Malmaison lui porter ses hommages.

Je n'oublie pas que ce fut elle qui, en 1804, me fournit, de concert avec Fouché, les moyens de partir pour l'Amérique.

En 1814, l'empereur Alexandre lui fit une dernière visite, et elle lui parla encore une fois avec insistance du fils de Louis XVI, disant qu'elle m'avait vu immédiatement après mon enlèvement du Temple, et à diverses reprises depuis cette époque.

Elle me considérait comme le seul roi légitime, s'appuyant sur des faits indéniables pour établir les preuves de mon évasion. La clause secrète insérée dans les traités de 1814 et 1815 qui réservait les droits du Dauphin, est certainement le résultat de l'entretien de Joséphine avec le Czar... Ce dernier savait déjà, par la notification que lui en avait faite le prince de Condé, que Louis XVII vivait, et que le comte de Provence ne

l'ignorait pas, puisque, dans la proclamation de Vérone, le
14 décembre 1797, il s'annonçait comme simple « régent de
France ».

A qui donc revenait le titre de Roi qu'il n'osait encore usurper, si ce n'est à celui qui le tenait de Dieu même par droit de
descendance.

Mais comme Louis XVIII entendait régner à tout prix, il
fit disparaître un à un les témoins qui pouvaient se mettre au
travers de son ambition. Joséphine, dont l'audacieuse bonté
allait jusqu'à défendre mes droits, lui fut bientôt signalée par
l'indiscrétion de l'un de ceux à qui elle se confiait, et, peu de
jours après, elle mourait subitement au milieu d'une fête cham-
pêtre.

Aucune enquête ne fut faite sur cette fin mystérieuse; on
savait trop bien quelle était la main qui avait versé le poison...

Je ressentis un horrible serrement de cœur à l'annonce de
sa mort. Je n'étais pas insensible au dévouement des hommes,
mais l'affection d'une femme m'était infiniment précieuse. On
m'avait arraché des bras de ma mère et, depuis lors, je vivais
sevré de caresses douces, de ces chaudes étreintes qui délassent
des grandes douleurs et retrempent les énergies... Je pleurai
Joséphine en secret, comme j'avais pleuré tous ceux dont la
mort attestait mon droit. Elle fut la victime de son cœur et de
cet instinct souverain qui incline la femme vers ceux qui
souffrent.

Après avoir supporté cinq ans sans se plaindre un emprisonnement dont les moindres conséquences étaient d'ébranler ma
santé et d'épuiser mes forces morales, je tentai de faire parvenir aux Congrès de Vérone une note énergique contenant
les détails de ma séquestration et réclamant, au nom de
l'humanité, ma mise en liberté ou mon jugement. J'espérais,
contre toute probabilité, émouvoir des hommes qui, en somme,

pouvaient avoir des raisons d'État pour me nuire, mais dont le cœur était un organe vivant, par conséquent impressionnable et susceptible d'élan.

Ce fut l'Autriche qui, encore une fois, boucla sur moi le cadenas des prisons, s'appuyant sur les sentiments que j'opposais ouvertement aux traités consentis.

On me montra pouvant devenir un danger pour la *Sainte Alliance*. Mes opinions furent travesties à dessein, et on conclut au maintien de mon internement.

Vous devinez, Madame, combien ces alternatives d'espoir et de déception ont usé mon énergie. Après chacune de ces luttes inégales où j'essayais d'arracher aux souverains un lambeau de cette justice qu'ils prétendent accaparer et dont ils font un corps mort, je retombais brisé sur le banc de ma prison, et une atonie complète paralysait pour un temps mon vouloir.

Mais, bien vite, je me relevais avec la vaillance du cheval de sang qui ne se couche que pour mourir, et je rentrais en possession de ma volonté.

J'en étais à cette phase d'énergie retrouvée quand on m'envoya le Cardinal Pecca. Louis XVIII se mourait ; le comte d'Artois allait lui succéder, et l'on tentait auprès de moi une démarche afin de s'assurer de mes intentions, dans le cas où je serais appelé à régner, par un de ces remous du peuple que l'on ne peut prévoir.

Il existait deux façons d'interpréter le cri héréditaire : « Le roi est mort, vive le roi !... »

Le nouveau monarque pouvait être Charles X ou Louis XVII ; il suffirait en effet de me montrer aux royalistes en affirmant ma naissance pour détourner vers moi le courant d'enthousiasme qui allait élire le comte d'Artois.

L'Autriche, cherchant avant tout son intérêt, se demandait de quel côté elle devait se ranger.

Le cardinal Pecca me témoigna sa sympathie pour les souffrances qu'on m'avait fait endurer, et l'indignation qu'il manifesta au sujet de ma longue et terrible captivité me parut sincère. Il venait en ambassadeur, envoyé par l'Empereur d'Autriche qui, ayant reconnu tardivement, mais loyalement, disait-
il, ses torts envers moi, m'offrait ma liberté immédiate et son
appui pour monter jusqu'au trône si je consentais la promesse
de ratifier les traités de 1814 et 1815. Cette clause devait,
paraît-il, assurer l'intérêt des peuples et le repos de l'Europe
contre mes tendances bien connues vers plus de justice et de
liberté... En outre, on exigeait de moi un renoncement
signé à toutes représailles sur mes persécuteurs.

Par ces conditions avilissantes, je jugeai qu'on m'abaissait
jusqu'au trône au lieu de m'y élever, et je repoussai comme
un outrage les propositions de Pecca. Je répondis dûrement :
« Aller dire à votre maître qu'*il* peut me laisser mourir dans
le cachot, mais qu'il ne saurait contraindre ma main à signer
des déclarations qui seraient la négation de mes idées et la
rançon d'une liberté à laquelle j'ai droit sans conditions. »

Le Cardinal fit l'impossible pour me faire revenir sur ma
décision, et je crois vraiment que la pitié que je lui inspirais
tenait autant de place dans son insistance que le désir de rapporter à son Roi la réponse qu'il espérait.

Quand je me retrouvai seul dans mon cachot, je me sentis
grandi de toute la valeur que donne à l'homme la libre accep-
tation d'une souffrance qu'il pouvait éloigner en se prostituant.
Et n'était-ce pas me prostituer que d'accéder à la volonté de
souverains dont j'étais l'égal. N'était-ce pas me prostituer
que d'apposer *ma* signature au bas d'un décret de magnani-
mité dont je voulais être seul à édicter les clauses.

Je me trouvai plus libre dans ma prison, dans l'indépendance de mes sentiments, que je ne l'aurais été sur le trône,

garroté par des liens dont mes alliés comptaient tenir les bouts.

Vous-même, Madame, si fidèlement attachée aux privilèges de la royauté, auriez-vous fait accueil à un prince amoindri par l'abdication de toute personnalité, et dépossédé de ce droit de grâce qui fut toujours le plus beau fleuron de la couronne.

Peu de jours après la visite du Cardinal, j'appris l'avènement de Charles X.

Il serait assez curieux que ce fût moi qui ouvre une brèche à la tour d'ivoire où votre foi royaliste plaçait sans doute le Bourbon qui fut l'idole d'une légitimité aux abois. Je ne voulais pas blesser inutilement des sentiments dont je recueille la précieuse survivance : mais je dois à la vérité de vous démontrer que Charles X, comme son frère, fut mis au courant des événements de ma vie ; qu'*il* en connut les droits et les douleurs, et qu'*il* étouffa lui aussi les révoltes de sa conscience sous l'anonyme prétexte de la « Raison d'État »...

Il ne pouvait ignorer ma détention à Sainte-Marguerite, et l'histoire de la cassette anglaise, dont je n'eus connaissance qu'après ma libération, prouve sa volonté de garder la couronne au mépris de toute justice, et en violation de ce droit divin dont *il* passait pour être le digne élu.

Louis XVIII, se sentant près de sa fin, voulut calmer ses remords en me reconnaissant comme son neveu. Il fit dans ce sens une déclaration écrite, et ordonna aux Chambres de m'élire aussitôt après sa mort. Cette restitution posthume d'un trône usurpé lui parut propre à effacer l'infamie d'une existence vouée à de graves intrigues. Une cassette à double fond reçut ce précieux dépôt, et elle fut placée dans le Cabinet du Roi, avec cette suscription : « Mes dernières volontés. »

Une personne galante qui jouissait à ce moment des faveurs

du Monarque, et par suite d'une très grande liberté, s'empara de la cassette et offrit à un personnage de marque de la lui remettre contre cent mille francs.

L'offre parvint au comte d'Artois, et *Il* l'eut acceptée sans les sages conseils d'un magistrat haut placé qui lui démontra la gravité de cet acte.

La cassette fut alors remise en place et, à la mort du roi, M. de Villèle et deux autres ministres en examinèrent le contenu. Tous trois conclurent à la proclamation de mes droits, et sans le cardinal Latil qui s'employa à me nuire et mit sur le compte de l'affaiblissement de la fin les déclarations de Louis XVIII, il est probable, Madame, que j'aurais aujourd'hui la joie de vous offrir un tabouret à la Cour.

Charles X fut mis au courant de l'affaire, et feignit de l'examiner ; mais *il* eut la faiblesse d'accepter le trône malgré sa conviction, sous prétexte de sauvegarder les intérêts dynastiques mis en péril par ma personnalité.

La légitimité de ma cause vous est trop connue, Madame, pour que j'y insiste ; mais je ne puis m'empêcher de mettre sous vos yeux les faits qui prouvent la mauvaise foi de ma famille tout entière.

La vérité est que Charles X n'a jamais hésité à reconnaître en moi le fils de son malheureux frère. *Il* n'a jamais contesté officiellement mon existence ; mais *Il* m'a repoussé « parce que j'étais un danger pour l'honneur et la réputation de la famille royale... »

J'avais proféré, au cours de ma vie, des paroles libérales, et mon esprit s'était débarrassé des entraves d'une religion dont l'intolérance révoltait ma raison. On étaya là-dessus un échafaudage de calomnies pour spolier, au nom de l'honneur, un malheureux prisonnier dont les fers arrêtaient la défense.

En 1825 seulement je recouvrai ma liberté.

Le passage de l'Empereur d'Autriche à Milan me fut une nouvelle occasion de réclamer contre le sort injuste qu'on me faisait subir, et j'eus la joie immense d'être entendu.

La France et l'Autriche échangèrent à mon sujet des notes diplomatiques, et je vis s'ouvrir les portes de ma prison sous le prétexte inattendu que, n'étant pas français, on n'avait aucune raison de me garder.

Le gouvernement de mon pays venait de décider, en effet, qu'il n'avait pas à me connaître puisque je n'avais pas d'état civil.

J'avais donc subi près de sept ans de captivité en expiation d'une nationalité dont on me dépouillait en fin de compte...

L'absurdité d'un pareil argument ne parvint pas à en atténuer la douloureuse ironie !

Je n'étais pas Français, moi, le petit fils d'Henry IV et de saint Louis !... Ah ! Madame, Madame, ne pleurez pas, vous, la fidèle vestale d'un culte oublié, qui trouva dans votre cœur son autel...

Dès ma sortie de prison, je repris la vie errante du proscrit, et à la joie de revoir le soleil, d'aspirer l'air libre, et de diriger mes pas selon mon vouloir, se mêla presque instantanément la crainte de retomber dans de nouveaux filets, et cette liberté que nul rayon de tendresse ne vint éclaircir me pesa comme un bien inutile.

Malgré l'horreur de ma captivité, je laissais des amis à Sainte-Marguerite ; des êtres de pitié qui s'efforçaient de soulager ou d'atténuer mes misères. J'étais seul maintenant sur la route de l'exil, et l'exil pour moi n'avait pas de limites ; il embrassait le monde, puisque je n'avais même plus de nationalité.

Je gagnai Genève après un court circuit dans les principales villes de Suisse, et j'y séjournai jusqu'en 1826, reprenant contact avec la vie active dont j'avais oublié les rouages.

J'aurais pu jouir d'un bonheur relatif sur ce territoire, mais le désir de revoir la France me hantait.

J'avais la nostalgie de la Patrie, cette Patrie qu'on voulait m'enlever, et qui gardait mon cœur comme une maîtresse d'autant plus adorée qu'aucun lien légitime ne nous lie à elle.

Je quittai Genève en janvier 1826, me dirigeant vers Lyon ; mais, arrivé à la frontière, je crus m'apercevoir que l'autorité en surveillait les abords. Mon déguisement me permit d'interroger sans danger les gendarmes qui allaient et venaient aux alentours, et j'appris à n'en pas douter que j'étais encore l'objet d'une surveillance étroite. Charles X, loin de chercher à me ramener au trône, comme *Il* l'a prétendu, s'*Il* m'en jugeait digne, s'efforçait d'éloigner toute possibilité de retour, et sous son règne comme sous celui de Louis XVIII, je devais rester le proscrit soumis à l'humiliation des faux noms et des fausses barbes...

Grâce à ma prudence et à un habile travestissement de toute ma personne, je pus gagner Lyon sans être inquiété. Je me disposais à rejoindre Don Juan, que je savais en Europe, quand la nouvelle de sa mort coupa les ailes à mon projet et me laissa meurtri sur cette terre de France où je ne me connaissais plus d'amis...

J'essayai de remplir les heures trop longues d'une existence inutile par l'étude approfondie des mœurs et coutumes de mon pays, au point de vue social.

Vous vous indignez, sans doute, Madame, de rencontrer un socialiste convaincu dans le fils de vos rois, et vous vous rendez à peine compte des sentiments qui s'abritent sous un drapeau trop souvent transformé en insigne de rébellion.

Le socialisme, pris au sens élevé du mot, est la plus noble manifestation des droits de l'homme et la plus belle expression de la sagesse humaine. Songez à ce que pourrait être la puissance d'un roi qui saurait se faire l'ami de son peuple et qui imprimerait au rouage administratif agissant en son nom, le respect de l'individualité dont mes aïeux se montrèrent trop dédaigneux.

Le pouvoir absolu est une monstruosité s'il n'a pour base l'équité, et la justice ne peut rayonner loin si elle ne part de haut.

Je voudrais laisser à votre foi la tunique de lin dont la vêtirent les lys ; mais je ne puis accepter qu'on dénature à vos yeux des sentiments que mes ennemis ont travestis, et dont ils se servent pour éteindre les enthousiasmes prêts à jaillir vers moi.

« Le pseudo-fils de Louis XVI est républicain. Il enseigne au peuple les révoltes et les ambitions qui sapent les trônes et désarçonnent les rois, et cela suffit à détruire la légende de son origine. »

Voilà ce qu'on répète aux royalistes convaincus, à ceux qui recherchent en moi la survivance du roi-martyr.

On apaise ainsi les remords stériles de Charles X, et on tue l'espérance dans les cœurs fidèles qui croient encore.

En 1828, exténué par les continuelles transes d'une vie sans assises, j'adressai au Parlement une sorte de factum, dans lequel je résumais mes épreuves et je demandais aux représentants de mon pays le droit d'y séjourner sans crainte, sous la protection des lois et des hommes...

Je mentionnais hautement mon intention de laisser la nation libre de disposer du trône selon ses vues, abdiquant ainsi toute prétention en dehors du titre de Français. Je terminais par un pressant appel aux sentiments humanitaires d'une assemblée noble, unie, pour couvrir la France du royal manteau de la justice et du droit.

Je signai cette pièce : Louis-Charles de Bourbon, duc de Normandie, et j'espérai obtenir de la Chambre des pairs la grâce de vivre ignoré sur le territoire français.

Je dois avouer, Madame, pour être sincère, que je comptais provoquer, par cette audacieuse démarche, une discussion me permettant d'obtenir des explications relatives aux papiers que m'avaient été soustraits à Vienne.

Je ne possédais plus aucune preuve à opposer à la mauvaise foi de mes adversaires, et j'éprouvais une sorte d'angoisse à me sentir ainsi désarmé.

Je n'aboutis qu'à jeter l'alarme aux Tuileries, et la seule réponse que j'obtins fut une reprise d'hostilité.

La police, mise en éveil par cet écrit, étendit ses investigations jusqu'à la Hollande, les frontières furent surveillées, et si je n'avais réussi à me cacher au cœur même de Paris, il est certain que j'aurais repris, sous bonne escorte, la route des Prisons.

Je me dissimulais sous la personnalité du baron de Richemont, et je suivais dans l'ombre les efforts faits pour me retrouver.

En 1829, je tentai de nouvelles démarches auprès des Chambres, et j'informai leur président et divers députés influents que j'étais résolu à faire appel à la France, si on laissait sans réponse mes justes réclamations.

Le 6 janvier 1830, j'adressai, en effet, au peuple français, une proclamation tendant à divulguer aux yeux de tous l'odieuse persécution dont j'étais victime.

Je ne pouvais me résoudre à passer pour un imposteur, et la pensée d'être confondu avec la pléiade de faux Dauphins qui infestait la France, est en partie cause de l'acharnement que j'ai mis à me faire reconnaître.

De 1828 à 1830, je n'ai cessé de réclamer l'état civil auquel

j'ai droit : j'ai tenu en haleine les Chambres et la Cour, et je
ne pense pas être étranger à la panique qui précipita la
retraite de Charles X.

Les journées de Juillet firent avorter une nouvelle demande
en reconnaissance d'état qui devait emprunter à l'ensemble des
événements une grande publicité. Il est écrit que je me heurterai
jusqu'à la fin à la plus effrayante des barrières : la malchance...

Je ne perdis pas courage, et voulant lutter contre le nouvel
usurpateur dont je pressentais l'avènement, je fis afficher des
proclamations dans tous les quartiers de Paris, et j'en distri-
buai moi-même aux combattants.

Je m'adressai au Gouvernement provisoire par l'entremise
du duc de Choiseul, et enfin, le 2 août, j'écrivis à ma sœur
une lettre pressante, l'adjurant de me reconnaître pour son
frère et d'oublier la semence de haine répandue entre nous.
Je faisais appel à son cœur, à sa raison ; je lui montrais
Philippe d'Orléans prêt à profiter des fautes de Charles X, et
la France acclamant un prince régicide... Je la suppliais de
remettre au Gouvernement les pièces relatives à mon identité,
qui ne pouvaient manquer de se trouver entre ses mains,
ainsi que les lettres du prince de Condé, dont la chancellerie
de Vienne était dépositaire.

Grâce à son intervention, j'espérais au moins demeurer sur
le sol de la Patrie sans m'y heurter à de continuelles embûches,
et peut-être obtenir justice d'un pays déchiré par des ambitions contraires.

Ma lettre avait la véhémence du désespoir, et une note
attendrie dont mon cœur n'a jamais pu se défendre quand il
s'est agi de ma sœur. La voyant proscrite à son tour et déchue
d'un pouvoir dont elle partageait les douceurs, j'aurais voulu
la prendre dans mes bras et lui refaire une royauté sous l'égide
de la mienne...

Elle resta muette, et la dernière corde où vibrait ma tendresse en fut brisée...

Je ne renonçais pas cependant à faire part à la Chambre du projet de constitution étudié et muri depuis de longues années, dans le silence des cachots et au courant d'une existence cahotée et instructive... Ce projet est tout un programme ; il résume un ensemble de lois propres à assurer le bonheur d'un peuple, et j'en suis fier comme d'un monument qui précisera, dans la mémoire des hommes, les sentiments véritables d'un grand méconnu.

A vous-même, Madame, je dois le communiquer comme le suprême argument de défense à opposer aux insinuations calomnieuses dirigées contre moi.

Votre âme droite saura y lire ma soif de justice, mon désir d'apaisement et le souci constant d'apporter aux intérêts du peuple toute la sollicitude qu'il est en droit d'attendre de celui qui réclame ses suffrages.

Malgré l'appui de certains membres influents de la Chambre, je ne pus obtenir qu'il en soit donné lecture.

Le Parlement voulait rester maître du pouvoir, se réservant de fonder à lui seul une constitution républicaine propre à satisfaire les tendances libérales de la majorité.

J'avais rempli mon mandat jusqu'au bout en offrant à ma Patrie, par toutes les voies qui m'étaient ouvertes, de la préserver de l'usurpation d'un d'Orléans.

Je me rendis alors à Saint-Leu, auprès du vieux Duc de Bourbon, et je lui exprimai mon étonnement et mon mécontentement de sa conduite. La certitude où j'étais de mon droit et la force que donne le malheur vaillamment supporté, autorisaient le langage un peu vif dont je me servis pour lui exposer ses torts.

Je lui reprochai de n'être point intervenu pendant ma captivité en Autriche, et de n'avoir répondu à aucune des lettres que je lui avait adressées.

Je lui fis observer que j'attendais de lui l'affirmation de la vérité, affirmation à laquelle j'avais droit de la part d'un prince qui m'accueillit à ma sortie du Temple et qui se disait le parent affectionné et le plus fidèle sujet du malheureux Louis XVI.

J'ajoutai que la revendication de sa précieuse amitié ne devait pas être attribuée à l'intérêt.

J'étais pauvre, il est vrai, et à peu près dénué de ressources. Mais je savais limiter mes besoins et discipliner mes goûts. La question matérielle me semblait secondaire auprès des intérêts d'État qui se concentraient sur ma tête.

Je n'implorais rien, si ce n'est une réponse claire et précise aux questions qui pouvaient lui être posées au sujet de ma naissance, de mon évasion et de mon identité! Personne ne mettrait en doute sa parole, et sa voix serait suffisante à m'ouvrir le chemin du Trône... J'étais las de soumission, las de prières ; j'avais devant moi un prince qui eut été mon sujet, si j'avais occupé la place qui m'était due, et sa mauvaise foi me semblait d'autant plus pénible à supporter qu'elle était inattendue.

Il s'excusa mollement, rejetant sur d'autres la responsabilité de sa faiblesse, et prétendit m'avoir perdu de vue... Je vis bien vite que je n'avais rien à attendre d'un vieillard tombé aux mains d'une femme, et je le quittai sans humilier de nouveau devant lui mon front qui n'avait plus aucune raison de se courber. Sa mort, survenue peu de jours après ma visite, donna lieu à des suppositions que je n'affirme ni n'infirme.

La coïncidence bizarre de notre dernière entrevue avec cet acte de désespoir me fut matière à réflexion. Je n'ai pas le droit d'en dire davantage, et je respecte dans ce mort le Prince vénéré de mon adolescence.

Une dernière lettre adressée de Belgique au comte d'Artois

pour l'engager à reconnaître en moi son neveu et le seul Prince pouvant monter légitimement sur le trône, resta sans effet.

Charles X préféra favoriser par son silence la royauté régicide de Louis-Philippe que de tendre la main au fils de son frère.

On établit autour de moi la conspiration du silence, et comme on m'avait dépouillé des preuves nécessaires à mes revendications, je cessai de lutter, et je vins échouer meurtri et découragé dans le triste grenier dont vous avez bien voulu, Madame, franchir les étages.

Vous fûtes celle qui vint me consoler de l'abandon de ma sœur, et je n'ai plus le droit de médire d'un sexe qui réservait à ma misère la douce main que vous m'avez tendue.

Le récit que je viens de vous faire est la meilleure preuve de ma confiance en votre dévouement...

Pensez-vous que j'aurais mis ainsi à nu les plaies de mon âme si je ne vous avais sentie compatissante et inébranlable.

Je risquais de m'amoindrir en m'adressant à votre pitié, et je pouvais tuer moi-même le prestige de la royauté en vous la montrant misérable.

J'ai pensé que la *vérité* renfermait en elle assez de noblesse pour élever à votre hauteur la banalité des faits, et vous avez bien voulu concéder au fils de votre roi l'aumône d'une attention émue...

. . . .

Le prince a voulu se mettre à genoux et baiser mes mains. Ce mouvement a déterminé le mien, et c'est moi qui ai posé sur les siennes l'ardente adoration de ma foi.

FIN DU RÉCIT DU DAUPHIN

. . . .
. . . .

Le Roi m'a quittée hier soir après avoir terminé l'émouvant récit de son existence.

Je l'ai laissé partir sans trouver un mot pour exprimer mes sentiments.

Les fortes émotions paralysent, et ce n'est que la nuit, pendant une lucide insomnie, que j'ai compris combien il serait égoïste de ma part de garder pour moi seule cette belle page de vie.

Certes, je l'ai transcrite heure par heure sur mon cahier intime; mais elle doit s'inscrire ailleurs en lignes ineffaçables, afin de détruire les fausses légendes et les calomnieuses insinuations qui voilent au public la noble figure de Louis XVII.

Si Dieu a voulu que je retrouve un Prince dont le souvenir ne m'a jamais quittée, c'est sans doute pour me permettre d'accomplir une œuvre, et je n'en vois pas de plus belle que de *le* montrer à son peuple en faisant publier ses mémoires telles qu'*il* me les a dites.

La France reste malgré tout un pays de vérité et de justice. On abuse sa conscience, et en particulier celle des royalistes, par de grands mots et d'odieuses accusations.

L'histoire simple et vraie du Dauphin sera la meilleure réponse aux fables inventées pour lui nuire. Sa grandeur d'âme, son abandon par les siens, et les intrigues qui l'ont dépossédé du trône doivent enfin se faire jour, et le livre de sa vie doit être en même temps celui de sa réhabilitation.

. . . .

. . . .

J'ai soumis au jugement du prince ma pensée de donner à ses mémoires la publicité de l'impression, et j'ai deviné qu'il avait le même désir.

Toute la soirée, nous avons échangé nos vues sur la façon de présenter au public ce précieux document, et il a été entendu que, dès demain, Monseigneur va s'en occuper.

J'aurais voulu lui éviter toute peine, faire les démarches avec les frais; mais j'ai dû céder devant ses objections.

Sa collaboration au journal *Le Bon sens* et à différentes feuilles humanitaires le placent sur un terrain favorable à l'exécution de notre projet, et quant à la question pécuniaire, elle est résolue d'avance. J'ai supplié Monseigneur de considérer comme siens des biens qui me sont inutiles, s'ils ne peuvent servir sa cause.

Le roi est très Bourbon! Son premier mouvement a été de repousser avec hauteur ma requête, et il a fallu toute l'humble attitude de mon dévouement et la prière de mes yeux pour avoir raison de son orgueil.

. . . .

J'ai obtenu de Monseigneur la promesse de venir à Vauxrenard passer les mois d'été.

Je veux l'enlever à l'existence restreinte où l'on réduit ses malheurs, et lui faire la vie, douce, ouatée de confort et d'affection.

Je ferai de mon vieux château du Lyonnais une résidence aussi royale que possible, et le Prince y commandera en maître.

Il m'a remerciée en m'appelant son amie, et mon cœur s'est fondu de reconnaissance, moi qui suis la plus humble, mais la plus fervente de ses sujettes.

Monseigneur m'a porté la collection des journaux où *Il* collabore ; *ses* articles, signés de différents pseudonymes, portent tous l'empreinte de cette élévation de sentiments que révèlent ses moindres paroles.

Dans le journal *Le Bon sens il* étudie les améliorations que le régime actuel devrait apporter au fonctionnement social ainsi qu'aux différents rouages adminitratifs.

Le Prince trompe par ce travail la vie de désœuvrement qui lui est imposée, et donne un but noble à des facultés intellectuelles que ses grandes épreuves n'ont pas affaiblies...

Je pars pour Vauxrenard afin d'installer l'appartement de Monseigneur, pendant que lui-même se rend à Lyon, où *il* compte de nombreux fidèles parmi les ouvriers dont il s'est fait le défenseur. Je l'ai supplié d'observer là-bas une prudente réserve, et de ne pas oublier de quelle surveillance *il* est l'objet... J'ai peur pour *Lui !*...

. . . .

J'avais raison d'avoir peur ! A Lyon, les événements prennent une tournure menaçante. Les lettres du Prince témoignent d'une surexcitation qui me peine. Tout son sang bouillonne à la vue des injustices commises à l'égard des ouvriers en soie si maltraités déjà par la concurrence.

Monseigneur réside tour à tour au château de la Frétat et aux Forges de Pérouset, chez un M. Valoud, qu'*il* a connu pendant ses différents séjours dans le Lyonnais.

De là, rayonne dans les divers centres ouvriers où l'agitation se manifeste, afin de canaliser et de faire aboutir les revendications de ces malheureux. *Il* espère obtenir un accord entre patrons et ouvriers, mais rien n'est conclu, et des troubles éclatent dont le Prince ne fait pas mention, mais dont je lis les détails dans L'*Univers* et La *Gazette*.

Je tremble de voir son nom mis en avant, et j'attends des nouvelles avec une fièvre aggravée du désordre qui règne en ce moment dans la maison.

Les ouvriers sont partout.

Les appartements du roi seront prêts d'ici à peu de jours, et je l'aurai enfin à moi, loin des ennemis qui l'enserrent et des difficultés qui l'irritent.

Je voudrais le voir quitter Lyon. Je le sens en danger parmi ces ouvriers qui peuvent se faire un drapeau de sa personnalité.

. . . .

Les nouvelles sont graves. La maladresse des autorités fait dégénérer en émeutes des manifestations pacifiques. Rien n'est facile comme d'exciter des gens dont le sens moral est altéré par des privations et les rancunes. Un seul coup de feu peut transformer un peuple pacifique en une tribu de sauvages.

Les lettres du Roi m'apportent d'émouvants récits. *Il* me raconte comment l'hostilité du général et du préfet entraîna la bagarre sanglante de la Croix-Rousse, et je devine entre ses lignes qu'il y prit une part active.

Des ouvriers ont été tués par la garde nationale, des barricades sont dressées, et Monseigneur avoue avoir dirigé lui-même les efforts du peuple, indigné des moyens de répression dont on use pour le réduire.

Je lis les journaux avec angoisse. Il y est fait mention d'un M. Louis dont la bravoure remplit d'admiration les combattants des deux partis, et je me doute que c'est mon Prince, celui que je voudrais ici, loin de tous risques et près de mon cœur.

9

. . . .

M. de Sauvigny, l'un des plus fidèles amis du roi, m'écrit ce matin au sujet des événements de Lyon. Il les a suivis comme moi, avec l'angoisse d'y voir naître un danger pour Celui que nous vénérons, et il me fait comprendre l'intérêt que nous avons à garder le silence sur des faits qui serviraient encore les adversaires du Prince. Ce fut *Lui* qui arrêta les hostilités et obtint la retraite de la garde nationale. *Lui* qui s'entremit entre le préfet, le général et le peuple, et l'on put croire un instant que la pacification était complète. Hélas ! Il n'en est rien, le mouvement s'accentue, la politique s'en mêle, le conflit devient une question de parti, et le Roi, voyant la tournure que prend l'insurrection, a regagné Paris. Monseigneur reste fidèle à sa promesse de ne jamais combattre le gouvernement existant, et s'*il* s'est fait le défenseur des humbles, *il* ne veut pas devenir l'adversaire du trône.

Suvigny ajoute que le Prince s'occupe de la recherche des pièces qui lui sont nécessaires pour obtenir sa restitution d'état civil.

Mais Paris n'est pas sûr pour lui en ce moment, et il joint ses instances aux miennes pour l'en éloigner.

Ici, tout est prêt à le recevoir. Les vieux murs de Vauxrenard ont dépouillé leur poussière ; j'ai repris contact avec mes appartements de gala fermés depuis la Révolution, et les laquais portent la livrée de France. Chez le Roi, c'est le luxe discret et l'austère élégance qui convient à ses goûts. Je me suis efforcée de réunir autour de *Lui* tout ce qui peut adoucir l'amertume de ses souvenirs. Des tableaux, des livres, des bibelots précieux datant des jours heureux de son enfance ont été retrouvés d'ici, de là, par un vieil ami à moi qui s'occupe de reconstitutions historiques.

Grâce à lui, j'ai pu me procurer un beau portrait de la Reine et un délicieux pastel de Madame Royale, cette sœur tant aimée que le Prince ne parvient pas à haïr malgré l'indignité de sa conduite. J'ai fait mettre sur sa cheminée une pendule qui vient de Trianon, et je souhaite qu'elle marque des heures douces pour Celui qui en entendit sonner de si cruelles, que leurs coups devaient ressembler à des glas.

. . . .

Monseigneur s'annonce pour demain... Il a envoyé devant lui son fidèle Bernard, qui m'apporte les mémoires du duc de Normandie imprimés selon mon désir. Ce livre qui fait grand bruit, paraît-il, va être remis aux amis et adversaires du prince. Peut-être réussira-t-on à le placer sous les yeux de la duchesse d'Angoulême, et je ne puis croire que son cœur soit à ce point un organe mort qu'on n'en puisse tirer, à l'aide de ce récit, une émotion salutaire.

La pensée de recevoir ici Monseigneur me remue profondément.

Je voudrais parer Vauxrenard de tous les lys de France et en faire un tapis sous ses pieds.

Bernard m'assure que tout est bien. Mais je souffre de ne pouvoir offrir mieux à mon Prince et à mon Roi.

. . . .

Je ne puis croire qu'*il* soit là... La pensée que mon vieux toit abrite le roi de France me semble une de ces soudaines folies qu'enfante un cerveau de malade. Je l'ai vu, j'ai baisé sa main, et je me suis prosternée sur ce seuil qu'*il* allait franchir.

Le Roi m'a relevée avec une aisance courtoise, et m'a offert son bras pour gagner le salon.

J'avais réuni près de son fauteuil des bibelots qui me viennent de Trianon. Il a paru touché de cette attention, et nous avons refait ensemble l'historique de ces menus objets qui unissent nos souvenirs.

Monseigneur apporte de Paris des nouvelles intéressantes, et nous avons veillé tard dans la nuit, pris tous deux par l'attrait d'une conversation où s'agitaient des intérêts sacrés.

Monseigneur m'a dit avoir été retenu à Paris par les démarches qu'il a dû faire pour essayer d'arracher à l'Autriche certains papiers dont *il* ne peut obtenir la restitution. Metternich obéit certainement aux injonctions du gouverment français en opposant à ses demandes une sourde hostilité.

Parmi ces papiers se trouve le procès-verbal de son évasion, et un certain nombre de lettres du Prince de Condé ; ces différentes pièces sont nécessaires pour la reconstitution d'état que le Roi poursuit infatigablement. *Il* possède, il est vrai, un cahier écrit de la main de la duchesse d'Orléans, qui paraît être le résumé de la correspondance qu'elle entretint à son sujet avec le prince de Condé. Deux lettres de ce dernier sont même jointes au manuscrit qui fut remis à Monseigneur par le secrétaire de la duchesse, M. Labreli de Fontaine, aussitôt sa mort, et d'après ses dernières volontés.

Ce même secrétaire prétend avoir eu connaissance d'une autre lettre adressée par Mesdames à l'abbé de Châtillon, dans laquelle était affirmée la personnalité du Prince ; mais il n'a pu la retrouver ; Mme Adélaïde, paraît-il, s'en serait emparée.

Les documents que possède le Roi sont certainement suffisants pour établir son identité avec le Dauphin, s'il s'adressait à une juridiction dépourvue de parti-pris ; mais il doit s'attendre à une opposition systématique de la part de la justice française, et n'agir que lorsqu'il aura entre les mains des preuves indéniables.

.   .   .   .

Des lettres de Paris ont appris ce matin au Roi que le même secrétaire de la duchesse d'Orléans, qui lui a remis, voici quelques jours, les papiers légués par la douairière, vient d'être emprisonné pour dettes.

Monseigneur ne m'en a rien dit, mais à table, j'ai remarqué sa préoccupation, et j'ai obtenu, à force de prière, d'en connaître la cause. Ce Labreli de Fontaine, *il* l'avait aperçu autrefois chez la duchesse, et le culte voué à cette femme de bien qui l'accueillit toujours comme son neveu, rejaillit en sollicitude sur son bibliothécaire.

Le Roi, qui a tant souffert sans se plaindre, ne peut admettre de laisser subir aux autres une peine sans chercher à en atténuer la rigueur.

J'ai deviné son désir, et nous avons fait partir Bernard avec la somme due par ce malheureux, afin qu'il obtienne son élargissement. Il doit lui remettre en même temps un exemplaire des mémoires du duc de Normandie, avec ordre de le porter au vicomte d'Orcet, qui part ces jours-ci pour l'Angleterre. M. d'Orcet, cet infatigable ami de la vérité, compte rechercher là-bas une certaine Mme Atkins, la même personne qui s'employa avec tant de zèle et de dévouement pour essayer d'arracher du Temple la famille royale, aux heures les plus tragiques de la Révolution.

Avant son départ de Paris, Monseigneur aurait voulu voir M. d'Orcet; mais celui-ci n'a pas accepté l'entrevue, désirant sans doute conserver toute son indépendance pour servir le Prince dans une complète disponibilité d'esprit.

Ici, nous menons une vie calme ; Monseigneur travaille un certain nombre d'heures et je respecte sa solitude.

Le soir, nous causons du passé, des mille faits intéressants qui ressortent de sa vie, et de cet avenir encore incertain, en qui j'ai foi ! mais dont le roi se refuse à envisager la possibilité. Son scepticisme est le résultat d'une existence douloureuse ; il ne sait plus croire au bonheur.

Il est des heures, cependant, où *il* le dépouille, où *il* paraît déposer le fardeau trop lourd de ses préoccupations pour redevenir le Prince spirituel et gai, dont la verve gouailleuse s'exerce sur tout et sur tous avec un ton de hauteur et de dédain qui sent le roi d'une lieue.

. . . .

M. Morin de Guérivière, qui fut autrefois l'un des enfants arrêtés comme Dauphin au moment où le récit de l'évasion commençait à se répandre, a remis à Monseigneur, lors de son séjour à Paris, des papiers le concernant. Il les tenait de Mlle Desmarres, qui les lui a envoyés après la mort de son père.

Ces papiers n'ont pas une importance capitale ; mais, réunis à ceux de la duchesse d'Orléans, ils constituent un dossier intéressant, pour peu que d'autres pièces viennent se joindre ; Monseigneur se trouvera en mesure d'agir. *Il* ne m'avait pas parlé de sa rencontre avec ce M. Morin, sachant que je ne le connaissais pas ; mais hier soir, sur la terrasse, *Il* se mit à me narrer l'histoire de son arrestation en compagnie d'Orjadias, et la fin tragique de ce dernier, assassiné en 1797, comme tous ceux qui, de près ou de loin, ont touché au redoutable mystère de l'évasion.

Puis, peu à peu, sous l'influence de l'intimité du tête à tête, le Prince m'a lu une lettre de ce même personnage qui parle longuement d'une certaine comtesse des Deux-Ponts, qu'il affirme pouvoir lui être utile. Cette dame fut prise elle-même pour le Dauphin en 1814, paraît-il, et emprisonnée. Ce serait cette similitude d'accusation qui aurait amené une sorte d'intimité entre elle et M. de Guérivière.

Celui-ci prétend qu'elle a entre les mains des papiers importants provenant de hauts personnages qui affirment, dans leurs écrits, l'existence du Dauphin.

La Dame s'offre à retrouver ces papiers et à les remettre au Roi, s'*Il* consent à lui accorder sa confiance.

La lecture de cette lettre m'a laissée sous une impression pénible. Je ne connais pas celui qui l'a écrite, encore moins celle qui l'a inspirée. Ces papiers mystérieux dont on ne nomme pas les auteurs, me semblent suspects tout autant que le nom de la Dame.

De plus, sa mémoire se refuse à retrouver le souvenir de son arrestation, tandis que celle de M. Morin de Guérivière, un instant oubliée, y reparaît maintenant avec tous ses détails.

Je n'ai cessé de suivre avec un intérêt passionné les différents incidents relatifs aux faux Dauphins. Comment l'arrestation de l'un d'eux a-t-elle pu m'échapper, surtout le prétendu Dauphin étant une femme, circonstance qui spécialise son cas au point de le rendre inoubliable.

J'ai supplié Monseigneur de réfléchir avant de répondre. Mais *il* affirme être renseigné sur M. de Guérivière, qui est un fort honnête homme, et il le juge incapable d'introduire auprès de lui, même par lettre, une personne dont il ne serait pas sûr. Cependant, devant mon inquiétude, *il* m'a concédé de ne rien répondre jusqu'à mon prochain voyage à Paris. *Il* verra alors par lui-même le crédit qu'on peut accorder à la comtesse des Deux-Ponts, et agira en conséquence.

Depuis que le Roi est sous mon toit, je me sens devenir craintive et méfiante comme lorsqu'on possède un trésor. Toute manifestation extérieure me préoccupe, et j'y vois une menace.

Le souvenir de ses malheurs m'est tellement présent que le calme dont nous jouissons me fait l'effet d'une trêve, un temps d'arrêt entre deux étapes, celle d'où *il* vient, celle où *il* va... Et comme je ne puis enrayer sa marche en avant, ni l'engourdir dans un lâche bien-être, j'apporte aux heures du plus intime bonheur un cœur de victime prête pour le sacrifice.

. . . .

Nos heures s'égrènent dans une monotonie voulue qui me charme.

Monseigneur en règle lui-même l'emploi. Après déjeuner *il* me lit *La Gazette*, *L'Union*, *L'Univers*... Il en commente les articles, en apprécie les vues. Son socialisme tant décrié est fait d'amour pour le peuple, et non d'ambition personnelle. Il n'a désiré le trône que pour faire le bien et étendre à tous cette justice qui jusqu'ici réserve ses vertus protectrices aux seules classes élevées...

L'après-midi, le Roi écrit dans son Cabinet, et je le retrouve vers cinq heures sur la terrasse du château, et nous attendons là la première cloche du souper.

C'est en vain que nous essayons d'aborder des sujets variés ; une volonté occulte nous ramène à l'inépuisable, l'unique, le seul vrai : la Royauté !...

Soit que nous parlions d'avenir, soit que nous fassions un retour vers le passé, notre pensée est enfermée entre deux points qui la cernent : l'Échafaud et le trône. Il est touchant de voir le Roi garder pour son père une tendresse exaltée qui le refait enfant. Quand *il* parle de la Reine, ses yeux habituellement froids changent d'expression, et des larmes qui ne tombent pas se devinent à l'humidité des cils. Je respecte et partage ce culte pour les nobles victimes de la Révolution ; mais j'avoue ne pas confondre l'amour persistant du Dauphin pour une ingrate.

. . . .

— Vous connaissez le colonel Mac-Donall ? m'a demandé le Roi en jetant une épaisse missive sur la table où je travaillais.

— Oui, Monseigneur, je l'ai connu en émigration, à l'époque de mon mariage, et je l'ai rencontré plus tard, à Paris, avec sa femme, la fille de Lord Arundel.

— Saviez-vous que Mac-Donall est un fidèle partisan de ma cause, et qu'il tient tête à ce vieux renard de cardinal Latil, qui continue à me démolir auprès de ma sœur à Holyrood comme à Paris, craignant toujours qu'*elle* ne consente à me recevoir et à me reconnaître.

— Je savais, Monseigneur, que le cardinal a suivi les princes en exil ; mais je ne pensais pas qu'il pût songer encore à vous nuire, tant l'obscurité voulue de votre vie actuelle me paraît propre à apaiser toute inquiétude.

— Vous vous trompez, Madame !... La malveillance d'un homme d'État, qu'il soit cardinal ou ministre, a des racines profondes, des sources vives qui l'alimentent.

Je suis le Roi, donc je puis devenir l'obstacle. Son ambition n'a rien à attendre de mon élévation, elle en redoute les conséquences. Une seule personne peut élever victorieusement la voix en ma faveur et me conduire au trône : ma sœur... C'est donc *Elle* qu'*il* surveille, qu'*il* démoralise et dénonce sans doute aussitôt qu'il surprend dans ses yeux la lueur attendrie que je voudrais y lire. Je l'ai vainement cherchée lors de nos rares entrevues ; mais d'autres m'ont assuré l'avoir vue pleurer, maudire Decazes et Metternich quand un ami voulait bien s'entremettre et lui parler de son frère.

Mac-Donall, indigné de la conduite des miens, a parlé au Cardinal, non en courtisan, mais en justicier, et celui-ci a prétendu le convaincre de mon injustice en le mettant en présence de ma sœur.

D'Orcet a assisté à l'entrevue et en rend compte à Suvigny, qui m'envoie sa lettre.

Vous pouvez, Madame, en prendre connaissance. Vous y verrez comment un gentilhomme sait parler aux Princes quand il a foi dans la cause qu'il défend, et vous qui n'avez pas craint d'affirmer la vôtre par des actes qui resteront dans l'histoire la page claire de ma triste vie, vous partagerez ma gratitude pour l'homme de cœur qui voulut essayer de faire vibrer chez ma sœur des sentiments soigneusement étouffés depuis plus de vingt ans.

Monseigneur est sorti sans hâte, le front bas, de ce pas traînant et lourd qui marque une inconsciente fatigue. Je l'ai suivi des yeux jusqu'à ce qu'*il* ait disparu, préoccupé de son attitude, redoutant de lire dans ces feuilles les lignes dont son cœur me semblait meurtri.

. . . .

Le récit du vicomte d'Orcet est vif et marque bien l'état d'âme des personnages qu'il dépeint.

Avant de rendre sa lettre à Monseigneur, je transcris ici les principaux passages :

« Il avait été entendu que le colonel Mac-Donall et sa femme assisteraient à une réception intime à Holyrood. On les convia à un dîner où j'eus l'honneur d'être admis avec le Cardinal, le comte d'Egherty, la comtesse d'Agout, le duc et la duchesse de Guiche.

« Le souper fut gai et sans contrainte. Si nous n'avions été initiés aux dessous de cette réunion, nous n'aurions jamais soupçonné qu'il y en eut.

« Je doute d'ailleurs que le Roi et le Dauphin aient été mis au courant.

« Après le souper, ils ont l'habitude de jouer au billard, Charles X prétend conjurer par l'exercice que ce jeu entraîne, l'embonpoint et la pesanteur de sang dont il est affligé.

« Les princes ont donc quitté le salon comme de coutume et la duchesse d'Angoulême, après avoir fait asseoir ses invités, a pris son ouvrage.

« Cet ouvrage, qui absorbe chaque soir les doigts et les facultés d'une Princesse qui eut tant de motifs de penser, est une bande de tapisserie médiocre qu'elle fixe sur le tapis d'une table ronde à l'aide de deux épingles.

« Elle ressemble ainsi beaucoup plus à une honnête bourgeoise arrivée au terme d'une vie calme qu'à une Princesse dont l'existence ne fut qu'une longue suite d'épreuves, et qui porte en elle le souvenir des heures les plus angoissantes de l'histoire.

« Cette femme, épave royale de la Révolution, paraît désormais insensible et inconsciente. Elle obéit aux ordres de son entourage, et ne trouve plus le courage nécessaire pour défendre sa personnalité.

« Par un accord tacite, nous nous éloignâmes tous, sauf Mac-Donall qu'elle invita d'un signe à s'asseoir à ses côtés.

« Colonel, dit-elle aussitôt, de ce ton bref et sans inflexion
« qui éloigne la sympathie et déroute l'enthousiasme, vous
« devez savoir que mon frère est mort au Temple, que son
« acte de décès existe, et qu'il est enterré au cimetière Sainte-
« Marguerite.

« Il me revient cependant que vous prétendez qu'il existe
« et que je ne veux pas le reconnaître...

« Le colonel a répondu aussitôt avec une volonté respectueuse :

— Je sais, Madame, qu'un enfant est mort au Temple, mais je sais aussi que ce n'est point Mgr le Dauphin, et que, grâce à une habile substitution, il a pu s'évader.

— Ceux qui vous ont conté cela, Colonel, avaient intérêt à accréditer une légende.

— Permettez-moi, Madame, de vous faire remarquer que la famille royale elle-même n'a rien fait pour combattre cette croyance, et que le corps du Dauphin, devenu roi par la mort de son père, devrait reposer à Saint-Denis avec ceux de ses illustres parents. Cependant, il n'a été fait aucune recherche, et vous-même, Madame, vous êtes désintéressée de ce frêle squelette qui devait vous être sacré à tant de titres.

— Mon frère ayant été mis dans la fosse commune, toute recherche était impossible. Elle eut amené des erreurs regrettables...»

« Là-dessus, Mac-Donall toujours respectueux, mais résolu à arracher à la Duchesse l'énigme de sa pensée, lui a exposé en termes clairs et irréfutables comment l'enfant du Temple fut déterré la nuit même qui suivit son inhumation par l'un des fossoyeurs, et placé dans un cercueil de plomb. Ce cercueil fut enterré contre le mur de l'église, et grossièrement marqué d'une fleur de lys. Un employé de la paroisse, qui a aidé à cette lugubre translation, en a souvent fait le récit, et de nombreux témoins attestent l'avoir entendu.

« Oui, je me souviens, a murmuré la duchesse, et sa main pâle, flétrie de veines bleues, a tiré plus nerveusement l'aiguille.

— Et cependant, Madame, a poursuivi Mac-Donall, inflexible comme devrait être la justice, malgré cette certitude, vous avez refusé de vous occuper d'une aussi précieuse dépouille, rejetant sur les ministres la responsabilité d'un semblable désaveu. Eux-mêmes ont mis en avant des craintes politiques. Ils ont feint de croire à une agitation possible autour de ce cercueil, et ont parlé d'apaisement en en réclamant l'oubli. »

« Encore une fois, la duchesse acquiessait, et Mac-Donall l'amenait, de déduction en déduction, de preuves morales aux preuves tangibles, à reconnaître que l'existence du Dauphin, ou tout au moins sa sortie du Temple, était un fait irréfutable.

« Le colonel ne pouvait aller au delà des convenances vis-à-vis une Princesse âgée qui porte la double auréole du malheur et de la vertu, le lui défendant. Il s'est donc contenté de ce demi-aveu, et un silence pénible a pesé sur nous tous.

« La duchesse avait cessé de travailler; ses bras tombaient le long de son corps dans un geste d'abandon qui témoignait d'une immense lassitude, et ses yeux sans éclat, ternis de trop de larmes, regardaient le vide.

« Une gêne générale paralysait les conversations, et nous étions tous embarrassés par le silence vibrant d'émotion quand Charles X et le Dauphin rentrèrent au salon.

« Ce fut le signal du départ, les réceptions ne se prolongeant jamais au delà de neuf heures, et nous prîmes congé des Princes.

« Aussitôt hors du château, Mac-Donall nous dit :

« Je regrette d'avoir fait de la peine à une Princesse « dont je vénère les vertus, mais j'ai agi selon ma conscience, « et si chacun en faisait autant, la vérité ne tarderait pas à « reprendre ses droits. »

Le vicomte d'Orcet donne ensuite certains détails qui précisent la conviction de la duchesse au sujet de l'évasion de son frère. Elle ne peut douter qu'il soit vivant, mais son rigorisme uni à une sécheresse de cœur dont elle n'a cessé de donner des preuves, la pousse à l'ignorer.

Elle le considère comme un être dévoyé que l'église réprouve, et faute d'avoir su s'élever sur le parvis des vertus conventionnelles, Louis XVII se voit renié par les siens.

Traité de paria, *il* a cependant osé parler au roi, proclamer des libertés qui portent atteinte aux ambitions des Princes, et se réclamer du peuple dont *il* est l'ami avant d'en devenir le souverain.

D'après M. d'Orcet, la question d'intérêt serait la véritable cause de l'obstination que met la famille royale à repousser le fils de Louis XVI. Les millions qu'il faudrait lui rendre avec

le trône tiennent beaucoup plus au cœur des Princes que les
sentiments de justice et d'affection que Louis XVII revendique
seuls. Sa sœur elle-même, dont l'avarice est légendaire, se
refuse à croire à son désintéressement, et elle préfère soutenir
une lutte incessante contre sa conscience que d'envisager la
possibilité d'une restitution.

. . . .

M. Morin de Guérivière persiste à poursuivre Monseigneur de
lettres pressantes au sujet de la comtesse des Deux-Ponts et
des papiers qu'elle possède... Je ne sais ce que fera le Roi...
Depuis quelques jours, *il* songe à retourner à Paris ; son
inaction lui pèse. La pensée qu'*il* pourrait peut-être grossir le
dossier qu'*il* a entre les mains l'obsède visiblement. M. de Guérivière parle de lettres affirmatives sur sa naissance, qui
seraient signées : Condé et Lafayette. Cette comtesse des
Deux-Ponts a confié ces lettres à une personne partant pour
l'Amérique, par crainte d'en être compromise. Mais elle s'offre
à les retrouver si Monseigneur veut bien aplanir certaines difficultés d'argent qui paralysent ses démarches...

L'argent n'est rien. Il est bien certain que le roi ne saurait
payer assez cher des papiers aussi précieux, en admettant
qu'ils existent. Cependant cette demande me préoccupe, j'y
vois une sorte d'exploitation préventive qui me rend suspectes
la femme et ses promesses. D'un autre côté, ai-je le droit de
faire part à Monseigneur de mes doutes. Ne serait-ce pas pa-
ralyser ses mouvements, faire naître des scrupules dans son
esprit, et lui préparer des regrets pour plus tard. Si ces lettres
existent, il faut qu'*il* les ait, et peu importe la valeur de la personne qui les procure...

Le roi a envoyé à la comtesse des Deux-Ponts le secours
qu'elle demande, en la priant de se mettre à la recherche des
papiers promis ; mais comme Monseigneur se croit en mesure

d'obtenir sa reconnaissance d'état avec les pièces qu'*il* a en mains, appuyées des témoignages de MM. Labreli de Fontaine et Morin de Guérivière, *Il* ne veut pas attendre davantage.

Son avocat, M⁰ Loroy, va venir ces jours-ci arrêter avec lui les bases de la requête qui devra être dressée aux Chambres dans le plus bref délai. M. Morin doit l'accompagner. Le Roi désire le voir, autant pour causer avec lui de la comtesse des Deux-Ponts, dont les démarches le préoccupent, que pour apprécier la valeur de son témoignage relativement à l'évasion.

. . . .

A propos de M. Morin de Guérivière, que nous attendons, Monseigneur m'a conté hier soir une jolie anecdote qui prouve jusqu'à quel point sa présence en France a toujours effrayé la famille royale. Ce M. Morin, qui fut pris autrefois pour le Dauphin, et arrêté à Thiers, a fondé à Paris une fabrique de cartonnages élégants. Son personnel nombreux et les brevets obtenus pour diverses inventions, le placent au premier rang du commerce parisien.

Aussi, lors de l'Exposition industrielle des produits français, obtint-il une place réservée dans la plus belle galerie du Louvre, pour y exposer ses marchandises. Il comptait sur une médaille d'or, et fut très déçu en recevant pour seule récompense une simple mention.

Il résolut d'en référer au Roi de cette injustice, et crut s'attirer sa bienveillance en joignant à sa requête le procès-verbal de son arrestation à Thiers. Il lui semblait impossible que le souvenir du malheureux Dauphin ne suffît à attendrir son oncle.

Il remit sa requête au comte d'Artois, qui lui avait adressé, en différentes occasions, des félicitations sur ses travaux.

La médaille d'or fut accordée aussitôt, et un public élégant afflua dans ses magasins.

Lui-même y fut l'objet d'une attention tellement spéciale qu'il ne put manquer de le remarquer, et il en cherchait l'explication, quand il reçut la visite d'un inconnu qui la lui donna, après quelques minutes d'entretien.

Ce personnage n'était autre que le chef de la contre-police du château. Il en fit l'aveu à Morin en l'assurant de son dévouement à Louis XVII, et lui conta que toute son aventure venait de ce qu'on l'avait pris pour le Prince en lui voyant remettre un placet au comte d'Artois, dans la cour du Carroussel.

Aussitôt, le Château fut en émoi, le bruit se répandit que Louis XVII venait de se présenter aux Tuileries, et le roi, pris de peur, mit sur pied toute sa police. De là, les nombreuses visites rendues aux magasins de Morin et à lui-même. Cependant, renseignements pris, l'apaisement se fit, et le chef de la police du château vint lui-même s'entretenir de cette aventure avec celui qui en était le héros.

Morin eut la curiosité de lui demander ce qui fut advenu s'il avait été réellement le fils de Louis XVI.

« Monsieur, répondit fermement son interlocuteur, je serais venu me jeter à vos pieds en vous suppliant de fuir. Croyez bien que je n'aurais pas livré au poignard de l'assassin le fils de mon roi. »

Ainsi, c'était le poignard qu'on réservait à Louis XVII s'il osait se montrer au grand jour.

Comme d'Enghien et comme Berry, on cherchait à le faire disparaître le jour où il deviendrait gênant.

Le chef de la contre-police royale, qui s'exprimait avec autant de franchise était M. DESMARRES, fidèle serviteur de Louis XVI, le même qui légua à sa fille les papiers qui sont aujourd'hui entre les mains du Prince.

. . . .

Le vicomte d'Orcet mande à M. de Suvigny quelles ont été les suites de l'entrevue du colonel Mac-Donall avec la duchesse d'Angoulême, et cet ami parfait transmet au roi la lettre qui contient l'épilogue de leur entretien.

« Le dimanche qui suivit, écrit M. d'Orcet, le ménage Mac-Donall fut invité à une réception du soir chez la Dauphine, ce qui combla d'aise Mme Mac-Donall, très attachée aux Princes, et qui ne cessait de reprocher à son mari le chagrin qu'il avait causé à la duchesse. Madame vint vers eux avec empressement, et, entraînant le colonel, lui dit à brûle-pourpoint :

« Depuis l'autre jour, j'ai longuement réfléchi à notre conversation, Colonel, et je tiens à vous affirmer que j'ignore absolument si mon frère existe. Si j'en avais la certitude, je serais la première à le reconnaître pour mon Roi, et à l'accueillir. »

Mac-Donall s'est incliné ; il n'avait pas autre chose à faire.

Quel crédit accorder aux affirmations de la duchesse, ajoute d'Orcet, voilà ce qu'il est difficile d'établir.

Personnellement, la conduite de la Dauphine m'a depuis longtemps détaché d'elle. Le culte que je lui vouai à Trianon s'est changé en une sorte de haine depuis que j'oppose la grandeur d'âme de son frère à son inqualifiable conduite. Je n'avoue pas au roi le sentiment qui me rend suspectes ses moindres paroles. Monseigneur, au contraire, s'attache éperdument à tout ce qui lui revient sur sa sœur, et le moindre mot tombé de ses lèvres suffit à ranimer son espoir. *Il* ne peut se résigner à son abandon et se persuade aisément qu'il aura une fin.

M. d'Orcet parle des nombreux amis que Monseigneur a encore en Angleterre. Il cite Mme Atkins, à qui Marie-Antoinette demanda de sauver le Dauphin à sa place, et qui employa une partie de sa grande fortune à payer et à préparer des tentatives d'évasion. Elle vit très retirée à Londres, âgée, malade et sans fortune, conservant comme une relique son culte pour Louis XVII et ses malheureux parents. Elle dicte ses souvenirs à son amie, la comtesse de Mac-Namara, qui les communique à d'Orcet. Le Roi a été profondément ému par la fidélité persistante et désintéressée d'une femme qui n'est pas française et qui donne à notre pays cette grande leçon.

L'abbé Perreau et le marquis de Montmorency forment avec elle un petit groupe d'amis du Dauphin auquel se joint souvent le vicomte d'Orcet.

. . . .

Le roi prétend souffrir de maux de tête... Je crois plutôt que des préoccupations l'assiègent, auxquelles il ne veut pas m'associer, et je ne me reconnais pas le droit de le questionner. En offrant à Monseigneur ma fortune et mon toit, j'ai abdiqué ma personnalité. Que serait, en effet, le don de ces choses matérielles si je n'y joignais celui de ma personne tout entière. Ne sommes-nous pas l'âme de nos biens, de notre home, et sépare-t-on l'âme du corps sans entraîner la mort.

Monseigneur eut-*il* accepté de s'asseoir à mon foyer et d'en devenir le maître s'il avait craint de trouver en moi une hôtesse capricieuse et exigeante, ou un censeur de ses actes ?...

. . . .

M. Leroy, l'avocat choisi par Monseigneur pour établir et défendre sa requête est ici pour deux jours, ainsi que M. Morin.

Ces messieurs apportent au prince un élément d'action nécessaire à son tempérament.

A peine avaient-ils franchi la grille du château qu'*il* retrouvait toute son énergique vitalité, et s'informait auprès d'eux des faits qui l'intéressent.

D'abord les nouvelles de Paris, les bruits qui circulent, les échos qui se répercutent d'Holyrood jusque dans la capitale, et enfin les menus événements qui touchent aux amis, à ceux qui là-bas croient en lui et l'attendent. Jamais *il* ne les oublie, et sa sollicitude est d'autant plus touchante que lui seul est en danger.

Je suis heureuse qu'*il* ait consenti à s'occuper de ses intérêts politiques sans quitter Vauxrenard. Lorsqu'*il* s'absente, je ressens une angoisse d'autant plus vive que la moindre indiscrétion suffirait en ce moment à donner l'éveil à la police.

M. Leroy estime qu'on doit engager sur-le-champ l'action en reconnaissance d'état. Les preuves d'identité que possède Monseigneur, jointes aux témoignages de MM. Morin et Labreli, lui semblent suffisantes pour entamer un débat dont on ne saurait prévoir l'issue : mais qui aura vraisemblablement assez d'éclat pour opposer l'opinion à la mauvaise foi des tribunaux.

Sans en rien dire, le Roi pense aux lettres dénoncées par la comtesse des Deux-Ponts, et je devine qu'il appuie sa confiance sur ces documents encore incertains.

. . . .

M. Labreli de Fontaine est venu se joindre à MM. Leroy et Morin, et Monseigneur vient d'arrêter avec eux les détails de la procédure. *Il* se rendra à Paris aussitôt que son avocat le jugera utile, et je suivrai d'ici les efforts combinés de ces messieurs, pour obtenir la réparation d'une grande injustice. Le Roi compte avoir gain de cause, et j'espère avec lui que l'opinion, mise au courant des faits inouïs inventés pour lui nuire, se réveillera enfin de sa torpeur.

M. Labreli nous a conté hier en quels termes la duchesse d'Orléans lui avait remis les papiers qui font aujourd'hui la force du Roi ; ce récit, il compte le rééditer devant le Tribunal, et l'affirmer sous la foi du serment.

« La princesse, nous a-t-il dit, parlait souvent devant moi de son neveu, le duc de Normandie ; *elle* l'appelait l'auguste orphelin ou l'auguste victime, et elle s'entretenait de ses malheurs avec son amie, la chanoinesse Periez-d'Escart.

« Je fis part à la duchesse du désir que j'avais de voir le Prince, et elle daigna me le montrer un jour où *il* vint lui rendre visite.

« Je l'aperçus, accoudé à la cheminée, et je m'inclinai devant lui sans un mot, comme je l'avais promis à la princesse.

« Dès lors, Elle ne cessa de m'en entretenir, et, quelques mois avant sa mort, elle me remit une liasse de papiers en me disant : « Je ne vivrai plus longtemps ; je ne sais si j'aurai le « bonheur de revoir Celui que j'ai tant désiré. Vous savez de « qui je veux parler. Remettez-lui ces notes ; elles pourront lui « être utiles, et dites-lui bien que je n'ai cessé de l'aimer et de « le plaindre. »

« Voilà, Monseigneur, comment je reçus l'ordre d'aller vers vous et de vous porter ce précieux dépôt... »

Le Roi a été très ému par ces souvenirs. La duchesse d'Orléans et le duc de Berry furent, après sa sœur, les seules grandes affections de sa vie, et *il* ne se console pas de n'avoir plus, dans la famille, un cœur où s'appuyer.

. . . .

Nous voilà redevenus solitaires, le Prince et moi. Monseigneur garde, des jours passés à discuter les intérêts de sa cause, un reste d'animation qui me ravit. Je suis heureuse de le sentir vibrant... Quand je le vois morne, appesanti de chagrin ou d'inquiétude, je me sens moi-même terne et découragé. Son espoir d'atteindre un but poursuivi depuis sa libération le soulève. *Il* discute les diverses phases d'une procédure à laquelle je suis étrangère, mais qui m'intéresse, du moment où elle *le* touche.

J'aurais voulu obtenir de M. Morin des détails sur la femme dont il *l'*entretient dans ses lettres, mais je ne l'ai pas osé. Aux yeux de Monseigneur et aux siens, je commettrais une indiscrétion.

Que suis-je autre chose que la sujette du Roi, et de quel droit irais-je contrôler ses amis et ses actes?...

Si mon cœur m'entraîne au delà du rôle que je me suis assigné, est-ce une excuse pour ne plus consulter ma raison.

. . . .

Ce soir, après le souper, comme la chaleur était étouffante, Monseigneur m'a proposé de descendre dans le parc, et nous avons longé les allées sans parler, pris d'une sorte de torpeur en face d'une nature lourde d'accalmie et gonflée de sève.

Pas une feuille ne remuait, pas un chant d'oiseau ne troublait ce silence angoissant, et pourtant on sentait palpiter de la vie autour de soi...

L'atmosphère, saturée d'électricité, annonçait l'orage; mais le ciel gardait encore des trouées bleues piquées d'étoiles.

Les nuages semblaient n'avoir pas la force de s'étendre, et traînaient à l'horizon en nuées menaçantes. Au bout de quelques minutes, le roi s'est assis sur un banc de pierre, et je suis restée debout près de lui, attendant un mot, un ordre ou une prière pour me mettre à ses pieds.

Appuyée à l'arbre qui l'abritait, j'écoutais frémir la nature à l'approche de l'ouragan, et je ressentais, moi aussi, un vertige inexpliqué.

Monseigneur a pris ma main, l'a baisée, puis, m'attirant vers lui :

« Asseyez-vous, Madame, a-t-il ordonné d'une voix grave, et écoutez, je vous prie, les mots que je vais prononcer : tout secret nous serait désormais une injure. Je sais votre vie sans qu'une seule page me soit étrangère, et la mienne garde encore un mystère... »

J'ai courbé la tête comme les plantes, et ma main a tremblé dans celle du roi.

Il a repris après une pause :

« La vie, qui me fut une longue suite d'épreuves et de déceptions, me donna cependant des heures douces... Une femme m'a souri ; elle m'a tendu ses lèvres de vierge et les miennes s'y sont rafraîchies...

« Elle ne sut jamais qui j'étais et ne le demanda pas. Qu'importe le nom, quand c'est l'homme qu'on aime.

« Elle m'aima sans calcul, sans curiosité, et quand elle mourut dans mes bras, je sentis fuir avec tout ce qui restait en moi de jeunesse et d'illusion.

« Je ne pouvais l'épouser ; j'étais le Roi ! Et si sa beauté et son cœur la rendaient dignes du trône, sa naissance ne me permettait pas de l'élever aussi haut... D'ailleurs, Madame, vous le savez, le proscrit que je suis n'avait même pas un nom à offrir ; dépouillé de tout état civil, je me trouvais hors la loi. Pouvais-je abuser cette enfant avec des pièces fictives, et l'entraîner dans les dangers et les vicissitudes de mon existence de chemineau.

« Je l'ai aimée comme on respire une fleur, sans songer au lendemain, pris tout entier par son charme, par la candeur désintéressée d'un amour plus fort que les lois, plus fort que le destin qui me voulait isolé et sans foyer.

« Elle mourut de cet amour, trop frêle sans doute pour en supporter le poids, et la fille qu'elle m'a laissée est élevée en Italie dans sa famille. Je la suis de loin, et je garde l'enfant comme une relique de la mère. »

Le Roi a penché sa tête, et j'ai senti deux larmes glisser

sur ma main, qu'il tenait toujours entre les siennes.

. . . .

. . . .

L'orage qui menaçait hier soir a éclaté pendant la nuit avec une telle violence que les vitres de la serre en ont été brisées.

Les plates-bandes sont dévastées, et sous ma fenêtre un oiseau mort étend ses ailes raidies sur des pétales de fleurs.

Monseigneur a veillé toute la nuit dans le petit salon et, ce matin, une volumineuse correspondance couvre la table. J'ai veillé, moi aussi, seule dans ma chambre, et je ne sais si je dois accuser l'orage ou l'émotion née des aveux du Prince, mais j'ai souffert indiciblement.

Par la fenêtre ouverte, les gouttes de pluie tombaient sur mon front, lourdes et pressées comme des grêlons liquides, et je l'offrais à la douche avec la sensation de rafraîchir mon cerveau brûlé d'un feu nouveau, inconnu, dont je ne voulais reconnaître ni la cause, ni les effets, et dont la pluie atténuait la douleur...

. . . .

La nouvelle de la mort de la duchesse de Ketteringham, plus connue en France sous le nom de Mme Atkins, a jeté le roi dans un accès de mélancolie. Des souvenirs douloureux se sont levés en foule, faisant cortège à ce triste convoi d'une grande dame ruinée.

Monseigneur m'a conté des anecdotes que je savais déjà, mais je l'ai écouté avec le recueillement attendri qu'inspirent parfois sa voix et son attitude.

Mme Atkins mit tout en œuvre pour sauver la Reine, qu'elle avait connue à la Cour, dans l'éclatant triomphe de sa beauté. Ce fut elle qui obtint à prix d'or l'entrée de sa prison, et qui lui offrit un bouquet dont une des fleurs contenait un plan d'évasion. Sa main, qui tremblait, laissa tomber le bouquet, et le billet parut aux yeux du municipal. Mme Atkins s'en saisit et l'avala afin de soustraire la Reine aux basses vengeances de ses geôliers.

Elle réussit plus tard à renouveler cette tentative, et voulut assurer la fuite de celle qu'elle appelait « sa souveraine » en se substituant à elle ; mais Marie-Antoinette, qui savait à quel danger était exposé le Dauphin, la supplia de reporter sur lui seul son crédit et sa sollicitude.

Le Roi ne parle jamais de sa mère sans témoigner d'une particulière émotion. Le remords s'y mêle à la tendresse. Il ne cesse de s'accuser de sa mort, comme si la Convention avait attendu les dénonciations qu'on fit signer à sa main d'enfant, pour la décréter.

La disparition de la duchesse de Ketteringham l'atteint d'autant plus que le passé n'est pas seul en cause ; elle dictait en ce moment des souvenirs à son intime amie la comtesse de Mac-Namara, et elle avait consenti à recevoir le vicomte d'Orcet, afin de les lui communiquer.

Voilà donc un témoin qui disparaît. Sa voix, il est vrai, était affaiblie et lointaine ; mais elle gardait encore assez d'autorité pour apporter au prince un précieux témoignage.

. . . .

Monseigneur a reçu ce matin une lettre qui m'inquiète. Elle est chiffrée d'après la méthode dont se servaient entre eux les prisonniers de l'Autriche, et elle contient, en termes vagues, des protestations de dévouement de la part d'un inconnu qui signe : Berger. Il sollicite le Roi d'être plus confiant, l'informe ensuite que les démarches qu'il fait en ce moment sont déjà connues. La fin de la lettre, qui me semble devoir en être la partie essentielle, signale une femme comme pouvant être utile à la cause, et mentionne qu'elle va quitter Paris, faute d'argent.

« Faites des sacrifices, s'écrie avec lyrisme l'ami inconnu, et gardez à tout prix cette colonne de votre édifice. » Puis, pour finir : « Nous ferons bientôt connaissance, et vous ne vous repentirez pas d'avoir mis vos intérêts entre mes mains... »

Le ton de cette singulière épître me révolte ! Elle est à la fois insolente et rusée. L'homme qui la signe oublie qu'il parle au Roi, mais il ne néglige pas de lui faire sentir que, mis au courant de ses démarches, il serait en mesure de lui nuire s'il refusait de se confier à lui. Des phrases habiles enveloppent les sous-entendus, mais ne réussissent pas à m'abuser sur le fond de la lettre.

La silhouette de femme qui s'y détache éveille une idée d'aventurière en quête de fonds pour gagner le large, et je tremble de voir Monseigneur tomber dans le piège grossier tendu à sa bonne foi.

Cette mystérieuse missive a été adressée à M. Morin de Guérivière, avec prière de la faire parvenir au prince. M. Morin écrit n'en pas connaître l'auteur ; mais il suppose comme moi que la comtesse des Deux-Ponts est en cause, et promet de savoir par elle quel est le mystérieux personnage qui chiffre ainsi sa prose.

Monseigneur est très nerveux depuis la réception de ces lettres.

. . . .

C'est bien cette femme à double pont, à double nom, et sans doute à double fond, qui tient la clef du mystère.

M. Morin de Guérivière, qui l'appelle maintenant Mᵐᵉ Durut, ou simplement « La Durut », ce qui me paraît significatif, a recueilli de sa bouche les détails suivants :

« Berger est le chef de la police de sûreté du Château, ce qui rend sa démarche d'autant plus suspecte. C'est un refugié italien, et un proscrit, et ce dernier titre pourrait seul justifier de sa sympathie pour le roi.

« Il a été détenu à Milan, à la suite de troubles politiques auxquels il fut mêlé, et c'est là qu'il apprit des prisonniers les secrets du langage chiffré. »

. . . .

Je n'ai pu convaincre le roi du péril qui existe pour lui à se livrer par lettre à des inconnus.

Habitué à côtoyer les précipices, *Il* ne sait plus en discerner la profondeur, et s'engage sans hésiter dans des sentiers dangereux. Aussitôt renseigné sur le compte de ce Berger, *Il* lui a répondu pour se plaindre des procédés de la police à son égard, et recommander à sa bienveillance la comtesse des Deux-Ponts, remariée à un nommé Durut, et qui correspond également avec Monseigneur par l'entremise de Morin.

Je ne puis dicter au Prince sa conduite ; pas même insister sur des craintes qui pourraient lui sembler égoïstes. Mais j'ai le devoir de veiller sur lui comme mon hôte et comme mon roi, et j'ai conçu un plan qui va me permettre de saisir les dessous d'une intrigue dont je devine qu'on tisse les fils.

Mme Durut a besoin d'argent, et j'ai besoin de la voir.

Ces deux nécessités peuvent se combiner ; je vais prier M. Morin de conduire cette femme dans un lieu que je lui assignerai, et là, deux heures de conversation et la vue du sujet me renseigneront sur sa probité.

. . . .

Je pars pour Lyon où je verrai demain la dame mystérieuse. J'ai pris prétexte d'un pieux pèlerinage en l'honneur de la Sainte Face, pour ne pas éveiller les soupçons du Prince, que je laisse seul à Vauxrenard.

Monseigneur a raillé ma foi persistante, sans paraître se douter qu'il en est aujourd'hui le seul Dieu, et je me suis sentie honteuse d'avoir ainsi oublié tout ce qui n'est pas lui. Il existe à Lyon, dans une maison particulière, un oratoire en vogue. La maison appartient à une dame Blanc-Parlong, que j'ai connue autrefois, quand je m'occupais d'œuvres. Cette femme m'est restée dévouée, et c'est chez elle que je dois rencontrer la pseudo-comtesse des Deux-Ponts. M. de Guérivière l'accompagnera et notre présence dans un lieu où se succèdent de nombreux pèlerins ne saurait éveiller la curiosité.

Après l'entrevue, j'informerai le roi de ses résultats, et *Il* ne pourra me blâmer d'avoir cherché à connaître la vérité.

Prévenu à l'avance, *Il* eut retardé ou enrayé ma démarche par crainte d'indisposer Celle qui prétend tenir entre ses mains de précieux documents.

. . . .

J'ai prié Mme Blanc-Parlong de m'abandonner pour une heure le salon où s'égrennent du matin au soir les étrangers de marque qui viennent adorer la Sainte Face, dans l'oratoire attenant, et la digne femme s'est empressée de satisfaire à mon désir.

C'est là que j'ai reçu l'ex-comtesse des Deux-Ponts. L'aspect de cette femme est tel que je l'attendais :

C'est une blonde grasse dont les formes opulentes accusent la quarantaine. Des cheveux ardents encadrent un visage qui garde les traces d'une grande beauté. L'éclat du teint et l'émail éblouissant d'une double rangée de dents, courtes et menues comme celles d'un carnassier, donnent à l'ensemble quelque chose de lumineux qui plaît. Des yeux très doux dont elle se sert avec art pour souligner ses paroles, et des lèvres touchées de fard achèvent de donner à sa physionomie je ne sais quel charme factice et pervers qui attire et repousse à la fois.

Elle s'exprime avec aisance, et sans une vulgarité répandue dans l'ensemble, on pourrait croire avoir à faire à une personne de qualité.

Elle est arrivée discrètement vêtue et modeste d'attitude ; mais, presque aussitôt, le langage de ses yeux me révélait la femme habituée à compter sur ses charmes pour obtenir gain de cause.

La présentation fut brève. M. Morin de Guérivière, qui semblait magnétisé par sa belle compagne, en fit les frais, et je pris aussitôt contact avec la femme dont je voulais sonder la conscience.

Elle répondit à toutes mes questions avec habileté et tact, non sans laisser deviner parfois le but auquel elle tend.

J'appris ainsi que son mari est sans place, ne parvenant pas à obtenir l'emploi qu'il sollicite. Elle fit allusion à leur gêne qui enraye momentanément les démarches nécessaires pour faire rentrer les lettres ayant trait à l'identité du Prince.

Je la questionnai sur Berger, et elle me confirma les dires de M. Morin.

Elle prétend avoir connu ce personnage à Strasbourg et lui avoir rendu certains services qui suffiraient à expliquer sa bienveillance pour elle.

Elle ajoute, parlant de Berger :

« Cet homme est puissant ; il peut rendre au duc de Normandie d'importants services. Il a avec l'Autriche des intelligences qui le mettent à même de se faire rendre les papiers du Prince ; mais il faut qu'il soit secondé dans ses démarches par des auxiliaires dévoués, incapables de trahir.

Je compris aussitôt qu'elle pensait à elle, et la poussait à s'expliquer. Mais elle observait une prudente réserve, et je ne réussit qu'à lui faire énumérer les pièces contenues dans le dossier de l'Autriche.

Elle dut avoir connaissance des fac-similés fournis à Louis XVIII par le gouvernement, et ceci s'explique par ses relations avec le chef de la police.

Après deux entrevues successives, il me parut que cette femme était intelligente, rompue aux intrigues, et à bout de ressources. Elle m'exposa les moyens dont elle disposait pour aboutir aux différents personnages détenteurs des papiers du Prince, et s'offrit à partir tout de suite pour les aller chercher.

Je la vis très au courant des affaires de Monseigneur, et j'eus l'intuition qu'elle tenait de M. Morin les démarches faites à Paris par M. Leroy.

Avant de quitter Lyon, je voulus voir Morin en tête-à-tête, afin de le mettre en garde contre une personne dont nous n'avons pas encore acheté la discrétion.

Je vis bien vite que je perdais mes frais d'éloquence; le pauvre homme ne voit plus que par les yeux de la Durut, et il est inutile, pour l'instant, d'essayer de l'en détacher.

Il a protesté de son dévouement au roi, et des services que la Dame de ses pensées peut rendre à la légitimité.

Je conterai ces choses à Monseigneur, et c'est lui qui décidera de ce qui doit être fait.

. . . .

Le Roi partage mon sentiment. Il faut s'attacher la Durut, puisqu'il est trop tard pour refuser ses services. Liée par l'intérêt, elle peut encore se taire, mais, poussée par la nécessité, qui sait si elle ne vendrait pas à d'autres le secret des démarches qui se préparent. D'ailleurs, Monseigneur a trop d'intérêt à réunir les papiers qui peuvent confirmer ses affirmations pour ne pas tenter de les lui arracher. Il est évident qu'elle sait bien des choses, ce qui paraît prouver qu'elle fut mise au courant par la lecture de certains documents précieux.

De tous temps, l'intrigue fut liée à l'histoire des gouvernements, et s'il est dangereux de s'en servir, il est parfois impossible de s'en passer.

En mon absence, Monseigneur a reçu de nouvelles lettres

de Berger, et il a répondu : Dieu veuille que l'honneur qui le poursuit ainsi d'un dévouement que rien ne semble justifier ne soit pas l'agent mystérieux de mes ennemis.

. . . .

Comme conclusion aux pourparlers de Lyon, Monseigneur à écrit à M. Morin en lui enjoignant de remettre de sa part à la femme Durut la somme qu'elle demande.

Je n'ai pas voulu laisser supposer à M. Morin et à son aventurière que j'avais fait une démarche auprès d'eux sans l'assentiment du Roi. Je hais l'intrigue et ses complications, et il faut mon attachement et ma foi en celui que j'abrite pour m'astreindre à ces louches rapprochements.

D'ailleurs, la mise en marche de la Durut doit être immédiate. Ou elle possède réellement les moyens de se rendre utile au roi, ou elle se joue de notre crédulité. Dans les deux cas, il est essentiel d'être fixé.

. . . .

Ce matin, j'étais descendue dans le parc pour cueillir moi-même les fleurs destinées à la table du Roi.

Vauxrenard, privé si longtemps de cette parure, a repris sa ceinture éclatante, et des corolles se pressent le long des vieux murs.

Je ne sais pourquoi, je me sentais gaie. Un air léger courait dans les feuilles ; devant le château, la pelouse d'un vert délicat, gardait encore l'humide éclat de sa rosée.

J'avais revêtu une robe fraîche et un casaquin en soie mauve. De par la volonté du maître, j'ai remplacé le noir immuable de ma jeunesse par des teintes plus claires. Monseigneur dont les deuils sont éternels, s'attriste de me voir vêtue de sombre. Ses yeux, à défaut de son cœur, veulent s'emplir de lumière.

Je partais ainsi, l'âme légère, abritée par une ombrelle de

soie changeante, quand la fenêtre de la chambre royale s'est ouverte, et Monseigneur est apparu...

« Vive le Roi!... » ai-je crié en levant vers lui mon ombrelle dans un mouvement spontané...

Le Prince a souri. Il était vraiment très beau, la main appuyée au balcon, la tête nue sous le soleil, légèrement incliné vers son peuple, qui était moi.

— Je voudrais la France à vos pieds, ai-je continué en me rapprochant.

« Madame, je suis aux vôtres, a fait le roi avec un joli geste d'hommage où toute sa race se trahissait. Voulez-vous m'autoriser à vous faire escorte ce matin? »

J'ai répondu dans un langage que le Roi connaît bien, où se mêle, au respect de la sujette, l'infinie dévotion de l'amie et nous sommes partis tous deux soulevés d'espoir et rajeunis des souvenirs comme si la nature, ce jour-là, distribuait du bonheur.

Après une longue promenade dans le parc et une moisson de fleurs suffisante pour en égayer tout le château, nous nous sommes assis sous le vieux marronnier. Non celui de Béranger, hélas! Simplement celui de Vauxrenard.

Ce géant solitaire dont l'écorce crevassée laisse fuir la moelle, affirme par des fruits son reste de vitalité, et des marrons tombés jonchent le sol autour de lui... Ce sont de ces marrons d'Inde, d'un châtain doré, qui abritent sous une coque verte, bardée de piquants, leur grain délicat.

Certains, trop tôt sortis de cette cuirasse protectrice, se sèchent et se ternissent au contact de l'air. D'autres entre-bâillent leur coque, montrent, par l'échancrure, leur joliesse lustrée. D'autres enfin, strictement clos, cachent dans l'écrin vert le velours de leur peau, dédaignent la lumière, semblent attendre qu'une main amie vienne rompre l'écorce, les arrache au mystère, les jette dans le courant de vie.

Du bout de mon ombrelle, je délivrais ces prisonniers. Les marrons sortaient brillants et doux de leur écrin ouaté.

Le roi me regardait faire, le menton appuyé sur la pomme de sa canne, dans une pose lasse qui lui est familière. Ses yeux ternis de pensées, suivaient mes mouvements.

Il me demanda avec une gravité que ne semblaient pas comporter les circonstances :

— A quoi songez-vous, Madame, en dépouillant ces marrons ?...

— Je pensais, Monseigneur, que je fus longtemps comme eux une âme close, rebelle à tout contact, et qu'il fallut votre main pour briser la coquille où je m'étais renfermée. La religion avait mis à mon cœur des barbes de fer. Elle fit de moi une solitaire qui confondit longtemps l'amour et la passion, l'égoïsme et le devoir, l'humilité et l'orgueil. Je fus ce monument d'inconscience que façonnent les prêtres pour la commodité de leurs œuvres, et je devins entre leurs mains un instrument docile.

Vous fîtes la lumière, Monseigneur, parmi tant de ténèbres, et je comprends aujourd'hui le vrai sens de la vie.

Du bout de sa canne, le Prince fait tomber un marron roussi de soleil et ridé par les pluies.

— Ne craignez-vous pas, Madame, de vous flétrir comme celui-ci, dans la lutte... La coque dont je vous ai arrachée était sans doute plus sûre que le plein air où nous voguons... Songez que peut-être pour moi l'abîme est au bout, et qu'à me suivre toujours, vous pourriez y rouler...

— Eh ! Qu'importe ma vie auprès de celle de votre majesté !... Que pourrais-je faire de mon reste d'existence si ce n'est vous l'offrir... Oh ! mon Seigneur et mon Maître, la coque est brisée, je n'y rentrerai plus.

Et j'ai pleuré d'émotion sur l'épaule du Roi.

. . . .

Les trèves accordées par les événements à l'intimité de notre existence sont de courte durée. A peine Monseigneur a-t-il pu jouir de quelques heures de repos qu'une nouvelle secousse vient ébranler ses nerfs et fait vibrer les miens.

Un phare domine toujours le calme de notre solitude : Paris !...

Le corps du Roi est à Vauxrenard, son esprit est loin. Paris l'attire, le fascine, l'absorbe. Ce qu'on y fait, ce qu'on y dit, ce qu'on y pense, voilà l'éternel rouleau qui tourne dans son cerveau. Les lettres de son avocat, de MM. de Suvigny et de Guérivière, ainsi que celles, plus dangereuses, du mystérieux Berger, voilà les fils qui relient sa pensée au grand moteur de la vie des Princes : l'opinion.

Le moindre mouvement de cette déesse capricieuse l'impressionne et l'agite. Il la redoute, et voudrait la baiser...

. . . .

Nous avons eu la visite du Révérend Père Étienne, supérieur des Lazaristes. Il a bien voulu s'arrêter en rentrant d'un pèlerinage à la Sainte-Beaume...

Le roi a été heureux de retrouver en lui un fervent de sa cause, et il l'a longuement interrogé sur certains points qui ne cessent de le préoccuper. Le Père Étienne lui a dit avoir vu tout dernièrement, en Angleterre, le Prince de Lucinge, l'abbé Perreau et M. de Charette. Il a rencontré également M. d'Orcet chez Mme Atkins, quelques mois avant la mort de cette dernière.

« Tous ces messieurs, nous a dit le Révérend, gardent une foi ardente en la légitimité, et tous savent, comme moi, que Monseigneur en est l'unique représentant. S'ils ne témoignent pas avec plus d'énergie de leur conviction, c'est par égard pour les Princes déchus qui expient à Holyrood une coupable usurpation, et aussi dans la crainte de compromettre, par de fausses démarches, les intérêts de la royauté. »

Le Prince s'est alors informé si le Père Étienne avait été admis auprès de sa sœur, en audience privée.

« Je l'ai vue, oui, Monseigneur, a répondu le Père, et même à plusieurs reprises. Mais sans réussir à la rencontrer seule. Cependant, lors de ma dernière audience, les courtisans qui la surveillent s'étant éloignés un moment, j'ai pu lui poser certaines questions au sujet de votre altesse.

« Vous savez, Madame, lui dis-je avec l'autorité que me donne ma robe de prêtre, que Mgr le Dauphin n'est pas mort au Temple?... Un fait qui vous est personnel démontre que c'est bien là votre conviction. »

Les traits de la duchesse se sont subitement altérés, et pour dissimuler son trouble, elle a caché dans son mouchoir le bas de son visage.

« Madame, ai-je repris, le Dr Pelletan, qui ne connaissait pas l'enfant royal, mais qui fut appelé pour en faire l'autopsie, fut assez heureux pour soustraire son cœur au tombeau et, l'ayant enveloppé dans un linge, il l'emporta et conserva cette relique dans un vase de cristal.

Après la Restauration, M. Pelletan vint offrir cette relique à votre altesse... Est-il vrai, Madame, que vous l'ayiez refusée en alléguant qu'il se pouvait très bien que ce cœur ne fût pas celui de Mgr le Dauphin.

— Il est vrai, mon Père, m'a répondu la duchesse, ma certitude n'étant pas absolue, je ne pouvais accepter une pareille offrande.

— Vous l'avez refusée, Madame, une seconde fois, après le sac de l'archevêché. Le Dr Pelletan, d'accord avec Mgr l'archevêque de Paris, avait déposé ce cœur dans la chapelle : quelques mois avant sa mort, son neveu, médecin comme lui, et au courant de ce fait, se rendit sur les lieux, pénétra parmi les décombres et, grâce à sa connaissance exacte de la place qu'il occupait, retrouva dans les démolitions le vase de cristal brisé et le cœur mis à nu.

Il l'emporta chez lui avec le respect dû à une relique, l'enferma dans un nouveau vase de cristal gravé d'une inscription, et l'ayant ainsi sauvé de la profanation, il crut accomplir un devoir en vous l'apportant en exil.

C'est alors, Madame, que, pour la seconde fois, votre altesse royale a décliné l'offre, affirmant ainsi sa conviction à la survivance.

— Mon Père, a murmuré tout bas la duchesse d'une voix basse et enrouée de larmes, en admettant que mon pauvre frère ait été enlevé du Temple, les mauvais traitements qu'il a subis et les privations dont il fut épuisé rendent invraisemblable son existence actuelle. Il dut mourir presque aussitôt après son évasion. »

Je ne pouvais pousser plus avant l'entretien.

Alors, à haute voix, pour ne point paraître m'isoler dans un tête-à-tête suspect à son entourage, j'ai adressé à celle qui fut la Dauphine ces paroles sévères :

— Les desseins d'en haut sont admirables, Madame, mais c'est nous le plus souvent qui y mettons obstacle par notre aveuglement et notre impiété. Si Mgr le Dauphin est mort, son âme est avec Dieu ; s'il est encore en ce monde, le roi du ciel et de la terre suffira à l'élever jusqu'au Trône quand son heure sera venue. »

En disant ces derniers mots, le Père Étienne s'est mis à genoux, et il a baisé en pleurant la main du Prince. Monseigneur a compris à ce geste qu'il n'avait rien de consolant à lui rapporter, et j'ai deviné dans ses yeux des larmes qui ne sont pas tombées.

. . . .

En venant ici, le père Étienne est s'arrêté à Lyon afin d'y vénérer la Sainte Face, et Mme Blanc-Parlong lui a demandé s'il me connaissait, et s'il savait quel est le personnage pour qui j'ai demandé ses prières. Elle a même mentionné que je l'avais fait inscrire sur le livre de l'archi-confrérie sous le nom de « Louis-Charles de France ».

Le Révérend a répondu avec réserves, et m'a signalé l'indiscrétion de cette gardienne d'oratoire.

. . . .

Monseigneur vient d'éprouver une forte contrainte. Son avocat, M. le Roy, quitte Paris pour se rendre en province, où un poste avantageux lui a été offert. La lettre qui annonce cette nouvelle est embarrassée ; on sent que l'homme qui l'écrit a conscience de la petite infamie qu'il commet en abandonnant les intérêts du roi..... Il s'excuse au nom de sa famille, dont il doit assurer l'existence et l'avenir et termine en protestant d'un dévouement qui ne s'affirme que par la fuite.

Je n'ai pas fait part à Monseigneur de mes soupçons de peur d'aggraver sa mauvaise humeur mais je suis convaincue que des indiscrétions ont été commises, et si l'on éloigne l'avocat mis au courant des affaires du Roi, c'est encore une manœuvre du gouvernement qui espère retarder ainsi l'heure des revendications.

. . . .

Je vois venir avec une inexprimable angoisse le moment où Monseigneur devra quitter Vauxrenard pour aller à Paris.

Le choix d'un nouvel avocat rend ce voyage indispensable. D'autre part, les lettres de Berger deviennent pressantes, et je les trouve singulières.

Il excite le prince contre la famille royale, et offre même de la détruire par des moyens qui dénotent une âme vulgaire, un cœur absent et des instincts bas.

Naturellement, Monseigneur a repoussé avec horreur ses propositions; mais je tremble toujours quand je le vois lui répondre. Ces hommes de police, habitués à jouer des doubles robes, m'inspirent une méfiance mêlée de dégoût. Le Roi objecte à cela ses relations avec Desmarres, attaché lui aussi à la police secrète, et en qui il a trouvé l'un des plus fervents serviteurs.

. . . .

Le Roi allait partir, et c'est maintenant Berger qui l'arrête en lui recommandant de ne rien faire pour sa réclamation d'état civil, avant d'être en possession des papiers saisis par l'Autriche. Il affirme que lui et la Durut s'occupent à les faire rentrer. Il prétend même les avoir vus, les avoir lus, et cite des passages qui semblent confirmer son dire.

Je ne sais plus que penser!...

Si réellement Monseigneur doit rentrer en possession de pièces aussi importantes, il est évident qu'il a tout intérêt à attendre; mais quelle triste garantie que la parole d'un policier et d'une lorette...

Je continue à ressentir de la honte de notre complicité avec des gens aussi suspects, et je me demande si une loyale offensive, sans autre preuve que sa bonne foi, ne valait pas mieux que la voie tortueuse où le roi s'est engagé ?...

M. Morin de Guérivière réclame encore une petite somme d'argent au nom de la Durut.

« Elle a des frais, écrit-il, et doit partir ces jours-ci pour l'Autriche. Le moment est décisif; cette femme est toute dévouée à la cause, mais elle ne peut fournir que son intelligence et sa bonne volonté. Son mari (ou celui qui se considère comme tel) redoute pour elle de gros ennuis et s'oppose à son voyage. Une petite rétribution atténuerait certainement ses scrupules... Jugez vous-même, Monseigneur, de ce qui doit être fait, et répondez-moi dans le plus bref délai afin de ne point enrayer la reprise des pièces nécessaires au grand débat que nous allons engager. »

Naturellement, le Roi a fait expédier à la dame la somme demandée, et jusqu'à son retour d'Autriche, nous allons subir une période d'accalmie. J'en suis heureuse, parce que je conserve encore le Prince auprès de moi et loin de tout danger ; mais d'un autre côté, je sens qu'il ne supporte plus qu'avec impatience ces heures paisibles qui sont le prélude d'une tempête.

Sa demande en reconnaissance d'état civil, c'est, en somme le coup de clairon qui doit attirer l'attention du monde sur celui qui sait être le Roi de France, et il est bien naturel qu'à la veille d'entrer dans la lice, *Il* éprouve l'émotion spéciale aux luttes définitives.

Monseigneur ne se fait pas illusion ; *Il* comprend que s'il est encore une fois vaincu par ses ennemis, *Il* ne retrouvera plus les forces nécessaires pour livrer un nouvel assaut.

. . . .

La présence du Roi à Vauxrenard devait forcément attirer vers nous un courant de curiosité.

Les familles nobles du pays n'ont pas tardé à découvrir la véritable personnalité du Prince, et j'ai reçu ces temps derniers, plusieurs demandes d'audience.

Tout d'abord, Monseigneur a refusé de se prêter à ce qu'il appelle une exhibition inutile ; mais, peu après, je le vis disposé à accueillir les gentilshommes dévoués à sa cause, et j'organisai, dans l'un des salons, une salle de réception.

Je voulais avant tout marquer la distance qui sépare le Roi de ses sujets, même lorsqu'il n'a pas un trône où s'exaucer.

Les murs, drapés de velours bleu, rappellent l'écusson de France, et de grands lys dont la culture occupe à elle seule un de nos jardiniers, ornent la pièce de leurs gerbes odorantes. J'ai fait surélever le fauteuil du Prince sur un marchepied où le genou des fidèles s'appuie sans fatigue, et on a placé autour du siège royal de simples tabourets destinés à ceux qui viennent au baisemain.

Jusqu'ici, les choses se sont bien passées. Monseigneur accueille ses sujets avec une bonne grâce qui achève de les conquérir, et lui-même éprouve une satisfaction à recevoir les témoignages de leur foi et de leur dévouement. Ces jours derniers, deux familles de la région dont la noblesse contestée demande à s'affirmer par une profession de foi royaliste, ont écrit pour demander l'autorisation de se présenter devant le roi.

Je répondis en assignant un jour et une heure, et dans quelques instants, ces hobereaux seront à notre porte.

. . . .

Je posais à peine la plume qu'une lourde calèche s'arrêtait devant le perron, et presque aussitôt Bernard annonçait la comtesse de Saint-P., le vicomte d'O., et deux jeunes gommeux en villégiature dans le pays.

Après les révérences d'usage, les visiteurs se sont assis, et la comtesse de Saint-P., qui pose pour le bel esprit, a cru en faire montre en parlant au Roi de sa famille. Ce fut d'abord avec le respect voilé de crêpe que marque tout royaliste pour les augustes victimes du Temple, puis la conversation dévia sur Louis XVIII, Charles X et la duchesse d'Angoulême.

Je voyais s'assombrir la physionomie du Roi, et je comprenais qu'il lui était pénible d'entendre discuter les siens par ces petites gens. Si Monseigneur consent à reconnaître dans l'intimité l'indignité de sa famille, il n'en conserve pas moins l'orgueil de son sang et de sa race, et ne permet à quiconque d'oublier les liens qui l'unissent aux Bourbons.

J'essayai de conjurer l'orage, mais ce fut peine perdue. Ces aristocrates, nés d'hier, ignorants des traditions, étaient trop convaincus de la haine du Roi pour se taire, et, dans leur zèle maladroit, perdaient toute mesure.

Un mot blessant sur la duchesse d'Angoulême a déchaîné la colère royale. Monseigneur s'est levé avec une majesté que je ne lui connaissais pas encore, en se tournant vers moi dans un mouvement plein de hauteur :

« Madame, a-t-il prononcé, vous vous êtes trompée en recevant ici vos hôtes, c'est vers l'office qu'il fallait les conduire. Ils y trouveraient sans doute un écho aux propos venimeux dont ils nous assourdissent... De tous temps les valets furent les ennemis des rois. »

Et là-dessus, Monseigneur est sorti sans accorder un regard aux malheureux qu'il venait de foudroyer.

. . . .

Le Roi a soupé seul dans sa chambre hier soir, après la courte scène de l'après-midi.

J'ai longtemps hésité à me coucher sans le revoir... Je le sentais triste, pris de nouveau par cette langueur morbide qui l'atteint chaque fois que sa pensée se porte sur les siens.

Je me suis confiée à Bernard, qui lit dans l'âme de son maître, et je l'ai prié de voir si ma présence lui serait une gêne ou une douceur.

« Mme la Comtesse peut entrer, m'a répondu ce bon serviteur au bout d'un instant, Monseigneur lit la gazette, et la présence de Mme la Comtesse lui fera plus de bien que toute cette politique dont il se bourre la tête... Je vais annoncer Mme la Comtesse.

— Non, Bernard, je vous en prie, pas comme ça !...

Avant tout, Monseigneur est libre de me refuser sa porte...
Dites-lui que je suis là, mais prête à m'en aller s'il désire
rester seul. »

Le Roi a daigné m'accueillir.

« Pardonnez-moi, Madame, les ennuis que je vous cause...
Ces gens ont outrepassé mes nerfs, et je leur ai fait l'honneur de souffrir par eux...

— Monseigneur, c'est moi qui m'excuse de les avoir reçus..

— Vous ne pouviez, Madame, deviner ce qu'ils sont. D'ailleurs, j'ai puisé dans leurs propos un enseignement qu'il est
bon de méditer. Je crains de ne pouvoir régner sans qu'aussitôt mon nom ne serve à rabaisser les miens. Mes partisans
les éclabousseront d'une telle boue qu'elle rejaillira sur moi !...
Peut-être devrais-je disparaître pour conserver aux lys de
France tout leur éclat... »

Je m'étais agenouillée sur le prie-Dieu du roi et, la tête
dans mes mains, je suivais sa pensée.

Il a repris, en un monologue monotone et lent : « Mes courtisans croiront me servir en jetant en pâture au peuple le récit
de mes malheurs, et la honte de ma famille, et la France,
sachant qu'il y eut des rois infâmes, n'aura plus foi en notre
race... Ces Imbéciles que j'ai chassés tout à l'heure m'ont
révélé l'âme de la foule, qui fait de l'amour avec ses haines !...

« Arrivé au trône, j'y serai la revanche des mécontents, la
cible des puissants, la conscience des masses, et cette cons-
cience-là, vous le savez, Madame, n'absoudra jamais la
duchesse d'Angoulême... »

La voix de Monseigneur s'est éteinte dans un sanglot, et je
n'ai pas bougé ; je sentais son âme trop lointaine pour m'approcher de lui.

.   .   .   .

La tristesse de Monseigneur était si visible à déjeuner que

je n'ai pu m'empêcher de lui demander la raison, et voici ce qu'il m'a répondu :

« Capelle, dont vous connaissez la fidélité à ma cause, me fait part ce matin dans sa lettre de la mort d'amis obscurs, mais fidèles, à qui je devais beaucoup. Ils partent trop tôt pour que j'acquitte ma dette, et je ne peux que les pleurer... »

Comme je m'informais de leur nom et des services qu'ils avaient rendus, le Prince m'a répondu sèchement :

« Les Boizard vous sont inconnus, Madame, ils ont traversé ma vie à une époque où nous ne nous étions pas encore rencontrés, et les services qu'ils m'ont rendus sont d'ordre intime. Ce vieux ménage vient d'être enlevé par le choléra qui sévit en ce moment à Paris. Ils étaient employés comme régisseurs chez le marquis de Nicolai, qui voulut bien les prendre sur ma demande et à qui ils auraient écrit, paraît-il, avant de mourir, une lettre me concernant. »

Je n'ai point insisté, comprenant que Monseigneur ne voulait pas en dire davantage, mais j'ai deviné en l'observant qu'un intérêt très particulier le liait à ces braves gens.

L'homme fait preuve d'une étrange présomption, quand il prétend cacher l'intime de son âme à une femme amie. Monseigneur, pas plus que les autres, ne parvient à me dérober sa pensée... Je la respecte, mais je la devine, et je sais aujourd'hui que la disparition des Boizard compte dans sa vie comme une catastrophe.

. . . .

Monseigneur est parti ce matin, allant dans l'Isère, où il compte passer quelques jours chez M. Jules Valon, qui possède de grandes forges dans ce département. Il a connu M. Valon lors des insurrections de Lyon et garde pour lui des sentiments d'estime et d'amitié.

D'après ce que j'en sais, cet industriel est un homme pru-

dent, et ses conseils ne peuvent nuire au Prince, qui l'appelle
« Le père Ulysse » en dérision de sa sagesse.

Je crains toujours que Monseigneur ne conserve des relations avec les socialistes de Lyon ; ses tendances humanitaires
l'aveuglent quelquefois. Il confond la réforme avec l'abus, et
se laisserait facilement englober dans un complot dont il ne
discernerait pas, à première vue, toutes les conséquences.

. . . .

Le Roi est revenu... Mes pressentiments ne m'avaient pas
trompée ! Avant de rentrer ici, *Il* est passé par Lyon, et bien
certainement c'était là le véritable but de son voyage. Les
ouvriers lui ont fait une ovation, et *Il* a retrouvé dans ce
département une popularité qui flatte ses tendances.

Ce Prince si véritablement royal par nature, a trop souffert
de la vie pour ne pas s'incliner vers ceux qui souffrent
comme lui.

Malheureusement, *Il* n'apporte pas de mesure dans son
ardeur vers les idées nouvelles, et je me demande comment
elles pourront s'allier chez lui au respect des traditions.

La perspective d'élever au trône un roi socialiste ne mettra-
t-elle pas obstacle à l'élan d'enthousiasme des royalistes mili-
tants dont l'appui nous est si nécessaire ?...

. . . .

Je ne suis pas descendue pour déjeuner. Depuis ce matin,
je me sens la tête lourde... Je ne sais si c'est l'orage qui
menace ou la discussion que nous eûmes hier soir avec le
roi, mais j'ai passé la nuit dans le malaise, et ma journée
s'en ressent.

J'eus le tort, à souper, d'attaquer la question religieuse.
Je voulais connaître l'opinion de Monseigneur sur certains
moines quêteurs qui sont venus ces jours-ci demander des
secours pour leurs missions d'Amérique. Il me l'a donnée avec

véhémence, et ce fut le point de départ d'une profession de foi que je ne lui demandais pas.

Malgré mon éloignement de la foi religieuse, j'en garde le respect et je souffre de sentir nos sentiments en désaccord sur ce point.

Je voudrais le Roi royaliste et très chrétien, et je le sens libéral et peu convaincu. Il a subi des épreuves et soutenu des luttes qui modifient forcément les idées, et les milieux si divers où il a vécu lui ont communiqué une largeur de vues qui dépasse l'horizon où je me suis restreinte.

Je ne puis m'habituer à lui entendre nier certaines doctrines qui me semblent sacrées, et affirmer des opinions en contradiction avec sa naissance. Certes, *il* est « Le Roi », et je discute avec lui en sujette respectueuse ; mais mon désir est grand de le voir revenir, dans le calme de Vauxrenard, aux traditions du passé, au royalisme intégral, à celui de Versailles et de Trianon?...

Peut-être est-ce possible !... Peut-être a-t-*Il* raison quand *Il* affirme que les temps ont marché, et qu'un retour en arrière serait néfaste.

D'après le Prince, la monarchie devra désormais s'incliner vers le peuple par des lois nouvelles et des institutions libérales, si elle veut conserver le pouvoir.

Ses idées sont élevées et nobles ; *Il* voudrait étendre à tous sa sollicitude, et renoncerait volontiers à son titre de roi pour devenir le père de son peuple.

. . . .

Bernard vient de m'interrompre. Le prince va sortir et fait demander si je peux le recevoir...

J'ai hésité... Non ! Je ne le recevrai pas... Ma migraine est une excuse. Je me sens très défaite, et je ne suis pas dans une tenue qui permette sa visite ; je ne l'attendais pas à cette

heure-ci. Cependant, j'aurais voulu le voir après la petite
divergence d'opinions qui nous a séparés hier soir. Cela m'aurait fait du bien de baiser *sa* main et d'affirmer ma foi en *Lui*
dans un regard... Mais le roi ne peut être reçu dans ce négligé
d'appartement ; à mon âge le déshabillé ne sied plus, et je
voudrais conserver à mes yeux un reste de charme.

Je ne sais où va le prince, ni pourquoi il sort?... J'ai entendu le bruit de la calèche crissant sur le sable, et aussitôt
après on m'a remis le carton où sont écrits les mots :
« Vous m'excuserez, Madame, si je ne rentre pas dîner
auprès de vous ce soir ; une affaire d'importance m'appelle à
quelque distance.

« Je baise vos mains.

« L. C. »

Pendant les premiers mois de notre séjour ici, le prince ne
sortait pas. Nous passions nos soirées dans une intimité repo-
sante, et rien ne semblait l'attirer au dehors.

Je remarque un changement dans ses allures. Monseigneur
devient nerveux. Sa pensée s'évade souvent de nos causeries,
et je le sens absent du salon où je brode.

Je respecte son silence, persuadée que ma voix ne serait
pas entendue.

Des bruits d'office montent jusqu'à moi, et malgré ma volonté de les ignorer, mon intention les confirme...

Le Roi s'amuse...

La vie retirée que nous menons pèse à sa verte maturité. *Il*
est le petit-fils d'Henry IV et de Louis XV. *Il* a dans les
veines le sang généreux des Bourbons.

Ici, notre existence est sévère et monotone, non pour moi dont
elle renferme l'Univers, mais pour le prince, accoutumé par la
force des événements à une vie mouvementée et diverse.

J'aurais dû sans doute agiter la nôtre ; fournir des éléments à la vivacité de *son* esprit ; donner à *ses* instincts de domination la petite cour qui trompe l'isolement.

Dieu merci, nul autre que moi n'en scrute l'abîme, et je saurai, d'un élan, les relever au niveau de celui qui les fit naître.

Quand le Prince est absent, je me sens hébétée de vide. Ma pensée tournoie dans ce château désert qu'*Il* peuple à lui seul de tout un monde de souvenirs, de joie présente et de radieuse espérance.

J'éprouve une sensation analogue à celle qui endeuilla ma vie tant que je l'ai cru mort ou introuvable. Son pas sur les dalles ; sa voix résonnant sous la voûte et le rayon reparaît ; je me sens apaisée et forte.

Demain, je rendrai visite à ceux de nos voisins qui peuvent apporter au Prince quelque agrément ; puis je rayonnerai jusqu'à Lyon où demeure une aristocratie fidèle à la légitimité.

La présence du Roi à Vauxrenard est aujourd'hui connue de tous, et je dois réunir autour de lui ces croyants de la royauté qui seront plus tard, dans nos régions, les appuis du trône.

Je vais ressortir les vieilles vaisselles ternies des poussières de la Révolution, les lourds cristaux aux facettes diamantées, les « surtout » armoriés, les aiguières aux fines arêtes, et le Roi s'entourera d'amis.

Le « tête-à-tête » de notre couvert porte sans doute les armes de France, mais l'humble sujette que je suis ne parvient pas à distraire le Roi qui s'ennuie.

. . . .

Une lettre de Paris réclame Monseigneur en toute hâte. Berger prétend avoir entre les mains les papiers de l'Autriche, et demande à les lui remettre immédiatement, sa sécurité se trouvant compromise par ce dépôt. Il donne rendez-vous au Prince pour la fin de la semaine, entre onze heures du soir et une heure du matin, devant la maison qu'habite M. Morin de Guérivière.

« Je ne puis vous recevoir ailleurs, explique la lettre, ma position me le défend. Pour les mêmes motifs qui m'ont empêché de vous rencontrer au cours de notre correspondance, je dois éviter entre nous tout rapprochement ostensible; il y va de votre sécurité et de la mienne.

« Soyez exact au rendez-vous que je vous donne, et je vous y remettrai les papiers que la Durut et moi sommes parvenus à arracher des mains de vos ennemis. »

Il n'y avait pas à hésiter. Monseigneur s'est mis en mesure de partir ce soir. Bernard boucle les malles, et le château est en rumeur.

Le départ du Prince est pour tous un événement. Pour moi, c'est l'infinie tristesse de la séparation, l'inquiétude de ce qui va se produire, et l'incertitude d'un avenir qui s'assombrit.

. . . .

A peine si le bruit des postiers se perd dans le lointain, et déjà je me sens prise de l'angoisse qui naît de l'éloignement. Tant que le Roi est auprès de moi, je partage sa vie, ses espérances, ses ennuis, et je sais sa pensée.

Au loin, malgré ses promesses, trouvera-t-il le temps de m'écrire, de me tenir au courant de ses allées et venues ?... Aura-t-il l'énergie de se dérober aux obligations journalières, aux multiples attractions de l'existence parisienne pour consacrer une heure à sa vieille amie...

Et puis, maintenant que le voilà rentré dans la fournaise, les dangers vont renaître. Il faut même qu'ils renaissent, puisque l'attention publique doit être attirée par l'éclat du procès.

Il est des heures où je me suis reprise de l'envie de prier...

Je voudrais dire à Dieu ce que je n'ose confier aux hommes ; attirer sur mon roi cette grâce à laquelle j'ai cru si longtemps, et dont je doute aujourd'hui.

. . . .

J'attends les nouvelles de Monseigneur avec une fièvre d'impatience... C'est ce soir, dans la nuit, que le mystérieux Berger doit lui remettre le pli contenant les documents de l'Autriche et ceux dont la Durut a révélé l'existence.

Je suis certaine que le Roi ne sera pas armé! je connais sa témérité. Non seulement il ignore la peur, mais la prudence même lui paraît un sentiment avilissant qu'il dédaigne.

. . . .

Toujours pas de lettre! Et une inquiétude qui croît à chaque heure. Rien ne dit que le rendez-vous donné par cet homme inconnu n'est pas un guet-apens...

Je souffre des tortures... Et cependant, s'il fût arrivé quelque chose au Roi, Bernard m'eut bien informé... Que faire?... Attendre... Attendre et souffrir...

. . . .

Une lettre enfin ; mais quelle lettre!... Monseigneur me narre comme quoi *Il* a été le jouet d'infâmes comédiens, et il se demande avec anxiété quelles vont être les suites de sa correspondance avec le prétendu Berger.

Évidemment, cet homme est un agent du Gouvernement, et il est facile de déduire quelle fut sa mission.

Monseigneur me dit s'être rendu, à onze du soir, sur les lieux indiqués, et y avoir attendu vainement jusqu'au matin le personnage qui s'annonçait porteur de sa destinée. La nuit a passé sur le Roi lourde de colère et de déception. Il m'écrit au petit jour d'une écriture tremblée qui dit son état d'âme... Il souffre visiblement, et je ne suis pas auprès de lui...

. . . .

J'avais écrit à Bernard pour avoir des nouvelles du Prince.

Ce fidèle serviteur me répond que Monseigneur est très surexcité depuis la nuit où il attendit vainement Berger. « Ce n'est pas, écrit Bernard, que Monseigneur avoue sa déception, mais son attitude est abattue ; *Il* prend peu de nourriture et se montre inquiet. Au moindre bruit *Il* est debout ; une voix inconnue le préoccupe, l'agite, et *Il* s'emporte pour peu de chose. Je veille sur lui autant que possible sans qu'il s'en aperçoive, car il me renverrait sans ménagement.

« MM. de Guérivière, Capelle et de Savigny viennent souvent le soir causer avec lui. Tous ont l'air inquiet et pressent Monseigneur de repartir, de retourner à Vauxrenard ou ailleurs ; mais lui s'impatiente, et ne veut pas entendre parler de quitter Paris... Si Mme la Comtesse pouvait venir, je crois que ce serait utile. Personne mieux qu'*Elle* ne saurait rendre à Monseigneur le calme dont *Il* a tant besoin pour se bien porter ».

Pauvre Bernard ! Je sens mon âme près de la sienne, car tous deux nous l'aimons sans calcul et sans autre ambition que de lui refaire du bonheur. Pour moi, *Il* est le Roi ; mais je crois que, pour Bernard, il est surtout « le maître » un maître souverain, adoré pour qui il donnerait sa vie...

Vais-je partir?... Évidemment, si je ne consulte que mon cœur, je serai demain sur la route de Paris ; mais, malgré tout, la raison pèse encore d'un poids léger dans mes résolutions, et j'hésite...

Le Roi a besoin de liberté, d'indépendance, de discrétion... Je ne dois ni l'entraver, ni le compromettre, ni m'imposer ! Tant que l'appel ne viendra pas de *Lui* je resterai ici, et peut-être de loin jugerai-je plus sainement les événements que si je m'y trouvais mêlée.

Ce n'est pas seulement devant une toile que le recul est

nécessaire; la vie est un tableau mouvant qui demande des distances pour être justement apprécié.

J'ai répondu à Monseigneur en le suppliant de se méfier de M. Morin; je suis convaincue que cette aventurière, qui se fait appeler comtesse des Deux-Ponts, a eu connaissance des affaires du Roi, et c'est elle sans doute qui suscita Berger. Cette femme, comme tant d'autres, a usé de son empire sur un homme épris pour lui faire commettre inconsciemment la plus coupable des indiscrétions.

Je n'accuse pas M. de Guérivière, je suis persuadée de sa bonne foi; mais certains entraînements rendent l'homme aveugle et sourd? Que ne devient-il muet du même coup; cela éviterait bien des malheurs.

J'avais deviné à Lyon l'empire que cette femme exerçait sur lui, et, dès ce moment, j'eus peur...

. . . .

Une lettre du Roi, plus longue et moins fiévreuse que la dernière, me parvient ce matin.

Monseigneur me mande les détails de la nuit passée dans l'attente de Berger, ou d'un de ses mandataire, et comment il n'est rentré qu'au jour naissant, désabusé et désespéré. « Ce que j'ai écrit à Berger me dit le Roi, je suis prêt à le répéter devant le Tribunal, et au grand jour; j'ai repoussé avec horreur, vous le savez, les honteuses propositions qu'il me fit soit-disant pour m'aider à me débarrasser de ma famille, mais il n'en est pas moins vrai qu'il a en main de quoi me compromettre, et peut-être irrémédiablement. Monseigneur ajoute que l'on a arrêté hier un officier de la garde, M. Boucher-Lemaistre, sous une vague inculpation de complot. Or, ce Boucher-Lemaistre, explique Monseigneur, est un fils de papetier, papetier lui-même, il l'a rencontré, dans les journaux où il collabore, une similitude de vues, les a rapprochées, et tous deux ont écrit des articles humanitaires suspects au gouvernement. Monseigneur est convaincu que cette arrestation ouvre l'ère des persécutions, et il s'attend d'une heure à l'autre à subir le même sort.

Le Prince s'étonne même de n'avoir pas été arrêté durant la nuit d'attente où il se trouvait entièrement à la merci de ses adversaires.

Une chose le préoccupe : arriver à savoir quel fut l'homme qui joua avec autant de cynisme le rôle de l'ami inconnu. M. de Guérivière l'ignore, paraît-il, et la femme Durut s'est empressée de disparaître. Il est évident que le nom de Berger n'existe pas, et qu'il faut chercher sous ce masque un haut fonctionnaire de la police.

Le Roi ne songe pas à quitter Paris ; on l'y sent attaché par une sorte de curiosité inquiète. Il veut savoir, quitte à payer cher une insistance qui gêne sans doute les Tuileries. *Il* me met au courant des démarches qu'il fait ces jours-ci pour s'assurer un avocat et reconstituer un dossier à l'aide des pièces qu'il possède encore et de celles que peuvent lui fournir certains de ses amis.

. . . .

Les événements se précipitent, s'aggravent, deviennent menaçants.

Le Roi mande ce matin :

« Hier, dans la soirée, Mme Oursel, une amie de la royauté, qui croit en moi et m'a donné des preuves de son dévouement, a été arrêtée, ainsi que M. Morin de Guérivière, sous la même inculpation que Boucher-Lemaistre. La police prétend tenir le fil d'un complot ; soi-disant, elle cherche à débrouiller l'écheveau... En réalité, c'est moi qu'on veut atteindre, et je me demande comment il se fait que je sois encore libre... »

Suivent des réflexions sur les hommes et les choses où je

retrouve, avec un profond sentiment de tristesse, cette nuance d'amertume si marquée au début de nos relations, et que j'étais parvenue à dissiper à Vauxrenard, dans le calme fleuri de tendresse et de lys où j'avais enfermé le Roi...

L'arrestation de M. Guérivière est une juste expiation de sa faiblesse, et j'avoue ne pas le plaindre. N'est-ce point lui qui, par sa folle crédulité, a entraîné le Roi dans un dédale de complications dont il risque de ne point sortir sans dommage.

Les erreurs qui naissent d'un sentiment sont excusables quand elles ne peuvent nuire qu'à soi-même ; mais lorsque les intérêts de la France et du Roi sont en jeu, un fidèle serviteur de la monarchie devrait apporter plus de circonspection dans ses affirmations. Je suis moins indulgente que le Roi. Je ne pardonne pas à ceux qui, ayant l'honneur de compter parmi ses amis, compromettent sa sécurité par une misérable intrigue.

. . . .

Huit jours sans nouvelles. Les pires suppositions me hantent. Je erre dans Vauxrenard, sans but et sans pensée ; je vis à Paris, près de *Lui*. Je n'ose envisager ce qui peut être, et je redoute de savoir autant que je souffre d'ignorer.

. . . .

Le Roi est arrêté !... Deux lignes de Bernard, incohérentes, affolées m'apprennent cette tragique nouvelle.

Je m'y attendais. Cela devait arriver. C'est la suite logique de ce qui s'est passé.

L'affaire Berger trouve là son dénouement. Je devine maintenant ce qui est : les lettres de Monseigneur à ce misérable vont servir de preuve pour l'inculper dans le prétendu complot contre lequel se débattent, depuis un mois déjà, les trois comparses choisis pour entraîner le Roi.

La prose de Bernard manque de clarté. Il jette simplement sur le papier : « Monseigneur fut arrêté hier matin, près de l'Observatoire... Je l'ai vu aujourd'hui et lui ai porté du linge et des effets. Monseigneur est calme et en bonne santé. Il supplie Mme la Comtesse de ne pas se tourmenter et de ne pas venir, *Il* lui écrira sans retard. »

. . . .

J'obéirai au Roi. J'attendrai... Mais ce que j'éprouve ne se décrit pas. J'ai passé la soirée dans sa chambre, prise d'un immense désir de *Le* voir. Un reste de vie répandu dans la pièce me donnait l'illusion de sa présence à Vauxrenard, et j'ai noyé mon chagrin dans son atmosphère.

Des cigares traînent sur la cheminée, dans une coupe de Sèvres. De lourdes plantes aux feuilles grasses et multicolores emplissent encore les jardinières, et, sur la table, des journeaux et des livres voisinent avec un nécessaire précieux que j'offris au Roi pour sa fête.

Lui seul manque dans ce décor familier, dans cette chambre confortable et intime.

. . . .

J'ai tant pleuré hier soir dans l'appartement du Roi que mes yeux me font mal. Je ne sais pourquoi, sa chambre me fit tout à coup l'effet d'une chapelle mortuaire, et je ne pus réagir contre cette impression.

Cependant, je viens de lui écrire sans rien laisser paraître de mes inquiétudes. J'essaie de relever son moral, que je devine atteint malgré les appréciations optimistes de Bernard, et, plus que jamais, je mets à ses pieds mon dévouement, ma fortune et ma vie.

. . . .

Je reçois une missive de Monseigneur, où sont confirmés les faits narrés par Bernard avec de plus amples détails sur son arrestation.

« Je fus arrêté sans mandat régulier, m'écrit le roi, et de la façon la plus arbitraire. Amené tout d'abord à la Préfecture de police, je protestai énergiquement contre l'illégalité dont j'étais victime, mais on ne tint aucun compte de ma protestation, et, le soir même, on pratiquait chez moi une perquisition suivie de saisie.

« Vous devinez, Madame, que je suis encore une fois dépouillé, par cette habile manœuvre, des seules preuves d'identité qui soient en ma possession. C'était là, sans doute, l'unique but des agissements de Berger, et le gouvernement, satisfait par l'anéantissement des pièces saisies à mon domicile, ne se donnera pas l'odieux d'une plus longue incarcération.

« J'espère, en tous cas, à l'aide de la presse, obtenir ma mise en liberté sous caution. »

La pensée de le revoir libre me rend quelque courage, et j'attends sans trop d'angoisse un nouveau courrier.

. . . .

Le chien que Monseigneur a dressé lui-même pour la chasse gémit sur des notes plaintives depuis le départ de son maître. Ses plaintes, jointes à la grisaille d'une première journée de pluie, me jettent dans une crise de désolation. Il faut que je parte !

Je ne sais rien de précis ; je n'obtiens de Bernard que des demi-informations, et Monseigneur me cache la vérité.

Il vient d'être transféré à Sainte-Pélagie, ce qui ne me paraît pas présager une libération prochaine. Mais j'ignore sur quoi s'appuie l'accusation et sur quelles bases vont être échafaudés les mensonges destinés à confondre le roi.

Une fois à Paris, je pourrai agir, obtenir des adoucissements pour le prisonnier, le voir peut-être, et en tous cas suivre de près les débats d'un procès où mon témoignage peut avoir quelque valeur.

J'écris au roi ma décision. De sa réponse dépendra la date exacte de mon départ.

. . . .

Le Roi s'oppose formellement à ce que j'intervienne dans le procès qui va s'ouvrir... Il me supplie de m'en tenir en dehors, de n'y point paraître, surtout de ne pas déposer en sa faveur,

« Vous seriez compromise par le seul fait de m'être favorable, et je ne trouverais plus auprès de vous, ce refuge précieux et sûr où j'essaie d'oublier ma mauvaise fortune... »

. . . .

Je suis à Paris depuis hier. J'ai loué rue d'Ulm un modeste appartement où je me cache ; mais où des amis sûrs sauront me découvrir.

Le Prince ignore encore ma présence auprès de lui, et je ne l'en informerai qu'après m'être livrée à une petite enquête personnelle.

La Durut a reparu. Elle doit apporter au procès son témoignage. Il y a donc moyen de la retrouver, de la corrompre et de savoir par elle les dessous de l'affaire. Du moment où l'argent agit en dissolvant sur cette femme sans conduite, elle est à ma merci. Le roi, mieux instruit de ce qui s'est passé, sera plus fort pour se défendre.

J'ai repris la livrée noire des jours de deuil, et avec elle est rentré dans mon cœur le doute et l'incertitude. Suis-je réellement utile au Roi ?... N'ai-je pas confondu le dévouement à la royauté avec un sentiment moins élevé et plus humain ?... L'heure est venue de montrer que je suis avant tout sa sujette et que ma fortune et ma vie sont des outils destinés à lui être sacrifiés.

. . . .

Grâce aux renseignements que j'ai pu obtenir de M. Morin, par l'entremise d'une personne discrète qui a accès dans sa prison, j'ai réussi à retrouver la pseudo-comtesse, et j'ai obtenu d'elle l'aveu complet de ce que fut l'intrigue dont elle se fit l'héroïne.

Je n'ai pas essayé de lui démontrer la bassesse de sa conduite, mais mon attitude a flagellé la femme tout en lui offrant un nouveau contrat.

Moyennant quelques-unes de ces images bleues qui gouvernent l'humanité, j'ai obtenu le récit des faits et gestes du faux Berger.

Celui-ci n'est autre que Carlier, le chef de la police du Château. La femme Durut l'a connu autrefois à Strasbourg, et, le retrouvant à Paris, elle a vécu avec lui dans une certaine intimité. Lors de sa rencontre avec M. Morin, elle eut l'occasion de lui parler de ce dernier, et de son dévouement à la cause de Louis XVII. Carlier vit tout de suite le parti qu'on pouvait tirer d'une semblable relation. Il engagea la Durut à user de ses charmes pour en resserrer les liens, et obtint, par son entremise, des confidences qu'on n'eut pas arrachées à M. Morin par la force.

C'est ainsi que le chef de la police eut connaissance des projets du roi ; du séjour de son avocat à Vauxrenard, et des documents qu'il possédait encore.

Dès lors, tout s'explique : le déplacement en province de M. Leroy, la correspondance dudit Berger, qui tendait à obtenir du temps d'abord, en éloignant, par des promesses, la demande en reconnaissance d'état de Monseigneur, et, ensuite, des réponses à ses lettres, suffisamment compromettantes pour le faire arrêter.

Le jeu fut bien mené ; le roi s'y est pris, M. de Guérivière, l'auteur inconscient de tout le mal, rumine en prison sur la nécessité de se taire, et moi je souffre de ne rien pouvoir.

Je vais faire savoir à Monseigneur que je suis arrivée et, si c'est possible, je lui porterai dans sa prison le réconfort de ma tendresse et le résultat des aveux arrachés à prix d'or à cette misérable aventurière.

. . . .

J'ai trouvé Monseigneur à l'infirmerie. La fièvre, dont il avait eu quelques légères atteintes avant son arrestation, a redoublé de force, et l'on s'est vu obligé de lui donner des soins.

Le Roi m'a accueillie avec satisfaction. J'ai cru deviner dans ses yeux que ma présence le rassure. Il sent rayonner mon affection autour de lui, et sait, à n'en pas douter, que je suis prête à tout pour lui rendre service.

Je lui ai narré, à mots couverts, à cause de l'infirmier de garde auprès de lui, mon entrevue avec la Dame des Deux-Ponts, et les aveux que j'en ai obtenus. Ils corroborent exactement la pensée du roi ; de déduction en déduction, *Il* en était arrivé à une conviction conforme à la vérité.

Je suis partie de bonne heure de Sainte-Pélagie, afin de ne pas fatiguer Monseigneur, qui commençait à se surexciter. Je l'ai recommandé à l'infirmier, qui m'a promis de l'entourer de soins tout particuliers. Cet homme a une figure triste et sympathique qui me rappelle un souvenir ; mais si lointain que je ne parviens pas à en démêler les attaches.

. . . .

Je me suis rencontrée hier, à Sainte-Pélagie, avec M. de Rambuteau qui venait voir le roi, et j'ai pu me soustraire à son regard assez à temps pour ne point exciter sa curiosité.

Le préfet de la Seine a témoigné à Monseigneur une bienveillance très spéciale, qui paraît prouver sa certitude d'une identité niée avec d'autant plus d'insistance qu'elle est indiscutable.

Je suis entrée après lui, et j'ai trouvé le prince plus souffrant que ces jours derniers. Il a cependant voulu me garder jusqu'au soir, prétendant que Bernard ne parvenait pas à le distraire, et que son infirmier, silencieux et taciturne, éveillait chez lui des idées funèbres.

Machinalement je me suis retournée vers cet homme qui déjà la veille, avait surpris mon attention, et, après un examen pénible, tant j'y apportai d'insistance et de volonté, je reconnus ces traits vieillis, altérés de souffrance et de fatigue.

« Qui êtes-vous » ? Ai-je demandé avec autorité, et sans attendre de réponse, je jetai au Roi : M. d'Aiguillon.

L'homme se redressa, pâlit, deux larmes roulèrent sur ses joues creusées, et il demanda d'une voix qui tremblait :

« Madame, qui êtes-vous vous-même, pour me reconnaître sous ce costume ?

— Je suis la comtesse d'Apchier, dame d'honneur de la Dauphine, et vous êtes le comte d'Aiguillon, page de Louis XVII. » Puis, j'ajoutai, montrant le lit où Monseigneur pleurait d'émotion : « voici votre roi ! »

Il est des heures dans la vie où les âmes fusionnent dans une telle poussée de sentiments que toute distance semble abolie entre elles.

Je n'essaierai pas de raconter ce que fut notre soirée. Versailles, Trianon, le Temple et l'Échafaud s'évoquèrent devant nos yeux. Je revis les cheveux bouclés du Dauphin ; la tête adorable de la Reine; la précoce raison de Madame Royale ; et quand je quittai Sainte-Pélagie, laissant Monseigneur en proie à des hallucinations causées par la fièvre, je pouvais croire, moi aussi, qu'un rêve étrange venait de me reporter de quarante ans en arrière.

. . . .

Je n'ai pas vu le roi ces jours-ci. La crainte de me signaler à l'attention de la police et de perdre ainsi toute liberté d'action a retenu mes pas. Le brave Bernard me porte tous les soirs le bulletin de la journée.

Hier, il me conta comment la reconnaissance de Monseigneur avec M. d'Aiguillon a mis en émoi les prisonniers.

Tout d'abord, ils ont ri des prétentions du Roi, le prenant pour un malheureux fou atteint du délire des grandeurs ; mais, devant la concordance des souvenirs évoqués par ces deux hommes, leur scepticisme s'est changé en une conviction formelle, et Monseigneur compte désormais à Sainte-Pélagie, de fervents adeptes.

Le bruit de la présence de Louis XVII s'est répandu dans les prisons, et une agitation extraordinaire s'est manifestée en faveur du royal détenu.

Je crains que cette bienveillance venue d'en bas ne provoque dans les hautes sphères, une certaine émotion qui pourrait bien se traduire par des mesures de rigueur.

. . . .

La maladresse des d'Orléans est sans bornes. Du moment où l'on refuse à Monseigneur de le reconnaître pour le Dauphin, on devrait le considérer comme un vulgaire aventurier dont on dédaigne les prétentions, et qu'on écarte par le mépris.

Pas du tout ! Voici que M. Prat, directeur de la prison, s'en vient chaque jour causer avec le Roi, et le traite en prétendant. Il a lui-même laissé entendre que Louis-Philippe serait bien aise de lui rendre justice, ajoutant que s'il consentait à abdiquer en sa faveur, ce Prince lui servirait une pension en rapport avec son rang, et lui donnerait la main de la princesse Clémentine. Monseigneur a répondu avec hauteur repoussant l'offre d'un geste royal ! Il a fait observer au mandataire de l'usurpation qu'une abdication ne peut avoir qu'un effet personnel, et que les enfants qui naîtraient de lui n'en seraient pas moins les héritiers légitimes du trône.

Cette démarche n'est-elle pas la plus éclatante reconnaisance de l'identité du Prince ! De ce proscrit à qui l'on refuse même un état civil !

Malheureusement, pas un témoin n'assiste à ces infamies, et les Bourbons ayant perdu toute pudeur pour conserver le trône, n'hésiteront pas à nier le propos.

Le Roi souffre toujours de fièvre, et nous ne pouvons l'entourer des soins qui lui seraient si nécessaires.

Dans mon petit réduit de la rue d'Ulm où je me sens si complètement étrangère, isolée de tout ce qui fut ma vie, je songe aux pires choses, et mon impuissance me ronge.

Que veut-on faire du Prince... Cette prison préventive, qui dure depuis de longs mois, use ses forces et ruine sa santé... Que faire pour l'en arracher, ou pour précipiter les événements ?... Je ne sais, et ses meilleurs amis se heurtent comme moi à l'incertitude.

. . . .

Je ne savais pas encore à quel degré d'infamie peut entraîner l'ambition. On a arraché le roi de son lit, et, sans autre motif que le bon plaisir de la Police, guidée sans doute par la main de Louis-Philippe, on l'a dirigé sur Lyon, à pied, par deux gendarmes.

Quand Bernard est venu m'apprendre ce tragique départ, j'ai cru devenir folle... Le pauvre homme pleurait, ayant été définitivement écarté de son maître, et Sainte-Pélagie est, paraît-il, en rumeur.

Le Roi s'y est fait des amis comme partout ou Il a passé, et ces gens, tous marqués d'une tare quelconque, et que l'on considère comme rebut de la société, gardent sans doute au cœur des sentiments plus nobles que ceux qui la gouvernent.

Dans la même journée qui a suivi ce départ, j'ai remué Paris. Il fallait à tout prix arracher le Roi à une fatigue qu'il n'eût pu supporter.

J'ai vu M. Piston, l'avocat du Prince, et l'ai supplié de savoir en haut lieu pour quelle cause on éloigne son client, et comment il serait possible d'atténuer la rigueur des traitements qu'on lui fait subir.

Son titre d'avocat lui permet d'aborder les magistrats chargés d'instruire l'affaire, et si l'on ne peut espérer les attendrir, il est peut-être possible de les effrayer en les menaçant de dévoiler à l'opinion leur conduite.

Depuis quand la magistrature est-elle aux ordres de la police, et comment se fait-il que des hommes réputés intègres se prêtent à des machinations qui n'ont d'autre but que de supprimer un être inoffensif...

Monseigneur pouvait faire appel au peuple, remuer la France du bruit de ses revendications, et troubler l'ordre public. Il ne l'a pas voulu, fidèle à la parole de son père, qui lui enjoignit de ne jamais saper le gouvernement existant...

A quoi donc aboutit tant de générosité ; à l'être traîné sur les routes comme un malfaiteur.

J'ai couru chez M. de Suvigny qui, tout aussitôt, s'est mis en campagne. Il a vu le directeur des journaux dévoués à Monseigneur et, dès demain, la presse fera résonner sa grande voix en demandant justice, et en réclamant d'une nation civilisée des procédés humains vis-à-vis un malheureux prisonnier dévoré de fièvre, affaibli et démoralisé par une longue prévention.

M. Jules Valond, qui est entièrement dévoué au Roi, et qui venait tous ces temps-ci conférer avec moi des mesures à prendre pour réunir les témoins à décharge en vue du procès, est parti immédiatement pour Lyon, afin d'y préparer un terrain favorable à Monseigneur. Il ne veut ni agiter le peuple en sa faveur, ni remuer l'opinion. Il compte simplement réunir les plus notables industriels de ce centre ouvrier, et opérer, de concert avec eux, une pression sur les agents du gouvernement.

. . . .

J'attends vainement des nouvelles qui n'arrivent pas. Bernard est parti, décidé à suivre les mêmes étapes que son maître. Il emporte une malle avec tout ce qui peut être utile au Prince. Il est vraisemblable qu'on continue à le traîner ainsi à pied, comme un vagabond, à travers cette France dont il est le Roi.

Les heures me sont des siècles !... Que fais-je ici, moi, tandis qu'*il* n'est plus là... Et pourtant, je ne trouve pas la force de fuir. Je puis encore m'occuper de *lui*, voir ceux de ces messieurs dont le dévouement sert notre cause, et leur tracer la voie à suivre.

Je remarque que, dans les situations extrêmes, les femmes ont une présence d'esprit et une décision qui surpassent généralement celles des hommes. Ceux-ci sont parfois de bons exécutants, mais ils conçoivent mal un plan de défense.

. . . .

Les démarches faites par les amis du Prince, et surtout la pression exercée par la presse, ont décidé les ennemis du Roi à se départir d'une rigueur qui eut sans doute attiré l'attention sur leur victime.

Monseigneur a obtenu de faire, en voiture et à ses frais, le trajet qui le séparait encore de Lyon, et Bernard a pris place auprès de son maître. A Lyon, le roi ne compte guère que des amis, et je suis plus calme en le sachant là-bas.

Je vais repartir pour Vauxrenard, où m'appellent des

questions d'intérêt. Ici ma mission est terminée, et pour l'instant je suis inutile au Roi.

Je garde, à tout hasard, mon petit réduit de la rue d'Ulm. J'y reviendrai, dans le cas où ma présence à Paris deviendrait nécessaire.

.   .   .   .

Pauvre Vauxrenard ! Comme il m'est apparu tristement majestueux sous sa housse de neige... Mon cœur, en y rentrant, portait, lui aussi, une tunique de glace... Oh ! les pièces trop vastes pour ma solitude !... Ces lis fanés, ces tentures inutiles. Le Roi n'est plus là, il souffre ailleurs, et je suis seule à pleurer sur lui.

Deux mots de sa main signalent un mieux dans son état. Il me narre brièvement la déconvenue de ses adversaires, en constatant l'élan d'enthousiasme que provoque sa présence à Lyon. Les ouvriers qu'il a défendus naguère se portent en foule aux abords de la prison, et manifestent avec insistance. Par une jonglerie dont ils sont coutumiers, les agents du gouvernement feignent d'ignorer la véritable personnalité du Prince, et s'efforcent d'établir une fausse preuve d'identité.

.   .   .   .

M. Jules Valond veut bien me tenir au courant de ce qui se passe à Lyon, et ses lettres m'apportent des détails que Monseigneur ne saurait me donner.

Cet homme intègre et prudent me conseille de ne pas aller voir le Roi, jugeant que sa dignité et la mienne gagne à l'éloignement.

Voici en quels termes il s'exprime : « Vous serez ici, Madame, le point de mire d'une population toute dévouée à Monseigneur, et qui s'attache d'autant plus à sa cause qu'elle le croit plus misérable et plus abandonné. Laissez aux Lyonnais la gloire de sauver le roi des pièges de la police. Ils y parviendront par leur zèle et leur ténacité. Votre présence, bien vite signalée, et la notoriété de votre fortune gênerait les braves gens. Le roi, soutenu par vous, cesserait d'être pour eux une victime, et c'est ce titre surtout qui le fait grand aux yeux du peuple.

« Je comprends, Madame, votre désir de voir le roi. Mais soyez assurée que, sous peu, *Il* ira vous joindre à Vauxrenard. L'agitation qui se manifeste ici en sa faveur n'est que le prélude d'un soulèvement, qui forcera la main du gouvernement. »

. . . .

Le Prince est moins optimiste que M. Valond. J'extrais le passage d'une lettre reçue hier, qui contient des instructions détaillées pour les amis de Paris occupés d'obtenir son élargissement :

« Après avoir vainement essayé de me faire reconnaître pour un forçat évadé et bossu dont on a perdu la trace, les magistrats changent de tactique, et veulent prouver que je fus un escroc... Et, savez-vous, Madame, quels sont les témoins cités pour me confondre, les amis généreux qui voulurent bien secourir une grande infortune et m'aider à conserver un rang conforme à ma naissance. Vous pouvez donc, Madame, vous attendre à comparaître d'un jour à l'autre, car, sur ce terrain, je ne sache pas que personne ait autant de titres que vous pour m'accabler. »

. . . .

Monseigneur est de nouveau à Paris. Lyon, en rumeur, s'apprêtait à manifester hautement de sa sympathie pour le royal détenu quand une dépêche venue d'en haut ordonna son transfert. Du moment où le roi est accusé de complot, l'occasion me semblait belle pour le gouvernement, de laisser éclater l'émeute. C'eut été la meilleure justification de son internement arbitraire. On croirait vraiment que la lumière qui doit naître des débats effraie, non l'accusé, mais les accusateurs, et qu'on éloigne par tous les moyens l'heure des revendications.

Je ne sais encore si je retournerai à Paris. J'attends de voir la tournure que vont prendre les événements. Les amis du roi espèrent, vu son état de santé qui ne s'améliore pas, obtenir sa mise en liberté sous caution.

Dans ce cas, Monseigneur viendrait ici, et je l'y attendrais, afin de préparer moi-même sa réception.

. . . .

Mes jours se tissent d'ennui et de langueur, et leur uniformité me rappelle le mot du Dauphin au lendemain de la journée de Varennes :

« Est-ce qu'hier n'est pas encore fini pour moi, ce : hier recommence aujourd'hui, se traînera demain, s'aggravera peut-être mais m'apportera la même désespérance. »

Je ne puis supporter la pensée que le roi souffre, dans une inaction fiévreuse, manque des soins élémentaires, sans que mon dévouement puisse rien pour écarter les murs de sa prison.

M. Morin de Guérivière vient d'être mis en liberté, et la lettre qu'il m'écrit témoigne d'une tristesse aggravée de remords. On le sent dégrisé, exaspéré contre le pouvoir qui fit de lui un instrument, et prêt à tous les dévouements pour racheter une heure de défaillance.

Pas un mot de la Durut. Il évite l'allusion. Peut-être souf_fre-t-il encore d'une blessure mal cautérisée où il redoute de poser le doigt. Il me parle d'un certain Rossignol détenu avec Monseigneur, et qui se serait pris pour lui d'un dévouement enthousiaste.

« Cet homme est prêt à tout pour sauver le Roi, me dit

13

M. Morin. Retenez son nom, Madame, car si jamais nous avions à agir, il nous serait d'une grande utilité. Il est intelligent, adroit, et pourrait nous aider. »

Mᵐᵉˢ Oursel et M. Boucher-Lemaistre sont sortis de Sainte-Pélagie en même temps que M. Morin. On n'a pu réussir à relever contre eux une seule charge et, pour éviter du bruit lors du procès, les juges ont rendu un non-lieu.

Monseigneur a su, par des indiscrétions, qu'avant de les rendre à la liberté, on a essayé de les corrompre, afin d'obtenir contre lui des faux témoignages, mais devant la fermeté de leur attitude, on a pris le parti de les relâcher.

. . . .

M. l'abbé Nicod, curé de la Croix-Rousse, l'un des plus fervents partisans du roi, a eu la charité de venir me voir.

Il connaît mon attachement à la monarchie et ma tendresse pour Monseigneur. Il est de ceux qui savent tout comprendre et tout excuser des sentiments humains, et il a deviné ma détresse. L'abbé m'a longuement parlé du Prince, qu'il put entretenir pendant son séjour à Lyon. Il est frappé comme moi de l'insistance que met le Tribunal à rechercher contre lui des griefs puérils et dénués de fondement, quand le rôle qu'il a joué lors de l'insurrection suffisait à motiver des mesures de rigueur.

Après avoir épuisé toutes les conjectures au sujet du procès qui ne peut manquer de s'ouvrir prochainement, le curé et moi sommes retournés en arrière. Nous avons recherché dans le passé des souvenirs communs et, comme avec Monseigneur quant *Il* était ici, nous avons remué les cendres où s'éteint chaque jour davantage la bonne foi des Bourbons.

L'abbé Nicod m'a rapporté des faits que j'ignorais, et qui prouvent le point où la famille royale est renseignée sur l'identité du Dauphin.

Je transcris les paroles de ce digne prêtre, voulant conserver à son récit le cachet de simplicité qui le rend véridique :

« Vous savez, Madame, qu'aussitôt après la mort de Louis XVIII, le comte d'Artois se retira à Saint-Cloud. Il avait auprès de lui deux de ses amis : le vicomte de Monchenu et le comte de Bruges. Ces messieurs, le voyant triste et préoccupé, attribuaient à la douleur d'avoir perdu son frère l'état de dépression où il se trouvait ; mais un jour, le Prince causant avec eux confidentiellement, leur avoua le motif de sa préoccupation.

« Le fils de Louis XVI, mon malheureux frère, est sorti du Temple ; il existe, et le trône où l'on me presse de monter lui appartient... Je ne demande pas à l'usurper, et je suis prêt à poser la couronne sur la tête de mon neveu ; mais les plus chauds partisans de la royauté s'opposent à cet acte de justice et je me vois obligé de compter avec eux... »

Et comme les deux gentilhommes paraissaient s'étonner d'entendre un pareil langage dans la bouche d'un prince réputé pour sa loyauté, le comte d'Artois poursuivit :

« La vie d'aventure qu'a menée le Dauphin, les théories socialistes qu'il émet et des sentiments en contradiction avec sa naissance rendent Louis XVII dangereux.

« Des conseillers éclairés m'affirment que je dois conserver la couronne comme un dépôt, pour servir mon pays, d'un roi à ce point dégénéré qu'il serait un fléau pour la France. »

Au premier rang de ces conseillers éclairés dont parlait le Prince, je place le cardinal Latil. Charles X, livré à lui-même, eut sans doute triomphé des basses insinuations de courtisans affamés d'honneurs ; mais le prélat ambitieux et fourbe qui paraît avoir été le mauvais génie de la famille royale, en fut aussi la conscience, et cette conscience nous apparaît singulièrement faussée par des considérants inattendus.

Depuis quand discute-t-on le droit des aînés, marqué de siècle en siècle du signe divin qui fait les rois ?... Ou Louis XVII existe et il faut qu'il règne, ou, si sa dépouille repose quelque part, qu'on nous la montre, et qu'on lui élève un tombeau digne de sa naissance.

Quant à ses sentiments, qui donc ose les interpréter parmi ceux qui l'ont repoussé, et de quel droit fait-on intervenir les gens d'église dans les intérêts sacrés de la Patrie.

Le vicomte de Bruges, déconcerté, paraît-il, de la façon dont le comte d'Artois interprétait la volonté divine, voulut, plus tard, après le sacre, revenir sur la question de Louis XVII.

Charles X, après avoir discuté avec le jeune gentilhomme les preuves de l'existence du Dauphin, finit par s'écrier :

« Eh bien ! s'il existe, qu'il se présente, et je serai son premier sujet ! »

Monseigneur était alors dans les prisons de Milan, et l'Autriche, d'accord avec la France, s'était emparée de tous ses titres.

Les paroles de Charles X affirment, chez celui qui osa les prononcer, une étrange inconscience ou une mauvaise foi sans précédent. Le fait d'offrir le trône à un malheureux prince détenu dans un cachot, à condition qu'il se présente pour l'occuper, témoigne d'une fourberie dont un Bourbon devrait rougir.

L'abbé Nicod, qui connaît mieux que personne les sentiments de Monseigneur, ne peut contenir son indignation quand il revient sur des faits qui prouvent jusqu'à l'évidence combien le vaincu est supérieur à ceux qui l'oppriment.

Il affirme que d'autres démarches furent tentées auprès du comte d'Artois aussitôt la mort de Louis XVIII, pour le déterminer à reconnaître son neveu comme roi légitime.

M. le marquis de Monciel, ancien ministre de Louis XVI, et
M. de Brémont rentrèrent en France tout exprès pour rappeler au prince l'existence du Dauphin. Leur foi royaliste devait
se heurter au même obstacle. On ne niait pas en haut lieu la
survivance de Louis XVII, mais on le déclarait indigne, et on
invoquait la raison d'état pour l'éloigner à jamais du trône.
Cependant, comme ces deux fidèles de la monarchie insis-
taient sur sa descendance directe, celui qui allait être
Charles X leur promit d'en conférer le soir même avec le cardinal Latil, et leur rendre compte des résultats de l'entrevue.

Et, le soir même, les hommes courageux qui avaient osé
revendiquer les droits du Dauphin étaient expulsés de France.

. . . .

L'abbé Nicod est parti hier... Nous nous sommes séparés
en pleurant, ne sachant ce que nous devons craindre ou
espérer.

Le curé de la Croix-Rousse rentre à Lyon. Si jamais un
mouvement se manifeste en faveur du roi, il affirme que son
département tout entier se lèvera pour l'acclamer...

Voici les derniers mots de ce digne ecclésiastique :

« Mes paroissiens n'ont pas oublié le désintéressement et
l'enthousiasme dont a fait preuve M. Louis dans la défense
de leurs intérêts. Ils gardent aussi le souvenir de ses largesses ;
sur un signe de *Lui*, ils se feraient tous tuer, ou égorgeraient
sans merci celui qu'*Il* désignerait à leur vendetta. Dites ceci
au roi, Madame, *Il* en sera touché, et les braves gens méritent
qu'*Il* sache leur dévouement. Veuillez ajouter que je reste,
moi aussi, son très humble sujet. Si mon témoignage pouvait
lui être de quelque utilité, que Monseigneur n'hésite pas à
me faire appeler à la barre. J'y comparaîtrais pour le bon
Dieu, la justice et la vérité. »

. . . .

Monseigneur ne m'écrit plus. Le statu quo imposé à son activité démoralise cette nature vibrante, et il s'affaisse dans l'incertitude de l'attente. Moi-même j'en reste accablée.

Je ne réclame rien, j'accepte ce qu'il me donne : le billet rare et court qui me porte son bulletin de santé et son souvenir.

. . . .

Tandis que j'étourdis mon ennui par des vagues sentimentalités, Monseigneur voit arriver l'heure de la lutte, et tout son être semble frémir d'une nouvelle vie...

Voici le billet laconique qui vient de réveiller mon vieux cœur engourdi d'inaction :

« Madame, mon procès en cour d'assise s'ouvre le 30 octobre. Je suis prêt, et quel que soit le résultat des débats, ils vont me permettre de poser les bases d'une revendication qui ne cessera qu'avec ma vie...

« Je devine, Madame, quelle va être votre angoisse, et je voudrais pouvoir la soulager... Malheureusement, il me sera difficile d'écrire ; j'ai vu nos amis, et je les ai priés de vous tenir au courant des diverses phases du procès. Je vous supplie de ne point y assister ; vous y souffririez de la façon dont on va me traiter, et vous-même seriez éclaboussée d'allusions blessantes autant qu'injustes...

« Restez à Vauxrenard ; j'espère aller bientôt vous y joindre, et retrouver auprès de vous le calme heureux que j'y ai déjà goûté... »

Rester à Vauxrenard tandis que se discute à Paris la destinée du Roi n'est pas une chose possible... Je veux savoir heure par heure les péripéties des débats. Je veux être prête à toute éventualité, me sentir près de *Lui*, l'appuyer de mon influence et, au besoin, de ma fortune.

J'irai à Paris à l'insu de Monseigneur, et je retrouverai rue d'Ulm le discret abri où se réuniront les fidèles de sa cause.

. . . .

Pendant que je surveille les préparatifs de mon départ, une pensée me hante : Monseigneur, quand *Il* était ici, parlait souvent du masque de fer. Cette tragique figure de l'histoire impressionnait le Roi. Lui, si courageux en face de l'épreuve, sentait un frisson le secouer à la pensée de ce triste héros d'un drame inconnu. Je devinais qu'*Il* redoutait son sort, persuadé que, pour le voir disparaître, la famille royale pourrait bien consentir à pareille infamie.

J'ai souri souvent de ces craintes chimériques, et voici que tout à coup les angoisses de Monseigneur deviennent les miennes. Je n'ai plus qu'une pensée... Le retirer à ses bourreaux ; préparer son évasion, et l'entraîner loin de ce pays qui le rejette. Il doit y régner en Roi, et non s'y traîner en proscrit, et si la France, aujourd'hui étouffe ses enfants, et renie ses souverains, il faut la traiter en marâtre et la fuir...

. . . .

. . . .

Hier les débats se sont ouverts, et nous savons enfin quels sont les crimes imputés au Roi.

Aussitôt après l'audience, MM. de Guérivière et de Suvigny sont venus m'en rendre compte, et voici le résumé de leur récit :

Monseigneur est considéré comme un enfant naturel, né à Paris, rentier, se faisant appeler le baron de Richemont. Il est impliqué dans un complot contre la sûreté de l'État, et le complot, d'après l'accusation, n'a d'autre but que de le faire reconnaître pour le fils de Louis XVI.

Naturellement, les lettres adressées à Berger et à la Durut sont les seules pièces à conviction relatées par le Tribunal. Il fallait se procurer des preuves, et on a suscité cette femme néfaste doublée d'un policier et d'un naïf.

Le Prince est poursuivi en outre pour escroquerie, port d'armes prohibées, et délit de presse...

On recherche en un mot à faire peser sur sa tête des méfaits multiples, afin que si l'un ne peut être retenu, faute de preuves, un autre puisse lui être substitué, et entraîner sa condamnation.

Car, il ne faut pas se le dissimuler, c'est une condamnation que l'on cherche, et le roi ne saurait y échapper. Quand un gouvernement est assez lâche pour s'abaisser jusqu'au rôle de policier, il ne faut point s'étonner de la voir du même coup assumer les fonctions de bourreau... Mais il aura à compter avec moi. Je suis décidée à *Le* leur arracher ; ma fortune entière fût-elle nécessaire pour assurer sa fuite. Je ne dis rien encore ; Monseigneur refuserait de se soustraire au jugement qui l'attend ; mais, une fois condamné, Il sera heureux de voir s'ouvrir devant lui les portes de sa prison.

. . . .

Ces messieurs m'affirment que mon pessimisme est exagéré !

L'audition des témoins semble démontrer jusqu'à l'évidence l'innocence du Roi ! C'est vainement qu'on en a fait venir de Lyon, de Rouen. Tous se refusent à déposer contre lui. Ils sont unanimes à reconnaître sa générosité et sa grandeur d'âme. La question d'état civil que l'on ne parvient pas à éliminer complètement, malgré la volonté évidente du Ministère public, entraîne des incidents. C'est ainsi qu'Adriane, appelé à la barre, a reconnu dans Monseigneur le prisonnier de Milan ; celui-là même qui échangea avec Silvio Pellico des poésies et des pensées au travers des murs de la prison. La déposition d'Adriane a d'autant plus de poids qu'il a toujours manifesté de son peu de sympathie pour le Roi. Naturellement, le tribunal n'a pas paru s'en émouvoir... Mais comme M. de Caraman, ancien ambassadeur de France en Autriche, reconnaissait aussi Monseigneur pour le détenu de Sainte-Marguerite, il a bien fallu admettre l'hypothèse.

Le Dr Récamier a raconté l'évasion du Dauphin, affirmant sa similitude avec le baron de Richemont, et la femme Durut elle-même a dit le tenir pour Louis XVII.

Quant à Carlier, le chef de la police du Château, M. Piston l'a poussé dans ses derniers retranchements, et il est parvenu à établir qu'il ne faisait qu'un avec le mystérieux Berger que l'on n'a même pas cité comme témoin.

Il eut été difficile, en effet, de faire disparaître cet être imaginaire, et la défense n'a pas eu de peine à démasquer l'espion.

Jusqu'ici, tout semble tourner à l'avantage de Monseigneur, et rien ne devoir justifier son arrestation.

.   .   .   .

Un curieux incident d'audience a marqué la seconde journée des débats. Après l'audition des nombreux témoins appelés à la barre dans le but d'écraser Monseigneur sous le poids d'intrigues imaginaires, un homme s'est levé et a remis au Président une lettre écrite et signée par un personnage se disant le fils de Louis XVI.

Tandis que M. Gisquet en donnait lecture, on faisait circuler dans la salle un imprimé envoyé hier à tous les journaux de Paris, et signé du même nom : Charles-Louis, duc de Normandie. Lettre et imprimé affirment les prétentions au trône de ce nouveau fils de Louis XVI, surgi de l'ombre où il se dissimule sous le nom de Naundorff.

Monseigneur a écouté sans sourciller la lecture de la lettre par laquelle ce Naundorff s'efforce d'établir des droits imaginaires. Il n'a rien dit non plus pendant qu'on en dressait le procès-verbal, et a laissé le mandataire du nouveau Louis XVII le signer, sans intervenir.

Son calme et sa dignité, autant que l'étrange revendication survenue au milieu des débats ont semblé produire sur le public une vive impression, et une grande effervescence régnait dans la salle.

Tout à coup, le Roi se leva et dit, avec cet accent d'ironie qui rend mordante chacune de ses paroles : « Pour revendiquer un nom, il faudrait au moins le connaître ! Le fils de Louis XVI s'appelle Louis-Charles de Bourbon, et non Charles-Louis. » Puis il se rassit, sans ajouter un mot.

Le Président, voyant l'effet produit par les paroles du Roi, crut devoir faire subir à M. Morel de Saint-Didier, porte-parole dudit Naundorff, un court interrogatoire.

C'est ainsi que l'on apprit que le nouveau Dauphin ne serait autre chose qu'un horloger de Crossen, en Silésie. Des malheurs l'auraient obligé à quitter la France, et il en aurait oublié jusqu'à la langue. Ce qui explique l'intervention de M. Morel de Saint-Didier.

L'annonce du procès intenté à Monseigneur a remué les fibres ambitieuses de cet horloger, qui vient à Paris pour revendiquer ses droits, et convaincre d'imposture le baron de Richemont.

Comme légende, ce n'est pas mal, et je ne saurais partager l'état de surexcitation qui jette ces messieurs hors des gonds.

Je suis tellement certaine que Monseigneur est le fils de Louis XVI que rien au monde ne saurait entamer ma foi.

Il se trouvera toujours des fous ou des imbéciles pour essayer de jouer le rôle tenu par un autre.

Qui sait d'ailleurs si le gouvernement n'a pas été bien aise de susciter ce nouveau Louis XVII pour détourner l'attention publique de débats où s'effondre, d'heure en heure, l'échaffaudage d'accusations péniblement dressé contre celui qu'on sait être véritablement le duc de Normandie.

J'ai le vague souvenir qu'à la suite d'un refus d'argent fait à la Durut par Monseigneur, cette femme le menaça, s'il n'accédait à sa demande, de susciter contre lui un faux Dauphin.

Nous n'attachâmes alors aucune importance à ce propos, tant il nous parut invraisemblable qu'un homme consentît, en usurpant ce titre, à attirer sur sa tête la foudre des puissants.

. . . .

Aucun des amis du Roi n'est venu hier soir, et c'est Bernard qui m'a porté les nouvelles de la Cour. Il suit les débats avec un intérêt passionné, et manifeste avec une telle véhémence qu'il s'est déjà fait expulser plusieurs fois.

Il m'a narré longuement la déposition du duc de Choiseul, à qui Monseigneur a rappelé certaines circonstances du voyage de Varennes. Puis il s'est étendu sur la mauvaise foi du tribunal qui essaie d'influencer les témoins par son attitude, et enfin il m'a conté un fait qui l'a beaucoup frappé, et qui en effet me paraît étrange : un ancien matelot appelé Georget, qui a vu le Roi à Sainte-Pélagie, s'est représenté parmi les témoins, et a prétendu reconnaître en lui Hervagault, le faux Dauphin, jugé à Rouen. Comme l'on opposait à son assertion l'acte de décès de cet imposteur, il a secoué la tête, et regardant Monseigneur avec attention, il s'est écrié :

— Que voulez-vous que je dise ! Vous prétendez qu'Hervagault est mort, et moi je croirai toujours que c'est lui qui est là, devant mes yeux !... »

Voilà ce que peut l'imagination sur un cerveau faible ou mal cultivé. Une association d'idées suffit pour évoquer une ressemblance, et affirmer une identité. Avec quelle réserve ne doit-on pas accueillir les dépositions de gens simples, facilement frappés par la mise en scène du tribunal, et qui prennent pour la réalité les suggestions de leur esprit.

Il ne manquait plus à Monseigneur que de se voir confondre avec l'être abject qui remplit Rouen et la France du bruit de ses excentricités.

. . . .

Je m'énerve chaque jour davantage dans l'ignorance de ce qui se fait au Palais. J'ai beau recevoir du roi des notes hâtives, et recueillir de la bouche des uns et des autres certains détails intéressants, je saisis mal l'ensemble de l'affaire, je me heurte à des contradictions, à des obcurités, à je ne sais quel mystère qui semble planer et qui m'étouffe...

C'est ainsi que j'ai appris hier que le marquis de Redon, compagnon de jeu du Dauphin à Trianon, était à l'audience. Il a paru ému en voyant le Roi, mais n'a rien manifesté, ni pendant la déposition du marquis de Choiseul qu'il accompagnait, ni pendant la suite des débats.

Il est cependant impossible qu'il n'ait pas reconnu le duc de Normandie en la personne de l'accusé.

Monseigneur garde je ne sais quelle grâce dans le regard et dans la bouche, qui dénonce encore l'enfant bouclé de Trianon à ceux qui ont vécu auprès de lui.

La femme Simon n'a pas hésité à le reconnaître quand il fut la voir aux Incurables.

« Ah ! c'est bien toujours mon petit Charles, je le reconnaîtrais entre mille », fit-elle aussitôt qu'il entra dans la salle où elle était alitée. Moi-même, que de fois j'ai surpris dans ses yeux le rayon de douceur et d'intelligence qui, tout petit, le rendait cher à ceux qui l'approchaient. M. de Redon serait donc le seul à nier la ressemblance ?... Non ! Ce n'est pas possible. En se taisant ainsi, il obéit à un mot d'ordre. Il est sans doute de ceux qui jugent le Prince indigne et, pour ce motif, s'en écartent.

Quelle ironie dans le sort quand il nous est contraire : Georget, le vieux marin de la Cybèle, veut voir en Monseigneur l'imposteur Hervagault, et le Marquis de Redon hésite à reconnaître pour Louis XVII son camarade d'enfance, le fils de son roi, et son roi lui-même !...

. . . .

La journée d'hier s'est marquée d'un grave incident : Monseigneur, dans un discours que tous les journaux ont reproduit et qu'ils sont unanimes à déclarer très beau, a établi, aux yeux des jurés et du public, son véritable état civil. Il a déclaré être le fils de Louis XVI, le prisonnier du Temple et le détenu de Milan. Son émotion a gagné le jury et le président lui-même, et c'est en termes différents que ce dernier lui a répondu.

Il lui a objecté que les jurés n'étaient pas qualifiés pour s'occuper de la question d'état civil, et qu'il fallait en saisir le procureur du roi.

M. Nicolas, qui voulut bien venir hier soir m'apporter le résumé oral de la journée, me conta que le président aurait dit textuellement à l'accusé :

« Faites appeler votre sœur en témoignage, et, avant toute chose, inscrivez-vous en faux contre l'acte de décès du Temple qu'on opposera toujours à vos revendications. »

Le roi a baissé la tête au nom de sa sœur. Il sait, à n'en pas douter, qu'elle serait la première à le renier. Le Président, en lui parlant de sa famille avec autant de naturel, a bien montré qu'il croit, lui aussi, à sa royale origine.

Oh ! Monseigneur, mon roi ! Je baise vos mains chères, et je voudrais oublier à vos pieds les heures douloureuses qui nous séparent.

. . . .

Les journées passées dans l'angoisse à attendre le bulletin journalier que Bernard m'apporte de la part de Monseigneur et le résumé des débats que les uns ou les autres, parmi nos amis, viennent me donner le soir, me semble si insupportablement longues que j'ai pris le parti de les occuper comme si rien d'anormal ne dérangeait ma vie. Je suis donc allée aujourd'hui à Versailles voir une veuve Chauvet qui connut autrefois la femme Simon, et tient d'elle des détails inédits sur le Dauphin.

J'ai trouvé la dame en question dans une vieille maison de la rue de l'Orangerie, et elle a consenti à me recevoir.

Après lui avoir fait passer ma carte dont le titre parut l'impressionner, je lui demandai de me raconter sa visite aux Incurables. Mᵐᵉ Chauvet, qui se fait appeler Chauvet de Beauregard dans les grandes occasions, et j'en étais une puisqu'elle a décliné ce nom avec affectation, a commencé sans trop se faire prier, l'intéressant récit de son entrevue avec la femme Simon.

« On s'occupait beaucoup des faux Dauphins à l'époque dont nous parlons, Madame la Comtesse, et le procès de l'un d'eux, nommé Mathurin Bruneau, faisait du bruit dans toute la France. Une de mes amies, qui connut autrefois la Simon, voulut aller la voir pour parler de ces choses, et elle m'offrit de l'accompagner.

« J'acceptai par curiosité et par intérêt pour le Prince. Arrivées à l'hospice, on nous conduisit, mon amie et moi, auprès de cette femme qui avait alors toutes ses facultés, et souffrait simplement d'un asthme qui la gênait pour parler. Elle parut heureuse de nous voir, car elle s'ennuyait dans cette sorte de prison où on l'avait reléguée, de peur qu'elle ne parlât.

« Après quelques compliments réciproques, nous en vînmes

bien vite à la questionner sur le Dauphin et sa sœur. Elle nous affirma que le jeune Prince était sorti vivant du Temple.

« J'en suis d'autant plus certaine, ajouta la femme « Simon, que je l'ai revu depuis. Il est venu me voir ici, et je « l'ai parfaitement reconnu. Il m'a causé de son emprisonne- « ment au Temple, et ce n'est pas moi qu'*Il* aurait pu « tromper. »

« Puis, continua la bonne dame Chauvet, la Simon nous conta encore qu'elle avait eu la visite de Mme la duchesse d'Angoulême.

« Elle est venue, nous dit-elle, sans me faire avertir et « vêtue comme une personne de condition modeste. Elle me « demanda s'il était vrai que j'aie dit que le Dauphin n'est pas « mort au Temple. — Eh ! Sans doute, Madame, je l'ai dit, « lui répondis-je, puisque c'est vrai !...

« Je lui racontai alors la visite du Prince, que j'avais par- « faitement reconnu.

« Mme la Duchesse paraissait contrariée de mes propos, et « ses mains se crispaient sur les plis de sa robe.

« Il me semble impossible, me dit-elle, que vous ayiez « reconnu dans un homme l'enfant qui nous a quittés si « jeune ?...

« Eh ! Madame, ai-je répondu en le regardant bien en « face, je l'ai reconnu comme je vous reconnais, car vous êtes « la sœur du Dauphin ! »

« La princesse a paru très troublée. Elle s'est levée aussitôt « et s'en est allée sans me dire un seul mot. »

« La religieuse qui nous avait amenées auprès de la femme Simon nous confirma son récit, et la visite de la duchesse d'Angoulême. Nous y pensâmes souvent depuis, et quelques mois plus tard, nous eûmes l'idée, mon amie et moi, de re- tourner aux Incurables et d'y interroger de nouveau la geôlière du Temple sur les détails de l'évasion. Elle se montra fort réservée, et parut ennuyée de notre insistance.

« La supérieure de l'hospice nous confia alors que la duchesse d'Angoulême était revenue la voir, et qu'elle l'avait emmenée aux Tuileries pendant quelques heures. A son retour, la Simon se montra peu disposée à parler, et elle a dit souvent par la suite que sa vie dépendait de son silence.

« Il est probable qu'elle reçut, au Palais, une consigne sévère, et que des menaces mirent fin à ses bavardages.

« Cependant, à l'heure de sa mort, elle renouvela devant témoins ses assertions, et jura, la main sur le Christ, que le Dauphin existait et qu'elle l'avait reconnu en la personne de l'étranger qui s'était présenté à elle voilà quelques années.

« Cet étranger, c'est Monseigneur lui-même qui, bien souvent, m'a parlé de sa visite aux Incurables. »

J'ai remercié mon interlocutrice de la bonne grâce avec laquelle elle s'est prêtée à ma curiosité, et j'allais partir quand elle me donna un dernier renseignement :

« Si vous tenez, Madame la Comtesse, à connaître d'autres détails sur le fils de Louis XVI, vous n'avez qu'à vous rendre à Chaillot, rue des Batailles. Vous y trouverez une dame Ferraud, née Gourmond, qui est de mes amies. Elle a beaucoup connu divers membres de la commune ou du Comité de Salut public, et elle vous dira ce qu'ils lui ont appris sur la substitution de l'enfant du Temple... »

J'ai vivement remercié Mme Chauvet de Beauregard de sa complaisance, et je suis rentrée à Paris le cœur plein de ses récits, et avec l'espoir de trouver, dès l'arrivée, des nouvelles de Monseigneur.

Il est sept heures du soir, et personne ne vient !... Que s'est-il donc passé aujourd'hui au Palais ?...

. . . .

Ce n'est que fort tard dans la soirée que le Dr Pictet et M. Valond sont venus me rendre compte de cette cinquième journée d'audience. Le défilé des témoins a continué, apportant au jury une croissante déception. Aucun fait sérieux n'a pu être relevé à la charge de Monseigneur.

Le prétendu complot contre le gouvernement n'ayant trouvé ni base où s'appuyer, ni complice pour le soutenir, devient semblable à ces chimères de papier que l'on montre aux enfants pour les effrayer.

Monseigneur, d'après l'enquête, aurait eu des intelligences avec des gens restés inconnus, mais qu'on suppose devoir être dangereux.

Et c'est sur de pareilles hypothèses qu'on va juger un homme que l'on sait être le Roi.

En somme, l'accusation ne peut retenir contre lui que d'insignifiants délits de presse, et sa correspondance avec Berger qui ne tombe pas sous le coup de la loi.

D'après ces messieurs, auxquels sont venus s'adjoindre, à la fin de la soirée MM. de Suvigny et Morin de Guérivière, un acquittement s'impose, si l'on admet la bonne foi du Tribunal en face du royal accusé !

Malheureusement, on ne saurait y compter, et le réquisitoire de l'avocat général qui a duré, paraît-il, plus de trois heures, a remis en lumière tous les faits reprochés à Monseigneur, sans paraître se souvenir des démentis donnés par la majorité des témoins.

Il est évident qu'on court après une condamnation, et qu'on l'obtiendra coûte que coûte.

L'accusation s'est appuyée avec insistance sur la déposition d'un certain Lasne, ancien gardien du Temple, aujourd'hui âgé de 76 ans, dont la mémoire affaiblie a donné lieu à de frappantes contradictions. Il s'est lancé dans des effets oratoires, a montré le bras sur lequel, d'après lui, serait mort le Dauphin. L'avocat général affaiblit aujourd'hui l'émotion provoquée hier par ce geste, en affirmant que le jeune Louis XVII aurait rendu le dernier soupir dans les bras du docteur Pelletan.

Les dates elles-mêmes n'ont plus de signification pour ce vieillard qui les embrouille et les affirme avec une superbe inconscience.

Les amis de Monseigneur sont revenus avec moi sur l'incident Naundorff, et nous avons causé jusqu'à minuit, emportés par l'intérêt d'un sujet qui nous ramène au roi.

M. de Suvigny, aujourd'hui renseigné sur M. Morel de Saint-Didier, m'a fait part de ses découvertes. Ce personnage est fils d'une Vendéenne énergique qui se serait signalée pendant la guerre que suscita Charette en faveur du Dauphin. Elle était elle-même fille et mère d'émigrés, par conséquent étroitement attachée à la famille royale.

M. Morel semble avoir hérité de ses sentiments de dévouement et d'enthousiasme.

Sa vie paraît avoir été vouée en partie à la recherche du Dauphin. Sa mère prétendait avoir eu connaissance du procès-verbal d'évasion. Elle fut liée en 1814 avec un envoyé secret de l'Autriche, que M. de Suvigny croit être le comte de la Marck. La France dut lui remettre cette pièce pour son gouvernement, et il eut sans doute l'indiscrétion de la montrer.

On retrouve ce M. Morel à Rouen, lors du procès du faux Dauphin, Mathurin Bruneau.

Il parut déconcerté par la singulière attitude du prisonnier, crut à une substitution, et s'en alla.

Il devait rencontrer plus tard le Naundorff qui l'abusa avec je ne sais quelle histoire de brigands, et le lança en France à l'heure précise où les revendications de Monseigneur devenaient embarrassantes pour le gouvernement.

Ce fut une bonne aubaine pour lui que ce nouveau Dauphin, Prussien de Silésie, présenté à l'opinion par un homme honorable. C'était la confusion des rois et des langues, puisque Naundorff ne connaît que l'allemand.

Ce fait seul devait suffire, il me semble, à démontrer l'imposture, et je suis étonnée que M. de Saint-Didier, dont tous ces messieurs affirment la bonne foi, n'ait pas compris qu'on n'oublie jamais la langue dont on se servit pour appeler sa mère. Le Dauphin a quitté le Temple à l'âge de 8 ans. Il est inadmissible, pour tous, qu'il ne sût pas, à cet âge-là, s'exprimer en Français.

Je parle ici pour les autres. Il est bien entendu que, pour moi, Monseigneur est l'unique, et que rien ne saurait ébranler ma foi.

M. de Suvigny a poussé plus loin son enquête. Après s'être renseigné sur tout ce qui touche à M. de Saint-Didier, il a cherché à savoir par qui Naundorff a pu connaître les particularités de la vie du Dauphin.

Il était nécessaire, en effet, pour établir sa requête, d'être mis au courant de ces menus faits journaliers qui impressionnent la foule.

A force de questions, d'habiles manœuvres et de recherches, Suvigny est parvenu à découvrir que l'horloger prussien a rencontré cet été, en Suisse, le vicomte de Bréon, à qui il s'est donné pour Louis XVII. Sa belle-sœur, la comtesse Émilie des Cars, heureuse de retrouver un roi, l'a acclamé et a cru causer avec lui des particularités de la vie intime de Versailles, tandis qu'en faisant elle-même les frais de la conversation, elle les lui apprenait.

Nous nous sommes séparés fort tard, nous donnant rendez-vous pour ce soir, aussitôt après l'audience. A moins de nouveaux incidents, le verdict sera rendu aujourd'hui, et Monseigneur connaîtra bientôt le sort qu'on lui réserve...

Je commence seule cette journée lourde d'angoisse et poignante d'incertitude ; je n'ai pas même la ressource de prier, puisque ma seule religion est aujourd'hui mon roi.

. . . .

Douze années de détention et la destruction des papiers saisis chez l'accusé.

Voilà la condamnation prononcée ce soir contre le roi. Les jurés ont trouvé sans doute que le maximum de la peine ne châtiait qu'imparfaitement des délits qu'ils ne sauraient qualifier. Mon cœur a bondi de colère !...

Son seul crime est d'être grand, et si c'est de cela qu'on veut le punir, que n'accumule-t-on sur ses épaules, pour garder les proportions, toutes les murailles des prisons du monde.

J'ai eu beaucoup de peine à me calmer, à ne pas courir vers lui pour me prosterner publiquement à ses pieds, offrant mon faible hommage en compensation des outrages reçus.

M. Valond, dont la sagesse est proverbiale, m'a retenue m'expliquant que si je me mettais en lumière, je perdais aussitôt toute indépendance et toute liberté d'action.

« Restez dans l'ombre, Madame, et agissez, m'a conseillé ce véritable ami, il faut maintenant arracher Monseigneur des mains de ces coquins, et c'est vous seule qui êtes qualifiée pour cela. Non seulement l'affection que vous portez au roi vous rendra clairvoyante, mais une femme pénètre plus facilement dans l'enceinte d'une prison. La faiblesse de son sexe la rend moins suspecte aux autorités, et on lui prête facilement des sentiments qui excusent ses démarches. Admise auprès du roi sans témoin, il vous sera facile de combiner avec lui un plan d'évasion. »

La logique de ce raisonnement m'a apaisée, et après avoir adressé au roi, d'un mot, l'expression d'une sympathie ardente et douloureuse, je suis revenue auprès de ces messieurs, qui ont bien voulu détailler pour moi heure par heure, les incidents de la journée. Je veux les noter ici, afin d'y retrouver plus tard des motifs de haine qui me sépareront d'une royauté déloyale et apocryphe.

Louis-Philippe, déjà régicide, ne devait pas hésiter à le devenir une seconde fois, et j'en suis à me demander comment il se fait qu'on ait pris la peine de le juger. N'était-il pas plus simple de le supprimer, de le faire disparaître, de délivrer la France d'un danger qui est le roi, d'un danger que signale l'Église elle-même, qui n'hésiterait pas à couvrir de sa sanction sinon un crime officiel, du moins un accident.

Oh ! le spectre du masque de fer ! de l'homme de douleur dont l'histoire elle-même tait le nom, prise de vertige devant l'incompréhensible !

La séance de clôture de ces étranges débats où l'on refuse à l'accusé tout état civil, s'est ouverte par une brillante plaidoirie de maître Piston. L'éminent avocat s'est efforcé de remettre les choses au point, de détruire les chimères de l'accusation, et d'amener le tribunal sur la terre d'identité.

Il a hautement protesté contre le nom d'Henry Hébert attribué au prévenu, et a demandé qu'il soit jugé sous son véritable nom : Louis-Charles de Normandie, se disant fils de Louis XVI.

Naturellement, l'avocat général s'y est opposé, et il a feint de n'attacher que fort peu d'importance aux titres et qualités du prévenu. Il concéda cependant qu'on pouvait ajouter à ce nom fantaisiste que Monseigneur a pris je ne sais dans quelle circonstance, celui de Baron de Richemont qu'il porte aujourd'hui. La Cour a aussitôt ratifié l'avis de l'avocat général.

Après que M. Piston eut fini de parler, Monseigneur se leva et, en quelques mots graves et impreints d'une grande dignité, il affirma être le fils de Louis XVI, l'orphelin du Temple, la victime des rois...

Puis, faisant appel aux sentiments d'honneur des jurés, il leur demanda de le juger d'après leur conscience, et non par ordre, comme cela avait eu lieu en Autriche.

Quand le roi se rassit, un long frémissement courait dans la salle, et le président se hâta de donner le résumé des débats, afin de calmer l'effervescence qui commençait à se manifester.

Il le fit avec impartialité, et sa déférence à l'égard de Monseigneur prouve surabondamment que sa conviction était faite quant à son identité.

Pendant les débats, il l'a constamment traité en prince malheureux et méconnu, et non en faussaire, en escroc, en sectaire, comme le désirait le ministère public.

La condamnation n'en fut pas moins prononcée, après deux grandes heures de délibération, et Monseigneur, impassible, regagna sa prison...

Naturellement, le manuscrit de la duchesse d'Orléans et les lettres du prince de Condé ont été saisis chez le roi, et restent aux mains de ses adversaires. Le jugement porte que toutes les pièces trouvées à son domicile seront détruites, mais personne sans doute n'assistera à l'autodafé...

Encore une fois, Monseigneur se trouve dépouillé de tout, et c'est moi, moi seule qui garde la preuve irréductible de sa naissance royale, comme aussi la foi en son étoile.

Pourquoi fut-il conservé au milieu de tant de danger et d'embûches si ce n'est pour régner sur la France... Le vaincu d'aujourd'hui sera le vainqueur de demain, et ceux qui l'accablent dans le malheur seront les premiers à baiser ses

genoux. Ce jour-là, je pourrai disparaître, ma mission sera
terminée; mais jusque là, je veille, je souffre...

. . . .

Dès hier soir, les amis du roi se sont présentés chez le préfet
de police afin d'obtenir de lui qu'on donne à Monseigneur la
meilleure chambre de Sainte-Pélagie. M. Gisquet leur a fait le
meilleur accueil.

« Dites à M. de Richemont, leur a-t-il répondu, qu'il
peut compter sur ma bienveillance. Je donnerai des ordres
pour qu'il soit traité avec égard, et toute réclamationde sa part
me sera transmise. »

On ne pouvait demander mieux à un fonctionnaire qui,
jusque là, avait toujours témoigné d'une singulière animosité
vis à vis de Monseigneur.

Bernard est venu ce matin, et son désespoir de la condamnation du prince m'a fort attendrie... Je lui ai assuré qu'on
parviendrait, à l'aide de puissantes influences, à faire réduire
la peine, mais je n'ai pas voulu lui laisser entrevoir la possibilité d'une évasion, par crainte d'une indiscrétion de sa part.
J'aurai demain un permis de Sainte-Pélagie, et j'irai chercher
près du Prince la force de vivre.

. . . .

J'ai trouvé le roi moins abattu que je ne le craignais. Il
accepte sa condamnation, non comme un acte de justice;
mais comme la conséquence inévitable de sa vie de proscrit.

Le flegme méprisant avec lequel il parle de ses juges et de
de ceux qui ont dicté leur jugement, suffirait à prouver sa
race.

Le régime des condamnés politiques est encore très adouci
pour Monseigneur. Sa chambre, située dans la tour, est habi-
table, et les repas qu'on lui sert peuvent suffire à maintenir
sa santé.

Je l'ai revu avec émotion après les longues heures d'une séparation qui ne fut pas sans amertume, et nous avons causé des petits côtés du procès, des incidents que ne relate pas la presse, mais qui en dévoilent les dessous.

C'est ainsi que Monseigneur m'a appris qu'à différentes reprises des propositions d'évasion lui avaient été transmises par un surveillant de la prison. Les lettres contenant les plans ne portaient pas de signature, et le roi n'a pas jugé prudent de se confier à des amis aussi mystérieux... Il est convaincu aujourd'hui que le gouvernement, embarrassé de sa personne, cherchait à l'éloigner, et l'eut sans doute épargné, s'il avait consenti à disparaître.

Monseigneur n'a pas cru devoir jouer une aussi grosse partie ; non par peur de la mort, qui pouvait en être l'enjeu, mais par déférence pour la cause qu'*Il* représente. Un roi, pas plus qu'un soldat, n'a le droit de déserter ! L'un et l'autre se doivent à la France...

J'ai quitté Monseigneur à cinq heures, et quand la porte de la prison, glissant lourdement sur ses gonds, est retombée derrière moi, il m'a semblé qu'elle murait à jamais mon cœur hors de ses murs.

. . . .

Avant de regagner Vauxrenard, je tiens à terminer ici différentes affaires qui me préoccupent.

Je veux d'abord m'assurer que Monseigneur ne manque de rien ; que Bernard est en mesure de lui procurer tout ce qu'il désire, et que des geôliers sont disposés pour lui.

Je vais chaque jour à la prison, moins pour y voir le roi que pour me familiariser avec les têtes qui l'entourent. De légères attentions touchent ces braves gens qui, au fond, ne demandent qu'à devenir les amis de leurs prisonniers. Je leur envoie du tabac, du vin qui pourrait sortir de ma cave, tant il s'enveloppe de poussière vraie ou factice. Je cause avec eux de leurs femmes, de leurs enfants, des intérêts qu'ils ont dans la vie... Eux me prennent pour une vieille parente du roi, et ce n'est pas une de mes moindres douleurs que cette appréciation de gens simples, qui ne dissimulent pas leur pensée...

. . . .

J'ai voulu relire, à tête reposée, dans différents journaux, les comptes rendus des débats.

Pendant le procès, j'étais si absorbée par une pensée unique : le Roi... et les alternatives de crainte ou d'espérance que faisait naître le moindre incident, que je n'ai, pour ainsi dire, pas suivi l'affaire.

Il me paraît utile aujourd'hui d'en approfondir les phases, de deviner, d'après ce que l'on dit, les choses que l'on cache, et d'attribuer à chacun les sentiments qui découlent de ses attitudes. J'ai vu, entre autres choses, que Monseigneur avait porté des noms qui me sont inconnus, et dont il n'a jamais fait mention dans nos conversations. Je ne vois pas exactement à quelle époque et dans quelles circonstances il a pu en faire usage. Il m'est toujours pénible de constater dans sa vie des heures que j'ignore et ces noms de colonel Gustave, Éthelberg, Transtamare, Legras, me font l'effet d'autant de rébus dont je redoute de déchiffrer l'énigme.

. . . .

M. de Suvigny, toujours à l'affût de faits ou d'anecdotes établissant l'état civil moral de ceux qu'il observe, m'a donné hier des détails inédits sur Naundorff, le nouvel amateur de couronnes surgi pendant le procès. Il s'est également documenté sur son porte-parole, M. Morel, et affirme qu'il peut sans dommage laisser saint Didier au paradis.

« Ce n'est que là, d'ailleurs, ajoute spirituellement Suvigny, que les saints ont encore de la valeur. »

Ce Morel, à qui une origine vendéenne et une mère héroïque donnent l'apparence d'un demi-héros, ne serait en somme qu'un policier à la solde de Louis-Philippe. C'est lui qui aurait découvert et équipé Naundorff, et l'aurait amené en France afin de contrebalancer par le doute le courant de sympathie qui s'établissait en faveur de Monseigneur.

« Diviser pour régner » est la devise banale qu'adopte Louis-Philippe en cette circonstance, et l'horloger prussien est la pomme de discorde qu'il jette à l'opinion. Ce dernier prend son rôle au sérieux ; mais ne pouvant le jouer en français, dissimule son germanisme derrière un porte voix. »

A tant faire que de revendiquer la couronne, il faut pousser jusqu'au bout l'audace. C'est ce qu'a fait Naundorff, secondé ou conseillé par son commissaire. Il a écrit à la duchesse d'Angoulême une lettre pathétique, par laquelle il s'offre à renoncer au trône en faveur du duc de Bordeaux. Il prétend même lui servir de père et l'adopter, oubliant qu'il a des enfants dont il affirmerait les droits en abdiquant les siens.

Naturellement, la duchesse d'Angoulême, qui n'hésite pas à repousser son frère, a refusé de voir cet aventurier, et Morel est rentré penaud de la réception qu'il reçut à Holyrood. C'est le prince de Lucinges, familier de la Dauphine, qui a narré à Suvigny la démarche du Prussien. Je la conterai au Roi. Il en sera amusé et rendra grâce à sa sœur de ne pas mieux accueillir le faussaire qu'elle ne reçoit son véritable frère.

Je hâte mes préparatifs de départ, et après les dernières démarches relatives au bien être de Monseigneur, je bouclerai mes malles et irai de nouveau m'enterrer dans le calme apaisant de Vauxrenard.

. . . .

J'ai trouvé Monseigneur attablé devant un poulet, mort de chagrin, et j'ai grondé Bernard de négliger ainsi sa nourriture. J'éprouve un étrange serrement de cœur à la pensée de le quitter. Mais j'ai l'espoir que, très prochainement, nous réussirons à le faire évader. J'ai acquis dans la prison même une certaine popularité. Je me suis fait un ami de Rossignol, dévoué au roi, et la possibilité de l'évasion me paraît chaque jour plus évidente. Je n'en parle pas à Monseigneur, encore moins à Bernard. Je craindrais de donner au premier un espoir trop hâtif, et les indiscrétions du second pourraient faire avorter un plan. Je partirai sans un mot, mais non sans laisser derrière moi des amis prêts à agir au moindre signe, et une police clandestine qui m'enverra de temps à autre la chronique des prisons.

.   .   .   .

L'histoire Naundorff a attristé le roi... La pensée qu'un imposteur a osé se servir de son nom pour solliciter de sa sœur une audience le révolte bien davantage que sa condamnation. Il ne peut souffrir qu'on touche à la Dauphine. Il lui cherche des excuses, et ne perd jamais l'espérance de la serrer un jour sur son cœur. Il faut vraiment que la voix du sang parle bien haut chez Monseigneur pour qu'il lui garde encore des sentiments respectueux.

Moi qui n'ai pas les mêmes motifs d'indulgence, j'en veux à cette Princesse de sacrifier à son repos et à sa réputation le plus noble des êtres, le plus malheureux des Princes, son frère.

.   .   .   .

Monseigneur, ayant appris la présence du vicomte d'Orcet à Paris, a désiré le voir.

Il le sait dévoué à sa cause, et très documenté sur les faits qui s'y rattachent.

La réponse du Vicomte est évasive et obscure. Il se dérobe, invoque des motifs qui n'en sont pas, et termine en assurant le Roi qu'*Il* le trouvera toujours prêt à défendre la vérité. Monseigneur feint d'accepter sans arrière-pensée les raisons qu'il donne. Mais je suis convaincue qu'il souffre intérieurement de l'attitude d'un ami sur lequel il comptait.

Je vais essayer à mon tour d'obtenir de ce gentilhomme une courte entrevue, et j'espère, étant donné nos relations, qu'il n'osera me la refuser. Je pressens un mystère sous son abstention, et je ne saurais partir avec cette inquiétude au cœur.

. . . .

J'ai vu le vicomte d'Orcet... J'ai su le mystère qui plane entre lui et le roi, et j'en suis écrasée... J'ai voulu voir clair, et des ténèbres impénétrables m'ont obscurcie.

M. d'Orcet, dont la bonne foi est évidente, peut certainement se tromper, et je ne devrais pas attacher à ses paroles pareille importance, mais comment faire, grand Dieu ! quand la vérité vous pénètre pour ainsi dire malgré vous ; quand elle s'installe dans votre esprit, en chasse l'illusion, en bouche les issues... Je souffre à en mourir du doute qui germe en moi ; je repousse le spectre d'une existence dont Monseigneur ne serait plus le Dieu, et pourtant le doute, le doute affreux m e fait l'effet d'une chimère effarante et gigantesque qui se découpe dans mon ciel et l'obscurcit de ses ailes d'ombre...

Je voulus savoir tout d'abord pour quelle raison M. d'Orcet s'était réfusé à voir Monseigneur, et l'ayant fait asseoir auprès de moi, je lui demandai, après les compliments d'usage :

« Comment se fait-il, Monsieur, que vous, si profondément attaché à la cause monarchique et pleinement convaincu de la survivance, vous ayiez refusé au fils de Louis XVI l'entrevue qu'il souhaite... »

La question était directe. Le vicomte d'Orcet n'a pas cherché à s'y dérober :

« Croyez bien, Madame, que, pour décliner l'honneur que me fit le baron de Richemont en m'appelant auprès de lui, il a fallu des motifs sérieux et le désir de conserver, vis à vis moi-même, une complète indépendance...

— Est-ce que vraiment, Monsieur, vous auriez des doutes sur son origine, ou craigniez-vous de trouver chez lui des sentiments qui blessent votre foi royaliste ? Les idées libérales que l'on prête généralement au Prince peuvent effrayer certains royalistes.

— Je vous avoue, Madame, que les deux motifs que vous venez d'invoquer, non sans ironie, pèsent en effet sur ma décision.

« J'ignore encore si le baron de Richemont est ou n'est pas Louis XVII. L'écheveau de sa vie s'embrouille au point que la mienne ne suffira peut-être pas à en retrouver les fils. Mais en admettant qu'*Il* soit le Dauphin, ce qui est pour vous, Madame, une certitude, est pour moi une hypothèse... J'avoue que les sentiments qu'*Il* affiche me le rendraient encore suspect... »

Comme je m'indignais, réclamant pour le roi les droits imprescriptibles de la légitimité, M. d'Orcet m'a dit avec une grande mélancolie :

« Je voudrais, Madame, connaître la vérité entière sur le duc de Normandie, et la porter à vos pieds. Mais quand je me penche vers le cloaque où je l'ai vu descendre, une tristesse me prend, et la vérité, cette déesse implacable, m'apparaît douloureuse et voilée de crêpe.

« Si le baron de Richemont est réellement le Dauphin, je le plains et je vous plains aussi, Madame, d'avoir à remuer le passé pour y trouver la preuve de sa royale origine. »

Notre conversation ne pouvait en rester là. J'avais été trop avant pour reculer. Je demandai donc avec une grande émotion :

« Vous doutez, Monsieur, de l'identité du baron de Richemont avec le Dauphin, et pourtant vous semblez en admettre la possibilité. Il y a là une contradiction que je ne saisis pas, et dont je vous demande de me donner la clef. Vous savez que ma foi en Monseigneur est inébranlable ; rien ne saurait y porter atteinte. — Vous pouvez donc parler sans scrupule.

— J'aurais voulu vous épargner, Madame, des révélations qui peuvent briser vos certitudes ; mais votre désir est un ordre, et je suis prêt à parler devant vous comme devant tous, le jour où le tribunal impartial voudra connaître la vérité sur Monseigneur le duc de Normandie. »

Il y eut un silence ; nous étions effrayés tous deux de ce qui allait être prononcé.

Le vicomte d'Orcet commença :

« Vous n'ignorez certainement pas, Madame, le nombre de Dauphins, vrais ou faux, qui ont prétendu au trône, ou revendiqué tout au moins une descendance royale. Je pourrais les énumérer, car je les suivis tous avec un curieux intérêt. Deux d'entre eux seulement méritent de retenir l'attention : Hervagault et Mathurin Bruneau, qui ne sont, à vrai dire, qu'un seul et même personnage. Je ne vous referai pas l'historique du Procès de Reims et de celui de Rouen ; la matière en est telle que la nuit ne suffirait pas à la développer ; mais si vous voulez, Madame, prendre la peine de lire avec attention les comptes rendus des débats, votre conviction sera faite aussitôt.

« D'ailleurs, l'identité de ces deux individus en un seul ne fait plus aujourd'hui un doute pour ceux qui s'attachent à rechercher la vérité.

« J'obtins, à Londres, du marquis de Montmorency et de

l'abbé Perreau, une foule de détails qui confirment ce fait, et établissent une connexité complète entre le Dauphin Hervagault et Mathurin Bruneau.

« D'autre part, ces deux personnalités déjà fondues en une seule paraissent se continuer en une troisième incarnation, et je ne suis pas éloigné de croire que le prisonnier de Milan ne soit la continuation d'une individualité unique. »

J'eus un sursaut de révolte ; mais M. d'Orcet continua sans me donner le temps de réfuter son dire :

« Est-ce la vérité, Madame, que vous voulez savoir, ou l'illusion que vous prétendez cultiver ?... Si c'est la vérité, je puis appuyer mon affirmation de deux ou trois faits qui suffiront à ébranler votre foi, ou tout au moins à l'orienter vers des horizons qui vous étaient inconnus. »

Un froid pénétrant s'abattait sur mes épaules, qui me semblaient plier sous le fardeau. J'eus cependant la force d'exiger ces preuves qui devaient me briser...

« Mon Dieu, Madame, une seule suffira à vous mettre en main le fil conducteur. Quant Hervagault sortit de Bicêtre, le 27 février 1806, après 4 années de détention, il se prit à errer dans Paris, sans ressources, sans asile, et à peine vêtu. Il échoua, dans ce misérable équipage, chez une honnête famille de pâtissier, où l'on s'informa de ses malheurs, et où il put séjourner un certain temps. Le zèle affectueux et dévoué que lui témoignaient ces braves gens l'amenèrent à leur confier son origine. Il se donna pour le fils de Louis XVI, et tout fait présager qu'il l'était en effet. Cette famille, de vieille souche royaliste, fut transportée de bonheur, et Hervagault reçut chez les Boizard tous les soins que nécessitait son état, et les égards dus à un prince malheureux.

« Quand il partit pour se rendre chez son prétendu père, le sabotier Hervagault, il emportait des habits et de l'argent.

« Rien n'avait pu ébranler la confiance des Boizard en leur hôte royal : ni l'état de dénuement dans lequel il se trouvait, ni son abandon, pas même les observations de M. Lévis, curé de Saint-Germain-des-Prés, qui leur déclara que le Dauphin était mort au Temple.

« Jusqu'ici, l'enthousiasme de gens du peuple pour un malheureux se disant prince du sang n'a rien que de très naturel. Cette légende, en admettant que ça en fut une, exaltait leur foi royaliste, et flattait en même temps leur ignorance. Être seuls à connaître le secret du Dauphin leur semblait un honneur qui suffirait à glorifier leur vie. Ils devaient rentrer plus tard comme régisseurs au service du marquis de Nicolaï, et je crois même que le baron de Richemont dut alors intervenir pour leur faire obtenir ce poste.

« En 1834, j'allais partir pour l'Angleterre, afin d'y rechercher Mme Atkins, que je savais particulièrement documentée sur l'évasion du Dauphin, quand un de mes amis, M. Capelle, vint me trouver et me remit une brochure émanant de M. Labreli de Fontaine, et qui n'était d'un bout à l'autre qu'un tissu de mensonges.

« Capelle m'apprit en même temps un fait qui attira vivement mon attention : quelques jours auparavant, le baron de Richemont lui avait demandé de l'accompagner rue de la Planche, pour y recevoir les Boizard. Capelle ne se fit pas prier. Il était curieux de l'entrevue, et à sa grande surprise, le baron et le vieux ménage se reconnurent sans une seconde d'hésitation.

« Le culte des Boizard pour M. de Richemont continuait. Celui qu'ils avaient voué à Hervagault, et la précision de leurs souvenirs conformes à ceux du Dauphin, semblent écarter toute idée de supercherie.

« M. Labreli de Fontaine, qui vint me voir le lendemain, me

confirma le récit de Capelle; mais il me demanda le plus grand secret sur cet incident, affirmant que M. de Richemont désirait instamment qu'il restât ignoré.

« M. Labreli me remit en même temps sa dernière brochure et un exemplaire des mémoires du duc de Normandie. Je vous avoue, Madame, avoir toujours considéré ces écrits comme des œuvres d'imagination destinées à dissimuler certains faits sur lesquels je n'arrive pas encore à projeter la lumière. Mon séjour en Angleterre a fortifié ma croyance en l'existence du Dauphin et ma certitude que ce ne peut être le baron de Richemont, s'il ne fut également Hervagault et Mathurin Bruneau.

« Je pourrais ajouter ceci, qui sera sans doute, Madame, de nature à vous convaincre : c'est que le comte Bolza ayant eu l'occasion de voir séparément le marquis de Nicolaï et l'abbé Perreau, leur confia que le prisonnier de l'Autriche était bien vraiment le Dauphin, et que son arrestation arbitraire n'avait d'autre cause que sa naissance.

« Le marquis Pacca, neveu du Cardinal ministre, que j'eus l'occasion de rencontrer quelques mois plus tard, me confirma le dire du comte de Bolza. Il ne doutait pas que le détenu de Milan ne fut Louis XVII. Or, vous savez, Madame, aussi bien que moi, que le détenu n'était autre que le baron de Richemont ; donc, la filière s'établirait sans contestation possible, si elle ne présentait une lacune. C'est cette lacune qui me laisse perplexe, et j'essaie de combler par d'incessantes recherches. Le jour où j'aurai réussi, je viendrai vers vous, Madame, et je vous apporterai la preuve irréfutable de ce que j'avance aujourd'hui sur de simples hypothèses.

« Maintenant, quant à prendre l'initiative de faire monter sur le trône un prince dévoyé par une vie d'aventure, d'incrédulité et de socialisme, je ne m'en reconnais ni de droit, ni la mission.

15

« La France est un pays catholique et hiérarchique ; elle s'accommoderait sans doute fort mal d'un régime égalitaire, et je ne sais si l'hérédité serait assez puissante pour faire accepter aux royalistes un prince qui n'offre à la foi catholique et aux traditions que le défi d'une existence vouée en partie à la désorganisation des masses par la voix de la presse et par actes personnels. »

Je me suis levée, je n'aurais pu en entendre davantage. Si la première partie du récit de M. d'Orcet avait atteint jusqu'aux fibres les plus intimes de mon être, sa péroraison révoltait mes sentiments persistants et ma fidélité au roi légitime.

En termes brefs, j'ai remercié le vicomte de sa franchise, sans manifester autrement mes impressions, et je l'ai accompagné jusqu'à ma porte avec la dignité et le sang-froid que je sais conserver dans les circonstances graves.

Mais, la portière retombée, j'ai fermé les yeux, prise de vertige devant le précipice qu'il venait d'ouvrir devant moi...

. . . .

J'ai quitté Paris précipitamment, et je suis à Vauxrenard.

Le doute que m'a versé le vicomte d'Orcet agit comme le plus subtil des poisons, et il m'eut été impossible de revoir Monseigneur sans lui laisser deviner ce qui se passe en moi.

Un billet laconique l'a informé de mon départ, et comme il le savait prochain, il n'en aura pas été surpris.

Oh ! ce retour dans ce château dont il fut l'âme !... Dont il est encore, dont il sera toujours le maître, car il est « le Roi ». Qu'importe que mon cœur soit déchiré, si ma foi est intacte, et ai-je le droit d'accepter l'accusation comme une certitude ?.. Certes, M. d'Orcet est renseigné, mais qui sait s'il ne se laisse abuser par des apparences, et pourquoi opposer à la parole du roi celle de son sujet. N'est-ce pas une trahison de ma part que d'accueillir ce qui peut n'être qu'une calomnie...

. . . .

Hergavault, Mathurin Bruneau ! Ces noms me hantent !...
Ce sont les spectres qui se dressent désormais entre le roi et
moi, et j'essaie vainement de les éloigner...

Ce château, où je fus heureuse, me fait maintenant l'effet
d'un vaste caveau, où se promène mon âme morte.

Je veux réagir, et je ne peux ; je veux être forte, et j'éprouve
en face de la vie une singulière défaillance.

Ne réussissant pas à écarter de ma pensée les confidences de
M. d'Orcet, j'y ai beaucoup réfléchi, et ces méditations, au lieu
de dissiper mes doutes, ne font que les accroître. C'est ainsi
que ce nom de Boizard, jeté parmi les preuves, a poignardé
ma confiance. Je me suis souvenue de ce déjeuner à Vauxrenard, où la tristesse du roi me fit mal, et où la mort de ces
gens, involontairement dénoncés par lui, mit entre nous une
gêne. Je remarquai combien Monseigneur en était atteint, et
j'en fus étonnée, sa sensibilité naturelle s'étant émoussée peu à
peu au contact du malheur.

Je m'explique aujourd'hui la cause de cette soudaine et forte
émotion. Le Roi perdait en eux les témoins du passé, deux
êtres dévoués et convaincus, prêts à déposer en sa faveur, et
peut-être avait-il aujourd'hui le pressentiment que ce passé
qu'il renie deviendrait un jour nécessaire à sa complète identification.

. . . .

Tantôt je me sens sous le coup des révélations du vicomte
d'Orcet, tantôt une réaction s'opère, et c'est Monseigneur seul
en qui j'ai foi. Hier, je me suis attardée dans son appartement, et je l'ai rempli de fleurs, comme lorsqu'*Il* était là...

. . . .

J'ai repris à Vauxrenard mon existence coutumière, et mes
vêtements sombres. Les jours écoulés ici avec le roi me font

l'effet d'un arc-en-ciel rapidement fondu dans de la brume. Monseigneur m'écrit de laconiques billets. Sa santé est médiocre, et il serait temps de l'enlever à cette vie claustrale, peu faite pour son tempérament...

Je reçois des lettres qui me font espérer qu'avant peu nos amis pourront agir. M. Morin de Guérivière en particulier conserve des intelligences à Sainte-Pélagie, où il fit lui-même un stage, et me tient au courant des faits et gestes des prisonniers. Deux d'entre eux, Rossignol et Couderc, ont lié leur destinée à celle de Monseigneur, et tenteront avec lui l'évasion. Les gardiens seront achetés, ceux du moins que l'on devine prêts à se vendre. Les autres seront détournés de leurs habituelles occupations à l'aide d'un repas plantureux offert par M. Morin à ses anciens geôliers.

Ah ! Si l'argent suffisait pour faire ouvrir les portes de sa prison, comme je donnerais volontiers celui que je possède, heureuse de racheter, par ce léger sacrifice, le sacrilège d'une heure de défiance.

On parle de transférer les condamnés de Sainte-Pélagie à la Maison centrale de Clairvaux, et Rossignol me fait savoir que, si l'ordre arrivait sous peu, le moment serait propice pour tenter une évasion. Il ajoute, dans le court billet qui m'a été transmis, que Couderc et lui feront le nécessaire pour éviter à Monseigneur toute démarche et toute fatigue. Les précautions sont prises, les moyens arrêtés ; il ne s'agit plus que d'attendre l'heure favorable.

Attendre !... Toujours attendre !... Combien ce mot se fait redoutable quand il préside à ma destinée !... Attendre ! Et les mois, les années passent sur la France et sur le roi sans les donner l'un à l'autre.

. . . .

J'ai écrit à Paris afin d'avoir les journaux et les brochures qui relatent les différents procès intentés aux faux Dauphins ; particulièrement à Hervagault et Mathurin Bruneau. Les heures sont trop longues ici pour les passer dans l'incertitude.

J'ai bien lu autrefois les comptes rendus des Procès de Reims et de Rouen. Mais alors, l'imposture me paraissait si évidente que je ne pris pas la peine d'en approfondir les détails.

Aujourd'hui, mieux avertie de leur importance, j'en suivrai de plus près les péripéties, et j'y trouverai sans doute la preuve que M. d'Orcet se fait illusion quand il croit pouvoir assimiler à Monseigneur ces deux aventuriers. Mon esprit apaisé envisage plus froidement les choses, et je suis convaincue que la lecture de ces documents me rendra le calme que j'ai momentanément perdu.

. . . .

J'ai éprouvé, hier, une grande émotion. En passant dans le bureau du Roi, que je continue à fleurir de lys, j'ai vu sur sa table le volume des *Mémoires*. Je l'ai emporté, et le soir, à la lueur atténuée d'une lampe crépusculaire, j'en ai relu les principales feuilles.

Je croyais entendre la voix de Monseigneur scandant avec force les syllabes, faisant résonner les mots selon leur valeur, et donnant à la phrase cette émotivité communicative qui pénètre l'âme de celui qui écoute.

Je le voyais me narrant sans emphase son héroïque existence, avec ce flegme et cette grâce un peu fière qui rendent sa personnalité attrayante.

J'ai retrouvé, en tournant les pages, chacune de ses intonations, et le geste qui en soulignait la finesse.

Cette lecture m'a rendu le courage d'espérer. Pourquoi Monseigneur m'eut-il menti, quand il savait que ma foi royaliste s'attacherait au malheur plus encore qu'à la gloire.

.   .   .   .

Hier, j'avais retrouvé la confiance, et voici qu'aujourd'hui je retombe dans l'incertitude.

J'ai lu jusqu'au bout les *Mémoires* du Roi ; j'ai reconnu partout l'emprise de sa pensée, et j'ai cru en lui... Ce matin, une simple réflexion ternit en une seconde le rayon qui venait percer le nuage : jamais, depuis que le roi me fit l'honneur de m'admettre dans son intimité, nous ne revînmes sur ces pages.

Son évasion du Temple, sa vie dans les prisons de l'Autriche fournirent à nos soirées d'interminables causeries. Sans doute, de rares allusions aux jours passés près de Kléber vinrent parfois dans la conversation ; mais jamais Monseigneur ne voulut reparler de son existence lointaine, de sa vie chez les sauvages, de son voyage en terre sainte, comme s'il en avait perdu jusqu'au souvenir...

Que ne puis-je aller vers le Roi, lui confier ma peine, lire dans son regard cette vérité que j'implore, que j'accepte quelles qu'en soient les surprises et les conséquences.

.   .   .   .

Ce jourd'hui même, à une heure qu'il est impossible de préciser, le Roi, accompagné de Couderc et de Rossignol, tentera de s'évader. Au dedans et au dehors, tout a été prévu pour faciliter les choses.

L'ordre étant arrivé de transférer les prisonniers à Clairvaux, M. Morin a paru s'affliger du départ de ses gardiens, et leur a offert de prendre ensemble un dernier repas.

J'avais écrit qu'on ne leur ménage ni les mets, ni les vins ; car il s'agit de les retenir à table le plus longtemps possible.

D'autre part, Couderc et Rossignol se sont assuré la complicité du porte-clef, et, si rien n'entrave la marche des événements, j'ai tout lieu d'espérer que Monseigneur couchera ce soir ailleurs que dans sa prison.

J'ai ouvert ma bourse à tous ceux qui peuvent faciliter sa fuite ; mais je souhaite que Monseigneur l'ignore ; sa dignité souffrirait de ce genre d'intervention.

Une modeste chambre a été préparée pour le Roi chez une personne sûre. Il devra y passer un certain temps avant de venir à Vauxrenard, afin d'éviter les poursuites de la police.

Je ne suppose pas qu'on le recherche avec beaucoup d'ardeur, tant il paraît encombrer le gouvernement. Mais il ne faudrait cependant pas l'obliger à ouvrir les yeux quand il ne demande qu'à les fermer.

Une certaine prudence s'impose, et les amis de Monseigneur seront unanimes à la lui conseiller.

J'ai beau calculer, les lettres de Paris ne peuvent m'arriver avant deux ou trois jours, quelque diligence que fasse l'exprès que j'ai commandé.

La nouvelle qu'il m'apporta, aura de l'importance ; car si, par malheur, le Roi était de nouveau arrêté ou surpris en tentative d'évasion, sa situation en serait aggravée, et nous aurions compromis, par notre zèle, non seulement l'avenir, mais le relatif bien-être accordé à Monseigneur.

. . . .

J'ai passé une semaine d'angoisse. Mon messager, arrêté dans sa course par de violents orages, m'est arrivé hier, avec deux jours de retard. Mon inquiétude avait atteint son point extrême.

Dieu merci, le roi est en sûreté !... Tout s'est passé le mieux du monde. Monseigneur, déguisé en architecte, et accompagné de deux prisonniers, a traversé les cours et franchi la porte sans obstacle. Les gardiens et factionnaires ont pris, ou ont feint de prendre les trois détenus pour des employés de la prison... Aussitôt dehors, ils se sont séparés afin de ne pas attirer l'attention.

Monseigneur s'est refugié rue Jean-Jacques-Rousseau, chez une veuve qui le fait passer pour son mari. Je souffre de voir le roi contraint, par la force des événements, à prostituer sa dignité dans de pareilles aventures.

Malgré moi, je l'en juge amoindri, et je m'en veux d'un sentiment que je ne puis ni raisonner, ni justifier.

L'exprès m'a porté un court billet du Roi lui-même, qui daigne, d'une écriture déguisée, me remercier de ce que j'ai fait pour lui :

« Je n'oublie pas, Madame, l'immensité des services rendus à ma cause par votre dévouement. Grâce à vous, j'ai quitté ma prison, peut-être pour y revenir sous peu... En tous cas, laissez-moi vous dire merci de la part du Roi et de l'ami, et veuillez récompenser, comme il le mérite, le jeune porteur de cette missive. Sans son zèle et sa discrétion, nous n'aurions pu vous faire savoir ce qui était advenu, car la poste n'est pas sûre pour un proscrit, et ma lettre eut dénoncé ma retraite. Celle de M. Morin que vous trouverez jointe à la mienne vous narre l'évasion ; je ne reviens donc pas là-dessus. Ne vous tourmentez pas de mon existence matérielle. Elle est assurée dans des conditions acceptables jusqu'au jour où, suffisamment oublié, je pourrai vous rejoindre à Vauxrenard ou à Lyon. Je baise vos mains.

« Louis-Charles. »

J'ai récompensé le messager selon le désir du Roi, et je lui ai confié une longue lettre à lui remettre. Je ne puis songer à correspondre avec lui par l'intermédiaire de la poste, et jusqu'à son retour ici, le brave jeune homme nous servira de courrier.

Je vais profiter de ma solitude pour aller passer quelques jours à Lyon. J'y suis appelée par des affaires d'intérêts, non de mes intérêts, car je n'en ai plus ; mais par les intérêts du Roi, et ceux-là sont sacrés.

Je verrai en même temps l'abbé Nicod, le docteur Pictet et les MM. Valon, et je retremperai ma confiance dans la leur.

Le tâtonnant scepticisme de M. d'Orcet m'écœure. Ce gentilhomme est incapable de l'élan d'enthousiasme qui fait la foi. Il est avant tout magistrat, et juge d'instruction survit chez lui à la fonction. Pour lui, tout prétendant est un prévenu dont il instruit la cause, étudie le dossier et discute les droits, même quand il les sait indiscutables.

. . . .

Dès mon arrivée ici, je me suis ouverte au docteur Pictet de ma conversation avec d'Orcet, et je l'ai trouvé mieux préparé que je ne m'y attendais à une semblable confidence.

Il m'a avoué être lui-même en rapport avec cet ancien magistrat, au sujet de Monseigneur, et connaître parfaitement ses théories.

« Je dois vous dire, Madame, a-t-il prononcé, que tout d'abord, l'abbé Nicod et moi, qui sommes de fervents amis du Prince, avons repoussé comme une calomnie les suppositions du vicomte d'Orcet. Mais son insistance, et la logique de ses arguments ont fini par nous convaincre, et nous en sommes arrivés à rechercher avec lui ce que fut la vie du Roi antérieurement à la détention de Milan.

Certains faits, et d'insignifiantes anecdotes contées par Monseigneur au cours de nos longues causeries près du feu, l'hiver dans l'intime débraillé d'une intimité dépourvue d'étiquette, se rapportent si étroitement à Hervagault, le héros du Procès de Reims, qu'il est impossible de ne pas être frappé et, peu à peu, ébranlé. »

L'aveu du docteur était important, je le sentais peser d'un grand poids sur ma propre certitude, mais la pensée que nous cherchions ainsi, dans l'ombre, des arguments pour abattre Monseigneur au rang d'un homme vulgaire, dévoyé et tarré, me causait un dégoût indicible...

Je ne pus m'empêcher de proposer :

« Si on faisait part au roi des scrupules de M. d'Orcet et de nos propres incertitudes, qui sait si, d'un mot, il ne dissiperait pas nos doutes, et ne se relèverait pas à nos yeux, jusqu'au piédestal où nous l'avions placé, et dont nous nous efforçons de l'arracher aujourd'hui.

J'étais extrêmement émue en disant cela. Pictet eut un sourire triste :

« Madame, depuis un mois déjà, l'abbé Nicod correspond à ce sujet avec le Roi, et ses dénégations sont absolues, quant à sa connexité avec les faux Dauphins. Il soutient qu'Hervagault lui est complètement étranger, et quant à Bruneau, ce fut, d'après lui, un comparse substitué à son secrétaire arrêté à Saint-Malo.

« Cet homme, nommé Tancrède, était porteur de pièces d'identité qui le firent prendre pour Monseigneur. »

Je demandai alors au docteur quelle était la cause initiale de la correspondance de l'abbé Nicod...

« Voilà : depuis l'internement du Prince à Sainte-Pélagie, et sa disparition après l'évasion, Naundorff, l'horloger de Grosen, se remue, s'affirme et recrute des partisans sous l'œil tolérant du gouvernement et la protection de la haute police.

« C'est lui qui profite du bruit fait autour du procès, et exploite habilement l'émotion qu'il a provoquée.

« La survivance une fois établie, et le Prince légitime disparu, l'aventurier a beau jeu pour recueillir des fruits qu'il n'a pas semés.

« Les partisans de Richemont, désorientés par son absence, s'attiédissent et s'énervent. Ces amateurs d'imprévu se rallient et le nouveau Dauphin recrute de faciles partisans qui ne cherchent pas à approfondir ses droits.

« Louis-Philippe, qui les sait nuls, favorise ou du moins tolère sa propagande, dans le but d'amoindrir et de démolir Richemont, le seul redoutable parmi les prétendants.

— Monseigneur est-il au courant des faits que vous me signalez, et s'en montre-t-il affecté ?...

— Le roi est au courant, oui, mais le fond de la légèreté qui survit chez lui aux pires épreuves, le rend insouciant des faits et gestes de Naundorff. Sûr de son authenticité, *Il* ne peut admettre qu'on lui oppose un imposteur. Il accuse Louis-Philippe, il se révolte contre l'injustice du Parlement, mais il a foi dans le peuple de France, et compte sur sa loyauté pour lui revenir aussitôt qu'il se sera fait reconnaître. »

Comme je secouais tristement la tête, redoutant l'éternelle déconvenue pour celui que j'aime, malgré tout, d'une pitié respectueuse, le docteur Pictet poursuivit :

« Ah ! Si tous ceux qui savent voulaient parler !... Le marquis de Montmorency, l'abbé Perreau, MM. de Larochefoucauld, de Nicolaï, d'Orcet lui-même, et encore le comte de Bruges, le vicomte de Monchenu, et, par-dessus tout, celle qui, d'un mot, rendrait à la France son roi légitime et ferait tomber l'intrigue : la duchesse d'Angoulême. »

Le docteur était si ému en prononçant ce laconique réquisitoire contre les faibles, les hésitants, les circonvenus et la vraie grande coupable, que je sentis se fondre en un accès de larmes toute l'énergie dont je m'étais armée depuis que s'écroule, jour par jour, l'illusion de mon bonheur.

Et tous deux, nous avons pleuré sur la monarchie vaincue, sur le roi dégradé.

. . . .

J'ai quitté Lyon, où la vie m'était devenue insupportable. Je suis à Vauxrenard, où j'attends Monseigneur d'un moment à l'autre.

. . . .

Le Roi est ici depuis hier. M. Nicolas, avocat à Marseille, et qui paraît tout dévoué à Monseigneur, a bien voulu l'accompagner. J'ai paré Vauxrenard comme pour une fête, et j'ai accueilli le Roi en sujette respectueuse.

Je l'ai trouvé alourdi et préoccupé. Ces longs mois d'épreuve l'ont singulièrement vieilli, et j'en fus attristée au point de pleurer seule, dans ma chambre, sur cette virilité éteinte, qui fait de Monseigneur un homme fatigué et pesant, dont la France ne pourra plus acclamer l'ardeur.

Ah ! qu'il nous rende Henri IV et Louis XV plutôt que de se tasser dans une corpulence malsaine, rappelant de trop près celle de Louis XVIII et de Charles X...

Ces messieurs apportent des nouvelles de Paris.

Le duc de Larochefoucauld vient de publier des mémoires favorables à Monseigneur. Il y mentionne des faits attestant la survivance et y insère la lettre d'un baron, à lui adressée, qui rend compte d'une enquête faite par ce mystérieux personnage en 1832. Elle prouve, paraît-il, jusqu'à l'évidence, l'existence du Dauphin.

Je crois que Monseigneur a rapporté le volume, mais, je ne sais pourquoi, il n'a pas paru disposé à me le confier.

. . . .

M. Nicolas devant partir de bonne heure ce matin, nous avons fait avec lui une légère collation. Pendant ce repas, un peu hâtif, il nous a rapidement narré la visite qu'il fit rue de Chaillot, en 1831, pour voir un membre du Comité de Salut Public du nom de Marchant de Beaumont.

Voici en quels termes s'exprima l'estimable avocat :

« Ce « Marchant de Beaumont » était un patriote exalté, qui fut attaché, je ne sais à quel titre, à la surveillance de Mgr le Dauphin.

« Il en parlait souvent à sa fille, et paraissait porter quelque intérêt au malheureux enfant.

« Un jour, il rentra du Temple, surpris et courroucé. « Je ne sais ce qui s'est passé, dit-il à Mlle Lucie Marchant, sa fille, qui s'informait des causes de sa mauvaise humeur ; mais ce dont je suis bien sûr, c'est que l'enfant que l'on m'a présenté aujourd'hui dans la prison du Temple n'est pas celui que j'y ai vu hier et les jours précédents.

« Le petit Capet aura été enlevé par un de ces satanés calotins qui font la ronde jour et nuit autour de la prison. »

M. Nicolas affirme le propos, et prétend que Mlle Marchant l'a raconté elle-même à diverses personnes.

Je crois me souvenir que c'est de ce même Marchant de Beaumont dont voulut me parler Mme Chauvet quand je fus la voir à Versailles. Elle m'engagea à me rendre rue des Batailles, à Chaillot, chez une personne dont j'oublie le nom, afin d'y entendre le récit des dernières attestations de ce membre de la Commune, mort en 1832.

Monseigneur ne se souvient pas de ce nom. Mais il est vrai que les gardiens du Temple étaient nombreux, et le Roi bien jeune pour prêter à tous son attention.

. . . .

Le tête-à-tête accentue le malaise qui règne entre nous.

Le roi parle peu. Je le trouve très différent de ce qu'il était avant cette dernière captivité. Ces longs mois de prévention en particulier ont usé ses forces. Son courage a faibli et sa volonté s'est émoussée contre la mauvaise foi de ses adversaires. Je sens qu'il redoute la lutte ; aura-t-il l'énergie de la reprendre ?...

Je l'entoure de soins, d'attentions, de respect. Mon vieux cœur épuisé d'incertitude et flétri d'inquiétude ne saurait lui donner davantage...

. . . .

Les MM. Valon ont informé Monseigneur de la présence du vicomte d'Orcet à Lyon, et le voici repris du désir de le rencontrer.

Comme je ne lui ai point parlé de notre entrevue, je me sens mal placée pour le dissuader de faire une démarche qui, très certainement, restera sans résultat.

Le Roi, d'ailleurs, paraît lui-même préoccupé de cette tentative de rapprochement. C'est donc qu'*Il* juge difficile de l'obtenir ! *Il* parle de se rendre à Lyon pour y retrouver le jeune magistrat, et c'est sur ce point seulement que j'ai osé intervenir. Je lui ai présenté que son état de santé souffrirait d'un déplacement qui changerait ses habitudes et interromprait son régime. Ensuite, n'est-il pas imprudent de se montrer sur le sol même où on l'accuse d'avoir fomenté des troubles, et acquis trop de popularité.

Le complot fantôme qui fut la base de l'accusation lors de son procès, eut à Lyon son centre d'action. J'ai supplié Monseigneur de ne pas l'oublier...

. . . .

Malgré tous les avis que j'ai osé lui donner, Monseigneur a écrit à M. d'Orcet, et, pour la seconde fois, celui-ci décline l'honneur d'une entrevue, et répond qu'il n'a pas à voir le roi, mais qu'*Il* peut compter sur lui pour dire toute la vérité si son témoignage doit un jour aider à la démontrer.

Après la réception de cette lettre, la soirée fut douloureuse.

Monseigneur avait dans le regard je ne sais quelle lueur d'acier qui donne à ses yeux une expression pénible. Leur prunelle, pâlie et fixe, semblait absorber du vide.

Je n'osais parler, sentant que les mots ne peuvent rien contre certaines oppressions, et nous restions en face l'un de l'autre, obsédés de pensées.

Ce fut Monseigneur qui rompit le silence :

« Vous saviez, Madame, que d'Orcet avait de particulières raisons pour me refuser un entretien où votre intérêt seul vous avertissait quand vous me dissuadiez de lui écrire ?... »

Sa voix était nette, coupante ; sa lèvre avait le pli méprisant qui la relève parfois, et donne alors à sa physionomie une singulière expression de hauteur.

Je fus sur le point de mettre au compte de l'intuition féminine un avertissement que rien ne semblait justifier.

C'est assurément le plus court moyen d'apaiser le Roi. Mais ce moyen était lâche, et puis, enfin, je voulais savoir. Je pris le temps de mesurer mes paroles, afin de ne pas amener une explosion :

« M. d'Orcet, fis-je après un silence, m'apparaît comme un caractère bas, incapable d'une franchise énergique, et si sa certitude de la survivance fait de lui un défenseur de la légitimité intégrale, je ne suis pas persuadée qu'il ait assez de droiture pour vous prêter, Monseigneur, le concours de sa conviction. »

« Pour parler ainsi, Madame, vous avez des indices, peut-être plus que cela, des certitudes ? Votre appréciation du caractère de d'Orcet est trop juste pour se baser sur des hypothèses. Vous êtes renseignée sur lui ; peut-être même avez-vous sondé sa pensée ?... »

Monseigneur marchait dans la pièce, lentement, lourdement, le front bas, les mains croisées derrière le dos, dans l'attitude de celui qui sent venir l'orage et ne cherche plus à l'éviter.

Ce fut une minute solennelle, la dernière convulsion d'un sentiment à l'agonie.

Parler, c'était rompre à jamais le lien qui nous avait unis, c'était accabler l'homme et ébranler le Roi sur son piédestal.

J'en eus le courage et la férocité.

« Vous savez, Monseigneur, avec quelle foi respectueuse j'ai accueilli tout ce qui me fut rapporté sur vous... J'ai recherché, non des preuves qui m'étaient inutiles, mais les propos qui peuvent convaincre les hésitants, et les propos qui attestent tous votre origine royale firent le long chapelet dont je repasse les grains dans le culte unique de votre majesté.

« Je devais donc m'adresser à M. d'Orcet comme à tous ceux qui peuvent me parler de vous. Il le fit, en effet, mais non sans réticences, et me laissa sous le coup d'une incertitude qui me tue : celle de savoir si réellement mon roi eut assez de confiance en la ferveur de ma foi pour ne me rien cacher ?... »

Je m'étais mise à genoux aux pieds de Monseigneur, et j'essayais de retenir sa main sur laquelle coulaient des larmes, aussi lourdes que l'oppression qui pesait sur mon cœur.

Le roi se dégagea violemment.

« Et depuis quand, Madame, dois-je compte à mes sujets des heures de ma vie ?... Ne puis-je garder secrètes des minutes que la pudeur m'interdit de livrer à la publicité des foules ?... Ne puis-je réserver des pages qu'il me plaît de tourner seul, et que souillerait toute autre main que la mienne. Votre doute m'atteint plus encore que celui d'un homme qui ne peut rien contre la légitimité de ma cause. Vous avez voulu, Madame, que je trouve le réconfort de la tendresse et du bien-être après ma douloureuse étape, et je vous en sais gré ; mais je ne resterai pas plus longtemps sous un toit où s'installe l'inquisition. Vous avez le droit de ne pas croire en moi, et, j'ai celui de me dérober. Séparons-nous donc sans amertume et sans éclat...

« Vous fûtes celle qui voulut bien secourir le proscrit ; je ne l'oublierai pas, et si j'erre au hasard des chemins, sans un abri où reposer ma tête, votre souvenir sera le dernier viatique qui soutiendra l'exilé sur la route incertaine et périlleuse où il va s'engager. »

Le roi s'était redressé, il me toisait de haut dans une attitude où s'alliaient du dédain et de la souffrance.

« Ah ! Monseigneur, dis-je en m'abîmant à ses pieds, écoutez-moi et comprenez-moi ! Vous savez que je ne puis douter de vous ; vous savez que rien au monde ne saurait ébranler ma conviction et que la personne du roi m'est sacrée, mais vous-même avez voulu faire de votre humble sujette une fidèle amie, et vous avez laissé tomber de vos lèvres de douces paroles. Alors, j'ai bu sur ces mêmes lèvres l'histoire de votre vie, et j'ai cru en connaître tous les replis.

« Vous pouvez juger de ma déception et de ma souffrance quand un autre que vous a osé me montrer la lacune où se dérobe votre confiance. J'ai vu s'étendre le voile de l'incertitude sur ce passé dont nous vécûmes ensemble les heures héroïques, et je fus assez coupable pour chercher à en déchiffrer l'énigme.

« Je suis aux pieds de mon roi, je m'accuse et j'attends son pardon... »

Je sentais les mains de Monseigneur entre les miennes, et je les couvrais de baisers et de larmes.

Le roi m'a relevée avec douceur ; mais ses yeux pâlis d'émotion gardaient leur métallique froideur.

16

Il me fit asseoir sur le fauteuil profond où s'enfonce journellement ma mélancolie, et prononça gravement :

« Vous avez confondu, Madame, le roi avec l'ami ; de là naquit le malentendu qui se glisse aujourd'hui entre nous. La certitude de mon origine, mes droits au trône et les entraves qui m'en éloignent, voilà les points essentiels intéressant votre ferveur royaliste. De tout ceci, je ne vous ai rien caché ; vous avez suivi avec moi les péripéties de mon existence, et mieux que personne vous êtes informée. Mais votre curiosité s'appuyant sur un sentiment plus humain, se fait exigeante. Vous voulez lire à livre ouvert dans le cœur d'un roi qui fut votre ami, ou dans le cœur d'un ami qui est votre roi, et cela, Madame, ne se peut pas... Il est des heures troubles, même dans l'existence des princes, et ils ne sauraient en livrer le secret sans en avouer en même temps les défaillances. De même que pour conserver son prestige, la chambre royale doit être inaccessible, de même le cœur des souverains garde des coins d'ombre où se cachent leurs faiblesses. »

Monseigneur semblait se parler à lui-même. Il est sorti de la pièce d'un pas traînant et précipité, et je ne l'ai pas revu de la soirée.

Pour moi, malgré la secousse que je venais de subir, j'éprouvais un soulagement ; celui d'avoir dégonflé mon cœur d'un secret qui l'oppressait comme une trahison.

. . . .

Notre existence a repris son aspect normal, comme le cours d'eau un instant troublé par un remous retrouve son courant naturel.

Monseigneur n'a pas fait allusion à la soirée pénible qui mit entre nous des mots amers, et je fais tout pour la lui faire oublier.

Nos journées s'écoulent dans un calme apparent. Le roi

travaille jusqu'à quatre heures ; *Il* a repris sa collaboration à différents journaux sous des pseudonymes nouveaux, et cette occupation l'absorbe et le distrait. Moi, je surveille Vauxrenard... Je veux la vie du roi exempte de secousses, et ouatée de bien-être ; pour cela je m'occupe de mille détails, qui, seuls, ne m'intéresseraient pas.

Monseigneur souffre de son inaction, et les nombreuses lettres qu'il échange avec ses amis absents prouvent la surabondance de vie qu'il dépense en dehors d'ici. Je vois souvent l'écriture de l'abbé Nicod, et malgré ma ferme volonté d'éloigner jusqu'au souvenir de ce qui me fut dit par le docteur Pictet, j'interroge d'un regard anxieux l'enveloppe où s'enferme sa prose, persuadée qu'elle contient des documents intéressants.

Le roi sort vers cinq heures, seul le plus souvent. Il fait atteler la calèche et rend des visites aux environs.

D'autres fois, ses sorties sont mystérieuses. Il s'absente deux ou trois jours, et revient fatigué comme par un long voyage. Bernard l'accompagne, mais le modèle des serviteurs ne parle qu'après son maître, et quand Monseigneur se tait, il est inutile de l'interroger.

D'ailleurs, le roi n'est-il pas libre d'agir à sa guise ? Je suis ici pour mettre du velours sous ses pas, et non pour les épier.

. . . .

Monseigneur a repris son éternel labeur, qui consiste à essayer de retrouver des documents suffisants pour prouver sa naissance, et obtenir un état civil auquel il ne renonce pas.

Il est en correspondance suivie avec le vicomte de Monchenu, et tous deux recherchent les pièces éparses de ci, de là, qu'on peut espérer réunir.

Le désir de revoir sa sœur l'obsède également ; il en confère par lettre avec le vicomte de Bruges et le duc de Blacas, dans le but d'avoir avec elle un entretien secret.

Le duc de Blacas passe pour avoir une certaine influence sur la Dauphine, dont il s'éloigne rarement, étant attaché à son service, et Monseigneur espère qu'il arrivera, un jour ou l'autre, à obtenir pour lui la faveur d'une audience. Je le désirerais d'autant plus que j'observe depuis quelque temps chez le roi une fébrilité croissante, ce qui me paraît être un mauvais présage.

. . . .

Je rentre d'un pèlerinage à La Salette où je fus chercher une diversion au malaise qui pèse sur Vauxrenard.

Malgré nos efforts, nous restons, Monseigneur et moi, sous l'impression du pénible incident de l'autre soir, et la maison ne nous paraît plus assez vaste pour isoler notre souffrance.

Visiblement, le roi m'en veut, malgré les efforts qu'il fait pour le cacher. Il paraît redouter chaque jour un événement imprévu, et n'a plus le calme immuable qui faisait sa force.

Moi, je me sens coupable, et j'étouffe dans la contrainte que je me suis imposée. La Salette fut un prétexte. La paix grandiose de cette nature sauvage apaise et fortifie. Depuis ce court voyage, je me sens réellement mieux.

En passant à Lyon, je m'arrêtai quelques heures chez Mme Blanc-Parlong qui m'a mise au courant des choses qui se disent, et mon étonnement a été grand d'apprendre par elle que Monseigneur vint visiter le sanctuaire dont elle est la gardienne.

C'est bien là la marque de ce caractère enthousiaste et léger qui se prend aux mille facettes de l'existence, sans orientation précise vers tel ou tel but. Ce roi démocrate et libre penseur, dont s'effraie l'intransigeance des pieux royalistes, vient s'agenouiller devant un autel et prier dans un oratoire, sans

arrière-pensée de réclame, pris d'un subit accès de foi inter-
mittente...

Moi, j'avoue n'avoir point cette élasticité de conscience.

Un jour, je n'ai plu su prier, et, depuis lors, je ne prie
pas... J'en fais le geste quand les convenances l'exigent. Mon
corps se souvient des attitudes de la prière, mais mon cœur
reste froid, figé dans un sentiment de révolte que provoque
sa détresse !... Je ne pus voir souffrir le roi sans en vouloir à
Dieu ! Pourquoi, de la royauté qui fut toujours le marchepied
du ciel, fait-il aujourd'hui le véhicule de toutes les infamies.

. . . .

Hier, avant le souper, j'étais assise à ma place habituelle,
près de la cheminée du petit salon, dans la bergère de soie
orange où passèrent les heures lentes de mon isolement vo-
lontaire...

L'appartement était déjà dans le sombre. La lampe qui
brûlait sur le guéridon de marbre gris, aux pieds de bronze
en forme de pattes léonines, la lampe unique n'avivait les
obscurités que par place. Un peu de jour passait encore
entre les rideaux de soie, abaissés à demi par une négligence
oublieuse.

Il ne faisait clair que dans les glaces placées aux angles,
et soutenues par des consoles à sphinx en bois d'acajou.

La flamme glauque de la lampe unique se répétait ainsi
quatre fois avec le mystère de son éclairage. Le reste des lam-
bris était enveloppé d'ombre.

A peine un éclair s'accrochait-il aux ors pâles des cadres,
dont les portraits familiers ne faisaient plus, à cette heure,
peser leurs regards sur ma tête.

La lumière et l'obscurité luttaient dans ce décor comme
dans mon cerveau.

Je suivais des pensées qui me fuyaient, quand on frappa à ma porte.

Le vieux Bernard entrouvrit le battant :

« Monseigneur, dit-il, demande s'il peut voir Madame la Comtesse avant l'heure du souper ?...

— Dites à Monseigneur qu'*Il* peut monter ici... »

Et j'entends sur les dalles du vestibule le pas lourd du Prince. Il entre, et j'abandonne la tapisserie à laquelle je feignais de travailler, comme si la main pouvait suivre des chimères de laine ou de soie quand la griffe d'une idée déchire le cerveau.

Les traits du Prince semblent en révolution. Et je ne retrouve rien du calme souverain de sa figure : ses yeux, habituellement vides d'expression, brillent d'un feu étrange :

« Je dois, prononce-t-il lentement, vous dire, Madame, des paroles graves que je n'ai jamais dites, que j'ai trop différées sans doute, puisque vous-même avez dû les provoquer. Je ne veux pas que la barrière d'un secret reste entre moi et celle dont la bonté remplace une sœur perdue, une sœur passée à l'ennemi.

— Je respecte, Monseigneur, les mystères de votre vie et je n'en veux connaître que ce qui vous plaît de me dire. Si j'ai voulu effleurer votre âme d'un doute, il faut me le pardonner, j'y fus poussée par ceux qui épuisent leur foi en vaines recherches. Vous êtes irrévocablement le Roi de ma foi royaliste. Vous savez quel souvenir a fait ma certitude.

— Vous êtes, Madame, celle qui nourrit le Roi, celle dont il reçoit le pain et le gîte. Par vous seule je ne suis plus le gentilhomme des grands chemins. Vos largesses m'aideront peut-être à retrouver mon nom, ce nom qui dort dans le tombeau d'un malheureux enfant inconnu.

— Ma maison, et celle de feu mon mari, d'où viennent mes biens, doivent tout aux rois, vos ancêtres, qui firent notre

fortune, et nous donnèrent l'état où nous sommes. Je n'ai
pas d'enfants, mes neveux ont du bien... et de l'indifférence.
Je ne dois rien à quiconque d'autre, mais je dois tout à mon
roi...

— Et si ce roi n'était pas le héros dont vous avez cru longtemps savoir l'histoire... dont vous avez accepté les mémoires
comme une Bible royale. *Mémoires* imprimés à vos frais ?...
Si ce roi, comme on vous l'a dénoncé, avait buté à toutes les
pierres de la route ?... Si ce roi était couronné, non au front
comme le furent ses ancêtres, mais aux genoux, comme le sont
les chevaux sans race et sans énergie ?... Vous avez droit,
Madame, à la vérité que vous réclamiez... Je vous la porte,
non parce que vous êtes ma bienfaitrice, mais parce que vous
êtes celle qui eut pour moi un autre sentiment que celui de la
pitié.

— Vous savez, Monseigneur, pourquoi je suis sûre, indé-
fectiblement, que vous êtes Louis XVII, fils de Louis XVI et
de Marie-Antoinette. Vous-même me diriez aujourd'hui que
vous n'êtes pas celui-là que je ne pourrais vous croire. J'eus
le tort de regarder au delà de la royauté pour suivre le long
martyre de votre vie ; vous me l'avez pardonné. J'attends donc
avec calme les révélations qui tomberont dans le tombeau sans
écho de mon vieux cœur... Parlez à celle que vous daignez
appeler votre sœur et qui est votre sujette.

— Certes, Madame, en arrachant vos illusions, les plus
reposantes des certitudes, je vais donner raison à ceux qui
semèrent le doute entre nous. Mais vous pouvez garder sans
crainte la foi que vous avez en mon origine... Vous m'avez
cru longtemps un être d'exception, et je fus toujours, je suis,
le faible, le lâche qui, un jour, de sa lourde main d'enfant,
signa les accusations infâmes contre la reine ma mère... J'aurais dû, ce jour-là, couper ma main droite et me laisser ôter la vie.

Mais j'ai signé, et cette signature a fait de moi le douloureux maudit des chemins... J'ai débuté par une lâcheté, et j'ai continué par de la faiblesse... Ce crime initial contre ma mère est le boulet que traînent mes pieds sanglants sur les routes du vieux monde.

— Nous étiez, Monseigneur, un enfant irresponsable quand vous donnâtes, quand on vous prit une signature tremblante au bas d'un document que vous n'aviez pas lu.

— Et ce document conduisit ma mère à l'échafaud... Mais ce n'est pas tout. Ne m'interrompez plus, Madame, car je n'aurais pas le courage de reprendre si je m'arrêtais... Bien souvent j'ai eu le désir de déposer la tunique de ma vie cachée et de vous faire partager ma pensée, mes souffrances, mes remords... J'ai eu la tentation de crier la vérité pour respirer ensuite ; mais j'ai reculé devant les dangers qu'elle entraînait... Je n'ai trouvé qu'une fois l'épaule où appuyer mon front las, et cette épaule était si frêle que j'ai eu peur de la briser sous le poids de ma tête. Je me suis tu... La mort est venue, elle a passé sur la femme qui m'avait rendu chère la terre d'Italie, et vous savez, Madame, que la mère de ma fille est morte sans connaître mon secret... Vous avez suivi, vous me l'avez dit souvent, toutes les aventures, tous les procès, toutes les imaginations des trente faux Dauphins qui ont revendiqué le triste héritage d'un nom. La multitude des imposteurs confirmait votre foi en la survivance ; le mensonge devient ainsi témoignage de vérité... Parmi les faux Dauphins arrêtés et jugés, vous avez certainement retenu deux noms : Hervagault, Mathurin Bruneau... »

Le roi fit une pose, et je sentis un long frisson me secouer. La phrase qu'il venait de dire était la même que celle dont M. d'Orcet fit précéder ses conjectures.

Le prince continue :

« Vous savez déjà que Bourlon, le prisonnier de Milan et le baron de Richemont ne font qu'un. Sachez aujourd'hui que je fus Mathurin Bruneau, que je fus Hervagault, et que, pour échapper aux suites légales des condamnations prononcées contre moi, j'ai inventé l'histoire de mes campagnes héroïques avec Kléber... J'ai imaginé mon roman chez les sauvages... J'ai menti enfin à tous, et à vous Madame... »

Je m'étais enfoncée dans l'ombre d'un fauteuil et j'écoutais les yeux clos, ne voulant pas que mon regard, en pesant sur le roi, lui fût un reproche ou un encouragement. Je voulais rester neutre dans le grand débat entre lui et sa conscience. Je souffrais de l'entendre, mais je n'éprouvais plus l'horrible déchirement des premières heures de doute. Un long frémissement courait le long de mes bras, révélant malgré tout l'horrible secousse nerveuse que je subissais. La voix de Monseigneur me semblait profonde et creuse comme si elle montait d'un abîme.

« Vous savez que le malheureux enfant substitué au Temple lors de mon évasion était légalement le fils d'un tailleur de Saint-Lô... Sa mère, Nicole Bigot, avait habité Paris, où sa beauté paraît avoir obtenu des succès en haut lieu. Des gens informés affirment que Jean-Marie Hervagault était le fils du duc de Valentinois, et que ce fut lui qui maria la belle Nicole au petit tailleur de province. Il s'agissait de dissimuler les suites d'une liaison qui n'avait rien de légitime, et d'en faire endosser le fruit à un brave homme inconscient de cette supercherie. Il semble que Jean-René Hervagault ait été le mari de la situation, et tout porte à croire qu'il ignora l'intervention étrangère dans sa paternité.

« Le duc de Valentinois possédait, à Vire, dans un faubourg de Saint-Lô, des moulins importants ; ce qui explique l'influence qu'il dut exercer sur le tailleur pour l'amener à épouser la belle fille mise à mal. Nicole se consola de la position modeste qu'on lui offrait en emportant de Paris une profusion de bijoux, derniers vestiges de ses succès, qu'elle partagea plus tard entre ses enfants.

« Je suis obligée, Madame, de remonter loin pour vous faire comprendre comment je fus amené par les circonstances à accepter l'identification injurieuse qui pouvait seule sauver ma vie... Jean-Marie Hervagault vint au monde à Saint-Lô, le 21 septembre 1781 ; mais il fut aussitôt enlevé à ses parents et emmené à Paris, ce qui paraît confirmer les bruits relatifs à son origine. On le prétendit adopté par des personnes influentes qui désiraient apporter tous leurs soins à son éducation.

« Ce fut donc cet enfant, séparé de sa famille, livré à des indifférents et pourri de maladies qu'on choisit pour me remplacer au Temple. Les scrofules dont il était atteint faisaient présager une mort prochaine, et son mutisme garantissait sa discrétion... Ce fut un pauvre être sacrifié dont personne ne vint adoucir les souffrances, et qui porta sur ses épaules meurtries le poids douloureux d'un titre involontairement usurpé, comme je portai plus tard, moi aussi, la tare de son nom involontairement légué... Ce nom d'Hervagault devint le pivot de l'intrigue, la cheville inerte dont on se sert pour frapper.

« On laissa toujours ignorer aux parents Hervagault la substitution de l'enfant, ce qui explique comment, plus tard, ils crurent de bonne foi le reconnaître pour leur fils.

« Je vous ai souvent parlé de mon voyage en Portugal et du court séjour que je fis parmi les Vendéens en 1797. J'y rencontrai nombre de ceux qui, plus tard, me continuèrent une amitié dont les racines sont en Vendée : M. de Damas et le baron Capel sont au premier rang des *initiés* vendéens qui me restèrent fidèles.

« Malheureusement la surexcitation des esprits, le découragement des populations et la division des chefs firent avorter l'insurrection royaliste qu'on cherchait à organiser... Je dus quitter le pays précipitamment, et c'est alors que commença l'extraordinaire odyssée qui devait aboutir à me jeter pantelant sur le seuil de votre porte, vêtu seulement d'un manteau d'hypocrisie que la destinée avait attaché à mes épaules, comme elle rive le fer à la cheville du forçat... »

Je relevai les yeux sur le Prince. Il était d'une pâleur terreuse, et ses lèvres avaient de légers frémissements. Je joignis les mains dans un geste de supplication...

J'aurais donné ma vie pour ne plus rien entendre, tant je devinais douloureuse la confession qui allait suivre.

Monseigneur ne parut pas remarquer mon mouvement. Il regardait en lui, assis les mains posées sur ses genoux légèrement écartés, le front bas dans une pénombre croissante.

Je n'osai parler, et lui continua :

« Je fus arrêté pour la première fois aux environs de Cherbourg. J'errais en vagabond dans la campagne ; le bateau de pêche dans lequel on m'avait embarqué avec l'espoir que j'atteindrais Jersey ayant été rejeté à la côte par un navire anglais, je restai seul à terre, sans ressources et sans abri.

« On avisa Hervagault que son fils avait été arrêté comme vagabond, et il vint me réclamer...

« Six semaines plus tard, une nouvelle tentative d'embarquement échoua comme la première ; je fus encore une fois mis sous les verroux de Bayeux, et le père Hervagault dut de nouveau intervenir. Il le faisait sans trop de mauvaise grâce, croyant rendre service au grand personnage qu'il supposait être mon protecteur.

« Devant la difficulté qu'il y avait à passer inaperçu sur la côte normande, il fut décidé qu'on m'enverrait en Autriche, dans la famille de ma mère.

« Avant de se mettre en route, on dut me procurer un passe-port, toujours au nom d'Hervagault, le seul que j'eus le droit de revendiquer sans contestation. On me confia alors à un ami de la monarchie, qui me conduisit sans difficulté jusqu'à Châlons-sur-Marne. Là un incident nous sépara, fortuit ou prémédité, je ne sais, et encore une fois je me trouvai seul sur une grande route. Ce fut le départ initial vers les procès successifs qui firent de moi l'être répugnant et décrié qui vous fit horreur, Madame, comme à la majorité des royalistes fervents. Très peu parmi eux comprirent la part qu'on devait faire à ma jeunesse, à mon inexpérience et aux singulières manifestations d'une ivresse suspecte provoquée par des boissons préparées dans le but d'anéantir mes facultés.

« Je fus arrêté au château de Guinaumont, et interrogé sur place. Or, j'avais déjà la honte de ce nom d'Hervagault, que les circonstances m'imposaient, et, pour y échapper, je prétendis être le fils du duc de Longueville.

« C'était assurément une faute ; mais il faut se rendre compte de la situation d'un enfant, abandonné seul aux mains de la police. Mon passeport était resté entre celles de mon singulier conducteur, et il me semblait tout aussi simple de m'appeler le duc de Longueville que le tailleur Hervagault, l'un n'étant pas plus vrai que l'autre. On se servit de ce mensonge, fait sans préméditation dans une seconde d'affolement, pour m'incarcérer à Châlons, dans la maison d'arrêt. J'y fis un an de prison préventive. On n'osait formuler contre moi une accusation précise, de peur de faire jaillir la vérité, et la police, d'accord avec le gouvernement, traînait dans l'ombre je ne sais quel complot destiné à colorer l'accusation d'un semblant de vraisemblance. L'énervement que me causaient les fauses identités dont on cherchait de m'affubler, et la longueur d'une détention injustifiée m'amenèrent à dévoiler ma naissance, sinon officiellement, du moins, à mes familiers… Elle ne faisait pas un doute pour nombre de royalistes, et je reçus dans ma prison des cadeaux digne d'un prince.

« Les visites se succédaient, et je dois dire que je fus tout d'abord traité avec égard. Le bruit de ma naissance s'étant répandu, les geôliers eux-mêmes en conçurent pour moi du respect, et je ne connus guère cette fois-là les rigueurs habituelles de l'internement. Je vis journellement, pendant ma détention, Mlles de Pinteville, M. de Bourmonville, ex-garde du corps de mon vénéré père, un ancien recollet appelé Barré, et un jeune de Torcy… D'autres fidèles se joignaient à eux, et nous jouions dans la prison comme si c'eût été dans un salon.

« J'avais alors de douze à treize ans, et ma jeunesse s'accommodait de cet emprisonnement coupé de distractions, sans en prévoir les conséquences.

« Cependant, nul ne savait comment se terminerait ma détention, et l'on redoutait, parmi mes partisans, de me voir disparaître.

« Cependant, Joséphine de Beauharnais, dont la bonté et le dévouement ne se sont jamais démentis, apprit que j'étais enfermé à Châlons, et aussitôt elle fit des démarches pour obtenir mon élargissement.

« Les relations avec Barras lui assuraient un grand crédit. Elle obtint de Fouché la promesse que je ne courrais aucun danger, à condition que le secret le plus absolu serait gardé sur mon origine, et qu'on accepterait de me laisser condamner sous le nom d'Hervagault.

« Les royalistes, qui tremblaient pour ma vie, ratifièrent ce pacte qui devait à jamais peser sur ma destinée.

« Quand je sortis de prison, j'évitai de me reñdre dans la

famille du tailleur de Saint-Lô, redoutant également de trouver chez ces gens, qui m'étaient étrangers, mais dont je portais le nom, une hostilité pénible, ou une familiarité gênante. Je restai aux environs de Vire, où je comptais de nombreux amis, et je fus accueilli en Prince dans les différents châteaux où je séjournai.

« La déférence qu'on me témoignait attira l'attention de la police, et elle accepta avec reconnaissance la dénonciation d'une personne vulgaire intéressée sans doute à me nuire, qui prétendit m'avoir entendu affirmer ma naissance royale. L'accusation ne reposait sur aucun fait précis, mais elle ne me valut pas moins de deux années de détention, que je dus faire dans la prison de Vire...

« Vous le voyez, Madame, le cercle se resserrait autour d'Hervagault. Cette personnalité s'affirmait en moi par des condamnations successives.

« Je fus traité sévèrement à Vire, et je n'y connus guère de douceur en dehors d'un vieux professeur qui venait me donner des leçons, et dont l'attachement était tel qu'il consomma son bien en menus soins pour ma santé et ma nourriture.

« Cependant, Mme de Saignes s'intéressait à moi, et quand je sortis de prison, elle vint, accompagnée de M. Pendefer, me prendre et m'enlever d'un pays qui semblait m'être néfaste.

« Je voudrais abréger un récit qui m'est pénible et qui vous fatigue ; mais pour vous amener à comprendre quelle fut la fatalité qui fit de moi le misérable menteur que vous avez eu la tentation de repousser avant même qu'il n'ait parlé, je dois forcément faire défiler devant vous le cortège écrasant des faits qui m'ont muselé.

« Si la connexité entre moi et les deux Dauphins dont nous refaisons l'histoire vous apparaît évidente, elle ne s'appuie en réalité que sur l'aveu que je vous fis de cette triple identité.

C'est assez pour vous convaincre, c'est insuffisant pour m'absoudre... »

J'ai essayé d'imposer à Monseigneur le repos et le silence dont je sentais qu'il avait besoin, en l'avertissant que la cloche du souper venait de sonner ; mais le Roi voulait jusqu'au bout décharger son âme d'une contrainte qui l'oppresse depuis vingt ans. Il eut un geste d'impatience à l'adresse de la cloche, et continua sans me répondre :

« Après avoir quitté la prison de Vire, il m'eut sans doute été facile de disparaître, d'éteindre ma personnalité sous le capuchon de l'oubli en acceptant une vie obscure et besogneuse chez mon prétendu père ; mais la conscience que j'avais de ma naissance, l'habitude de fréquenter, même en prison, des personnes d'une éducation et d'un rang élevé me rendait très pénible l'étroite promiscuité de la vie de famille avec des gens secondaires, dont les droits légaux sur ma personne révoltaient ma fierté. J'avais pris l'habitude de respirer un encens singulièrement capiteux pour un jeune homme de seize ans que des malheurs précoces jettent en dehors de toutes les lois. L'extrême prudence avec laquelle j'aurais dû me dérober répugnait à ma nature. Mon sang avait l'ardeur généreuse de sa race. Il bouillonnait parfois jusqu'à m'étourdir, et en dépit de mes résolutions, je redevenais toujours le Dauphin inhabile à se dérober aux attractions de la grande vie.

« J'étais à peine dehors depuis un mois, persuadé que j'avais largement payé ma dette à la haine de mes bourreaux, quand je fus de nouveau arrêté. On m'accusait de me faire passer pour le Dauphin, sans que cette affirmation s'appuie sur aucune base, et l'on prétendait m'avoir pris en état de vagabondage, tandis que, depuis ma sortie de prison, je ne fréquentais que les maisons les plus honorables du pays.

« Vous connaissez aussi bien que moi, Madame, les différentes phases d'un procès qui occupa la France et inquiéta l'Europe. Je ne fatiguerai pas votre attention par les détails d'une affaire qu'on fit traîner en longeur afin d'y introduire les matériaux nécessaires à la fabrication d'une intrigue. Il me suffira de vous démontrer par quelle suite d'ignominies on jeta un être innocent et malheureux dans une fange telle qu'il ne put, par la suite, en effacer complètement la trace.

« Les premières heures de cette nouvelle détention furent adoucies par des soins et des égards qui trahissaient mon origine bien plus sûrement que les propos qui avaient pu m'échapper... L'élan d'enthousiasme qui amenait dans ma prison de nombreux et fervents royalistes finit par inquiéter le gouvernement, et des ordres sévères furent donnés. On écarta de moi mes plus fervents partisans ; on leur interdit de me baiser la main, et ma nourriture elle-même subit le contrôle de l'État. Je fus réduit à ne manger que deux plats, et on refusa les cadeaux qui m'étaient journellement adressés. Comme le Ministère public ne parvenait pas à trouver de bases où appuyer son réquisitoire, le procès tirait en longueur. On me traîna de prison en prison, de jugement en jugement, jusqu'à Bicêtre, où l'on espérait étouffer définitivement ma triste personnalité.

« Mgr Savines fut le soutien et l'ami de ces heures difficiles. Son dévouement, sa bonté, et l'intelligence de ses conseils lui valurent la haine de Louis XVIII, qui suivait d'un œil inquiet la croissante sympathie qui se dégageait sur mon passage. Ma jeunesse et mes malheurs faisaient plus pour ma popularité que mon titre de roi, et il eut été plus habile de me laisser vivre heureux que de me signaler à l'attention du public par d'exceptionnelles rigueurs. Il était trop tard pour changer de tactique, et on résolut de me faire disparaître dans l'obscurité des prisons de Bicêtre.

« J'y fus traité dès mon arrivée comme le commun des déte-

nus, et je pris contact pour la première fois avec le ferment de
vice concentré dans les maisons de détention.

« Jusque là, j'avais toujours obtenu de vivre à l'écart des
prisonniers de droit commun, et j'avais été considéré comme
prisonnier politique.

« A Bicêtre, on ne voulut connaître qu'Hervagault, fils du
tailleur de Saint-Lô, escroc et vagabond. Le directeur de la
prison lui-même parut ignorer mon histoire, et je cohabitai
avec les voleurs et les assassins.

« Cependant, peu à peu la vérité transpirait. L'évêque de Viviers, qu'on avait dû rendre à la liberté faute d'arguments pour
le condamner, correspondait avec moi, et, de loin, dirigeait mes
études. Je m'étais mis au latin, à la littérature, et je m'effor-
çais, par un travail obstiné, de réparer le temps perdu et d'acquérir les connaissances qui sont indispensables à tout homme
d'un certain rang. J'eus bientôt, à Bicêtre, les mêmes privilèges qu'à Châlons et à Vire, et pendant plus de deux années,
je n'eus pas à me plaindre des procédés de mes geôliers.

« Est-il vrai, comme on l'a prétendu, que Bonaparte songeât
un instant à rallier la vieille monarchie en me faisant reconnaître pour le fils de Louis XVI, et en obtenant de moi une
renonciation au trône ?... Ou pensa-t-il à m'adopter comme
l'eût fait Joséphine ?... Il est difficile de déchiffrer la pensée
de l'homme qui tint le monde en suspens et se joua des rois.
Une chose certaine, c'est qu'aussitôt sa dictature assurée, je
subis un changement de régime. Les visites me furent suppri-
mées, je ne reçus plus dans ma prison ni argent, ni cadeaux,
et une surveillance active remplaça l'indulgence débonnaire de
mes gardiens.

« L'internement de l'évêque de Viviers dans une maison de
fous fut un des grands désespoirs de ma vie. Il était mon guide,
mon conseil, et sa précieuse autorité me maintenait dans les

bornes d'une sage réserve. Je le savais plein de raison et de bon sens, et pas un instant je ne crus à son déséquilibre mental. Je devinais être la seule cause du malheur de mon ami, et j'en fus accablé. Son internement était un acte arbitraire destiné à supprimer les formalités judiciaires d'un procès qui eût prêté sans doute à des révélations compromettantes.

« Je subis trente mois sans me plaindre le régime des condamnés ordinaires, et, lors de ma libération, je quittai Bicêtre affaibli par les privations, dépourvu de ressources et vêtu de haillons.

« C'est ainsi que je me présentai chez les Boizard, qui me donnèrent des preuves de dévouement et d'affection que je ne devais jamais oublier.

« Vous le voyez, j'étais bien désormais l'obscur bâtard de Nicole Bigot, et personne ne se fut avisé de reconnaître le Dauphin dans le malheureux être famélique et désemparé qui courait Paris à la recherche d'un morceau de pain et d'un gîte...

« J'obtins un passeport pour Saint-Lô, et, grâce aux Boizard, je partis muni d'argent et proprement vêtu. Ma présence dans la famille Hervagault fut signalée dès la première heure au préfet qui enjoignit à sa police d'avoir l'œil sur moi.

« Trois mois de séjour chez mes pseudo-parents suffirent à révéler des instincts que je devais à ma naissance. Je connus l'horreur de la médiocrité bourgeoise et le dégoût des besognes obscures. Je refusai d'apprendre le métier de tailleur, et ne tardai pas à fuir un foyer où ma place n'avait pas été marquée.

« Une absence de quelques jours suffit à mettre la police en révolution, et, dès mon retour, je fus arrêté et considéré comme aventurier, vagabond, et récidiviste dangereux.

« Où était le danger, je vous le demande, si ce n'est dans

mon origine royale. Malgré les efforts qu'on faisait pour la cacher, elle perçait à chaque instant, et partout où je passais, des « initiés » se levaient pour me saluer.

« Cependant, comme cette fois-ci mon internement ne pouvait être maintenu tant il était arbitraire, on leva la difficulté en m'envoyant à Belle-Isle-en-Mer, où je fus incorporé dans le 4ᵉ bataillon d'infanterie de marine.

« La générale Roulland voulut bien me recommander chaudement au commandant de place, M. Aldebert, qui m'accueillit avec égard et m'accorda mille faveurs.

« Je fus exempté de corvées, et souvent de service, j'avais l'autorisation de manger dehors et de porter l'habit civil.

« De telles tolérances devaient attirer l'attention. Au bout de quelques mois, le commandant Aldebert fut remplacé par un nommé Christiano, qui inaugura sa prise de service par ma mise aux fers. Il espérait sans doute se signaler à la bienveillance de ses chefs par cet acte de férocité.

« Je demeurai enchaîné au cachot jusqu'au jour de mon embarquement à bord de la Cybèle qui stationnait à Lorient. Je subis, sur ce vaisseau, les plus mauvais traitements, et sans la secourable amitié du chirurgien Robert, qui voulut bien se dire mon ami, je serais mort de souffrance et de désespoir. J'appris de sa bouche qu'ordre était donné de me fusiller en cours de route, si les Anglais que nous nous préparions à attaquer semblaient devoir sortir vainqueurs du combat.

« Il s'agissait donc de se battre en désespéré, puisque de la victoire dépendait mon existence.

« Nous fûmes heureusement victorieux, et j'obtins pour ma conduite les éloges de ce même capitaine qui s'était ouvertement déclaré mon ennemi.

« J'avoue que la confidence du chirurgien Robert avait singulièrement refroidi mon zèle, et après avoir échappé une première fois au danger d'être fusillé, je désirais me soustraire définitivement à une semblable perspective.

« Nous venions d'aborder aux Sables-d'Olonne ; je demandai une permission, et j'obtins de descendre à terre. Après quelques journées d'hôpital consacrées à me remettre, je me rendis à Lorient accompagné de Robert, et j'y retrouvai des amis fidèles et dévoués qui réunirent pour moi une certaine somme.

« Je partis alors dans la direction du Havre, où je comptais m'embarquer pour l'Amérique ; mais la police veillait, et pour dépister ses recherches, je dus vivre plusieurs mois à la campagne, caché chez des amis... Naturellement, je fus porté comme déserteur et recherché avec d'autant plus d'insistance que l'on avait enfin un motif sérieux pour me faire arrêter.

« Je le fus en effet à Rouen, au moment où je me disposais à retourner au Havre pour m'y embarquer. On ouvrit une courte instruction, et par mesure de haute police autant que comme déserteur, je fus de nouveau interné à Bicêtre le 29 août 1809.

« L'amnistie accordée en 1810 par Napoléon à l'occasion de son mariage avec Marie-Louise me donna un instant l'espoir d'être libéré ; mais on répondit à la demande que je fis à ce sujet au Préfet de police, que l'amnistie ne s'étendait pas au délit dont j'étais accusé... Je compris alors que je devais renoncer à tout espoir de liberté si je ne parvenais à me libérer moi-même, et c'est ce que je fis en mai 1812.

« Je réussis, cette fois, à m'embarquer pour l'Amérique et je ne fus informé que beaucoup plus tard de ce qui se passa à Bicêtre après mon évasion.

« Le 9 mai 1812, c'est à dire quelques jours après que j'eus disparu, le préfet de police, d'accord sans doute avec le directeur de la prison, informa le ministre qu'Hervagault était mort la veille à Bicêtre. Hervagault père fut averti, et on lui délivra un acte mortuaire qui assurait désormais sa tranquillité. Cette mort officielle terminait l'histoire du Dauphin et me laissait désormais sans nom et sans état civil.

« Au Temple, on me substitua le fils du tailleur Hervagault ; à Bicêtre, ce fut un pauvre idiot nommé Arnout qui mourut à ma place.

« D'un bout à l'autre, mon histoire ne fut qu'une longue imposture ; mais je réclame de votre justice de constater que ce n'est pas moi qui l'ai commencée... »

... La lampe baissait... La petite pendule Louis XVI de marbre et d'or sonna d'une note grêle l'heure tardive, comme pour appuyer de son témoignage les derniers mots du Roi.

Monseigneur se leva :

« J'abuse, Madame, de votre attention et de vos forces... Mon projet était de vous conter en quelques mots, ma misère, si ce n'est avec l'espoir de regagner votre estime, du moins pour essayer d'amoindrir vos dédains... Une fois sur la route de ma vie, je me suis attardé et je vous ai entraîné avec moi dans le dédale de mes prisons... Demain, si demain nous appartient encore, et si vous m'y autorisez, je reviendrai m'asseoir auprès de vous, et je retrouverai le courage de finir ce récit... Ce soir, l'heure est avancée, et vous n'avez encore rien pris... Permettez-moi de me retirer... J'éprouve moi-même un immense besoin de repos, et une infinie lassitude... »

Le roi a pris la main que je lui tendais et l'a baisée sans que j'aie trouvé un mot pour unir nos pensées.

. . . .

Ce soir, à la même heure du crépuscule, Monseigneur, que je n'avais pas vu de la journée, s'est fait annoncer, et, après un court instant d'émotion, il a repris la suite de ses aveux :

« Mon séjour en Amérique fut marqué de mille incidents qu'il serait long de vous narrer. Ma vie près de Don Juan y était relativement douce, et je remplis par l'étude les heures de désœuvrement que me laissait une existence sans but. Je voyageai ensuite ; je visitai le Bengale, l'île de Ceylan, les colonies hollandaises, et je n'appris qu'en 1814, à mon retour au Brésil, les événements qui venaient de remuer l'Europe, et la chute de l'Empereur... Je résolus alors de rentrer en France et j'y arrivai en effet au commencement de 1815, au moment des Cent Jours.

« Je me rendis alors en Angleterre où je fus accueilli par le duc de Berry, qui n'a jamais cessé de me témoigner la plus vive affection.

« A mon retour de Guernesey, je vécus en France dans une obscurité complète... Attirer l'attention sur moi était un danger auquel je ne voulais pas m'exposer, et, dans l'ombre où j'évoluais, il m'était facile de me rendre compte de l'état des esprits. Ce fut pendant cette période que je séjournai quelques jours chez une veuve dont le fils, parti pour l'armée depuis une dizaine d'années, n'avait plus donné de ses nouvelles... Un voisin de cette femme crut me reconnaître pour son enfant, et, plus tard, on s'appuya sur ce vague témoignage pour essayer de me créer une nouvelle personnalité. Pendant les quelques mois de liberté qui me furent laissés, je réussis à voir un grand nombre de mes partisans, des amis dévoués à ma cause, et enfin le prince de Condé... qui me remit sa première lettre précieusement conservée, ainsi que d'autres documents. Je les joignis aux lettres de Don Juan, et je pris la route du Midi. En passant à Rodez, je confiai une partie de mes papiers au malheureux Fualdès, sans me douter que ce dépôt signait son arrêt de mort.

« Après avoir parcouru le Midi et m'être assuré des sympathies que je pourrais y rencontrer, je revins à Saint-Malo pour m'y embarquer. Je voulais aller prendre à Guernesey mon

argent, mes bijoux et mes papiers, que j'y avais laissés par
prudence, et j'étais bien résolu à revenir rapidement en France
afin d'y tenter un grand coup...

« La police, mise en éveil par l'affaire Fualdès, et toujours
préoccupée de ma personne, me mit en état d'arrestation sur
le bateau même qui m'emportait vers l'Angleterre, et je fus
conduit de brigade en brigade à la prison de Bicêtre, à Rouen...
Par un singulier hasard, je retrouvai là deux anciens marins
de la Cybèle, qui n'hésitèrent pas à me reconnaître pour le
canonnier Hervagault et, par suite, pour Charles de Navarre,
nom que l'on me donnait couramment sur le navire, en dehors
du service.

« J'ignorais encore à ce moment-là la mort fictive dudit Hervagault, et craignant d'être jugé comme contumace, récidiviste et déserteur, je m'efforçai de dissimuler cette personnalité... De son côté, l'autorité, qui avait connaissance de l'acte
de décès de Bicêtre, ne pouvait revenir à ma première identité,
et s'ingéniait à m'en créer une seconde suffisamment obscure
pour dérouter mes partisans.

« La chose n'était pas facile. Les preuves de ma naissance et
de ma véritable identité surgissaient de toutes parts, et si l'on
avait réussi à tuer Hervagault, le Dauphin restait bien vivant
dans l'esprit de ses partisans, et la providence semblait faire
revivre sous mes pas des témoins pouvant attester la vérité...
Cependant, on s'acharnait à l'étouffer, et j'étais moi-même
gêné pour la faire reconnaître par les délits qui faisaient
d'Hervagault un être voué à la mort.

« Dès lors, l'enchaînement des faits était rompu, mes assertions perdaient une partie de leur force, et je me décidai au
mensonge, dans le but d'atteindre à la vérité. Ce fut pendant
ma prison préventive qu'eut lieu mon entrevue avec ma sœur,
dans le parc de Versailles... Je vous l'ai racontée, Madame, et

vous savez quelle fut l'attitude de la Duchesse. Elle n'osa nier reconnaître en moi son frère ; mais elle me repoussa avec un cri d'horreur que je ne crois pas avoir mérité, et qui passa comme un glas sur toutes mes espérances.

« Le désir de me faire disparaître était si évident qu'on n'hésita pas à mettre le feu à la prison à différentes reprises. Mais, par un miracle attribué à la Providence par ceux qui croyaient à ma destinée, ce feu s'arrêta précisément à quelque distance de ma cellule, et l'une de ses victimes fut un espion nommé Larcher que la police avait placé auprès de moi pour me trahir... On essaya alors du poison, et sans une tasse de lait qu'un détenu parvint à me procurer et qui enraya le mal, j'aurais sans doute succombé. Le public eut cru à une indigestion, et le gouvernement libéré n'aurait plus à redouter le fils de Louis XVI.

« Cependant, on ne parvenait toujours pas à constituer un dossier suffisant pour me juger, et ma longue prévention dans les prisons de Rouen commençait à émouvoir l'opinion.

« Les calomnies répandues sur moi trouvaient peu d'échos ; de nombreux visiteurs venaient à Rouen pour voir le fils de Marie-Antoinette et de Louis XVI, et le gouvernement se voyait impuissant à détourner le courant de curiosité qui grossissait chaque jour. La visite de Mme de Tourzel, bien qu'elle ait été tenue secrète, impressionna les hésitants, et je crois bien que c'est à elle que je dus l'enquête faite à ce moment-là par M. de Montmort, de la part de ma sœur. Le vicomte de Montmort, accompagné du comte de Foulques, vint dans ma prison et me posa six questions ayant trait à l'intime de notre vie d'enfants. Je répondis sans hésiter aux cinq premières ; quant à la sixième, son insignifiance ne réussit pas à réveiller ma mémoire, fatiguée par tant de traverses... Je déclarai mon impuissance à y répondre, et M. de Montmort, dont l'hostilité était évidente, dut prendre texte de cela pour établir un rapport défavorable.

« Mes papiers, saisis lors de mon arrestation, ne pouvaient laisser de doute sur mon identité ; c'est pourquoi on cherchait avant tout à m'en appliquer une suffisamment obscure pour faire de moi le vulgaire escroc prêt à abuser de la crédulité des foules.

« En appuyant une condamnation sur ces bases, on préparait l'avenir... Il était évident qu'en réduisant mon procès à une simple affaire correctionnelle, on me rejetait dans le rang et désormais je ne pourrais plus en sortir sans être accusé aussitôt d'imposture et de récidive.

« Pour dissiper la fumée d'opinion qui gagnait la France et groupait en ma faveur nombre de royalistes, on décida en haut lieu d'élever un monument à la mémoire de Louis XVII, et de le placer dans l'église de la Madeleine, alors en construction. Puis, comme cette démonstration semblait insuffisante pour accréditer la légende de la mort du Dauphin au Temple, un avocat nommé Eckart fut invité à écrire la vie de celui qu'on appelait dans les milieux officiels : « Le martyr du Temple. » Il s'en acquitta avec zèle, et l'œuvre fut publiée sous ce titre : *Mémoires historiques de Louis XVII*.

« L'ouvrage fut répandu à profusion, et Louis XVIII récompensa l'auteur par la croix, et lui fit une pension.

« Toutes les précautions étaient donc bien prises contre moi, et je ne conservais guère d'espoir au fond de ma prison. Cependant, malgré les efforts qu'on faisait pour la convaincre, la mère Philipau se refusait à me reconnaître pour son fils, ce qui plongeait la justice dans un cruel embarras.

« Mes partisans triomphaient de son impuissance, et c'est alors que Bourbon-Leblanc publia son manuscrit : *Les pourquoi de 1817*.

« C'était une réponse victorieuse au volume d'Eckart, et un moyen d'acculer la justice en l'obligeant à donner une solution à l'interminable procès ouvert depuis plus de deux ans. « Pourquoi, demandait en terminant l'éminent avocat, pourquoi « ne le juge-t-on pas?...»

« L'effet de cet opuscule dont la concision et la clarté ne pouvaient prêter à aucun équivoque, fut immense, et l'opinion en fut encore une fois remuée. Grâce à la complaisance de M. de Bretteville, lieutenant-colonel de gendarmerie à Rouen, Bourbon-Leblanc fut admis à me visiter dans ma prison, et put m'entretenir des projets des initiés et de leur espoir de me voir bientôt sur le trône. Il me posa de nombreuses questions sur les événements de la Révolution, auxquels j'avais été mêlé, et partit plein d'enthousiasme et bien résolu à plaider ma cause... Dès l'arrivée à Paris, il fut appréhendé sous une absurde inculpation d'escroquerie, et sortit de prison seulement quelques jours avant l'ouverture des débats.

« On avait réussi, par ce moyen, à me priver du concours d'un homme éminent et dévoué.

« Je ne devais pas trouver chez Méjan les mêmes garanties, et vous savez quel fut le rôle de cet avocat avant et pendant le procès de Rouen... L'impossibilité de maintenir l'affirmation de mon identité avec Philipau était une des choses qui enrayaient l'instruction, aussi accueillit-on avec une joie non dissimulée la déposition d'un géomètre que j'avais rencontré aux Ponts-de-Cé en 1815, et qui avait entendu dire que j'étais le fils de Louis XVI. Il prétendit me reconnaître pour un imposteur ayant abusé dans le temps de sa crédulité, et qui n'était autre que Mathurin Bruneau, le fils d'un sabotier de Vezins.

« Cette confusion entre moi et l'homme dont on m'octroyait le nom tenait à peu de chose. Quelque temps après mon évasion, j'avais séjourné au château d'Angry, sous le nom de Charles de Vezins. J'y passai environ dix-huit mois.

« Pendant cette période, Mme de Turpin fit venir au château les deux enfants du sabotier Bruneau pour jouer avec moi, et plus tard, craignant qu'on ne découvrît qui j'étais, elle m'envoya passer un certain temps chez ce même sabotier, avec le nom et les habits de Mathurin Bruneau, qu'elle garda à ma place. Elle dut d'ailleurs s'en débarrasser peu de temps après, car il était vicieux et peu intelligent.

« Elle le renvoya, non à ses parents qui étaient morts, mais à sa sœur, Mme Delaunay, qui a constamment refusé de me reconnaître pour ce frère disparu.

« Je n'ai plus à refaire avec vous, Madame, l'historique du procès de Rouen. Vous en avez suivi la génèse de l'époque où il se déroula, et je sais que, depuis lors, sous l'empire d'une obsédante incertitude, vous en avez relu les étonnantes péripéties...

« Il est un point cependant sur lequel je vous demande la permission d'insister ; car, de toutes les accusations qui m'accablèrent, une seule portait vraiment atteinte à ma dignité...

« L'entente tacite qui existait entre la police et moi pour supprimer la personnalité d'Hervagault ne parvenait pas à l'écarter complètement des débats. Des témoins surgissaient, des incidents imprévus ramenaient malgré elle l'instruction sur le terrain glissant de l'idendité où elle s'efforçait de ne point s'engager, et je tremblais moi-même de voir le canonnier de la Cybèle et l'évadé de Bicêtre réunis en scène malgré la volonté du Tribunal.

« Dès mon transfert à la Conciergerie, j'avais été mis au secret, et Méjan lui-même, mon avocat, ne put obtenir de communiquer avec moi. Ces mesures de rigueur que rien ne semblait motiver, avait un but : me dissimuler à tous afin de répandre sur mon compte, sans contrôle possible, des bruits suffisamment injurieux pour détourner de moi l'intérêt et déconcerter mes amis eux-mêmes. Par ce moyen, on arrivait à prévenir un de ces remous de l'opinion qui effrayaient à juste titre Louis XVIII et son gouvernement... Je devais succomber sous le mépris public, et non devenir la victime innocente et persécutée de cette royauté apocryphe.

« On me présenta comme un être abject dont l'éducation était nulle, et les instincts bas. Je passai pour ne savoir ni lire, ni écrire ; on me reprocha mon intempérance, et mes réceptions à Bicêtre furent qualifiées d'orgies... Ce fut à ce point que les plus dévoués de mes partisans, déroutés par les bruits qui circulaient sur mon compte, crurent à une substitution de personne.

« Hélas, c'était bien moi qui souffrais dans les cachots de la Conciergerie, et je souffrais d'autant plus que j'avais conscience des heures de trouble qu'on m'imposait par des breuvages composés, qui m'étaient offerts à intervalles inégaux.

« Je les pris d'abord pour me rendre compte de leur effet. Ils n'offraient d'ailleurs aucune particularité permettant de les reconnaître, et je ne pouvais me laisser mourir de soif.

« Ensuite, mieux éclairé sur leur danger, j'aurais dû les refuser avec la dernière obstination ; mais ils provoquaient chez moi une sorte d'ivresse semblable à celle de l'opium, et le bienêtre que j'éprouvais apportait un soulagement à mes misères. On essayait parfois de nouveaux toxiques, et quand les effets qu'on en obtenait étaient suffisamment répugnants, on me laissait voir à ceux qui pouvaient accréditer le bruit de ma folie.

« C'est ainsi que fut préparée, de longue date, et avec mon inconsciente complicité, la comédie qui se joua à Rouen.

« Au moment du jugement et pendant la durée des audiences,

je fus soumis à un redoublement de poison qui dut altérer mes
facultés mentales. Les faits m'apparaissaient démesurément
grandis ou réduits à néant. J'éprouvais une excitation telle
qu'elle entraînait un désordre nerveux de nature à modifier
complètement mon attitude et même mes sentiments.

« C'est donc à l'aide de ces poisons qu'on a triomphé de moi,
et qu'on a jeté à terre un malheureux auquel on avait d'abord
enlevé ses facultés.

« Plus tard, quand j'ai relu moi-même ce procès où je jouai
sans m'en douter le rôle de bouffon, j'en ressentis une telle
honte qu'il m'eût été impossible d'avouer cette triste personnalité. Je répudiai avec énergie Mathurin Bruneau, parce que
l'abjection où on m'avait précipité, par des moyens artificiels,
me le rendait tout à fait étranger... En supprimant Hervagault
déserteur, j'avais espéré échapper au châtiment réservé à ce
genre de délit, et voici que, par une facilité dont je ne devais
plus m'étonner, le vrai Bruneau, celui dont je traînais les tares
et les fautes, comme un cortège de misère, avait, lui aussi,
déserté à Norfolk, et je retombais sous le même chef d'accusation.

« Vous savez quel fut le dénouement... A bout d'énergie,
lassé de tout, persuadé qu'on éloignerait ou qu'on achèterait
les témoins pouvant m'être favorables, je me laissai condamner
sans me défendre, sous ce nom infâme de Mathurin Bruneau...
J'étais affaibli par le régime cellulaire, écœuré par les défections qui se produisaient parmi mes amis, depuis qu'on
m'avait montré à eux dégradé et vicieux, et abruti par les
narcotiques qu'on ne cessait de me faire prendre...

« Je devine combien je dois vous paraître lâche, combien
votre jugement sur moi se trouve modifié par les aveux que
je viens de vous faire et dont vous aviez deviné déjà les
grandes lignes. Songez cependant, Madame, à quels dangers

je m'exposais en avouant Hervagault et en revendiquant mon identité avec le Dauphin. Je devenais, de ce fait, relaps, contumace, prisonnier qui a fui et déserteur... Ma vie déjà si menacée, tombait alors complètement au pouvoir de juges payés pour en faire bon marché... J'ai manqué de courage, j'ai voulu vivre tranquille et je supporte depuis plus de vingt ans les conséquences de cette faute... Une fois engagé dans la voie du mensonge, il devenait impossible d'en sortir sans jeter un discrédit sur toute ma vie, et je ne l'ai pas osé... J'ai essayé de tromper l'opinion par la publication de mes prétendus mémoires, qui furent imprimés grâce à votre générosité. Beaucoup, parmi les royalistes, les ont acceptés avec foi. M. d'Orcet fut le premier, et longtemps le seul, à en suspecter la vérité... Sa défiance, mise en éveil par certains faits, l'amena à en rechercher l'origine, et c'est après de nombreuses enquêtes que je suivais de loin, et avec un intérêt anxieux, qu'il osa soutenir sa théorie de la connexité entre trois individualités jusqu'alors distinctes.

« J'ai cru longtemps qu'il ne parviendrait pas à établir une corrélation directe entre cette trinité disparate dont j'avais seul la clef... Puis, peu à peu, je le vis arriver à la vérité par une orientation sûre, et c'est pourquoi je désirai le voir. J'éprouvais le besoin de décharger mon âme d'un poids qui l'écrase depuis trop longtemps ; mais je ne voulais parler qu'avec circonspection dans l'intérêt de ma cause. Je ne voulais ni abuser, ni éclairer M. d'Orcet. Je voulais savoir ce qu'il sait... Hélas ! Madame, c'est vous qu'il choisit pour étaler ses doutes. Il emplit votre âme des brumes de la sienne, sans vous donner le réconfort d'une certitude ; celle que je viens d'apporter à votre jugement signe sans doute mon arrêt d'expulsion. Vous savez, Madame, que je suis prêt à partir, mais non sans emporter une parole d'absolution.

« Trop de servitudes m'ont avili, trop d'épreuves m'ont dévoyé ; mais mon cœur garde encore les vestiges de sa royale origine, et c'est lui seul, Madame, que je veux aujourd'hui offrir à votre indulgence. »

Monseigneur était debout, très ému, un léger tremblement l'agitait.

J'ai glissé doucement jusqu'à lui, et, prenant une de ses mains dans les miennes, je l'ai respectueusement baisée.

« Monseigneur, ai-je dit lentement, je ne sache pas que le roi ait à rendre compte de ses actes. Le passé et l'avenir vous appartiennent ; vous fûtes hier, nous serez demain, car vous êtes le roi, et je reste la plus fervente de vos sujettes... Si vous le désirez, je disparaîtrai de votre horizon ; je quitterai Vauxrenard ; mais vous, vous ne partirez pas, et je reste à vos pieds. »

Monseigneur a retenu mes mains entre les siennes, et nous sommes restés un instant sans parole. Puis, lentement, nous avons gagné la salle à manger où Bernard nous attendait pour servir le souper.

.   .   .   .

Depuis que le roi a osé s'ouvrir à moi de son passé, une détente s'est produite. Il se reprend à me conter les heures de sa vie, ainsi que les anecdotes curieuses qui en marquent les phases. Il vit davantage dans l'intérieur et retrouve une partie de cette insouciance qui appartient aux gens qui ont beaucoup souffert.

Il revient volontiers sur le procès de Rouen, et précise certains faits qui n'appartiennent pas à l'instruction... Je l'écoute sans doute avec intérêt. Je garde à la royauté la même foi et le même dévouement, et Monseigneur est toujours le roi... Mais je ne puis me dissimuler qu'un gouffre s'est ouvert qui engloutit mes enthousiasmes. Une rafale a passé sur mon

vieux cœur et l'a désséché. J'accomplis désormais un devoir.
Je ne subis plus un entraînement... C'est peut-être mieux
ainsi ; j'ai dépouillé l'homme de la tunique d'illusion dont je
l'avais vêtu dans la ferveur de mon culte ; mais j'ai laissé le
roi sur son piédestal...

. . . .

Monseigneur éprouve un visible soulagement à parler du
passé. On sent qu'Il dut ruminer longuement ce procès qui,
pour longtemps, réduisait à néant ses espérances, et qu'il souffrit seul des injustices et des compromissions dont il se vit
entouré.

Il me raconte comment Méjan, sans être son ennemi, trans-
mettait au comte Decazes les moindres détails de son dossier.

Cet homme intrigant, intelligent et prévoyant, ménageait le
présent sans engager l'avenir. Ami et serviteur du pouvoir, il
voyait cependant en Monseigneur un prétendant et, à ce titre,
évitait de lui nuire... La défection de Chauffard, l'ancien gar-
çon boulanger de Rouen, l'ancien canonnier de marine qui
reconnaît tout d'abord le Dauphin rencontré en Amérique
lorsqu'il était près de Don Juan, et se rétracte ensuite à l'audience, est un fait sur lequel Monseigneur insiste. Il est en
effet la meilleure preuve de la pression exercée sur les témoins.
Pour prix de sa trahison, Chauffard, déserteur lui-même,
reçoit un grade dans la garde et une pension.

En 1816, on achète le silence de Mme de Tourzel en la créant
duchesse héréditaire.

Et c'est ainsi qu'on fait le vide autour du Dauphin, en
semant la trahison, en faisant naître la folie, en exploitant la
peur... On élève les uns, on fait disparaître les autres, et le
malheureux objet de tant de crimes sombre lui-même dans
un dédale d'intrigues où sa droiture et sa raison ne peuvent
plus se faire jour.

Le roi m'a conté aussi son évasion du mont Saint-Michel, où il fut transféré après un court séjour à Gaillon. Ce transfert fut effectué après une démarche de Mme Atkins faite dans le but d'apercevoir le Dauphin. Elle obtint, à prix d'argent, de se trouver sur son passage et lui, l'ayant reconnue, porta, d'un mouvement instinctif, la main à sa casquette. Ce geste fut remarqué de ses geôliers ; on crut sans doute à une entente entre les prisonniers et la visiteuse, et, dès le lendemain, le Prince quittait secrètement la prison de Gaillon...

. . . .

Le roi continue à suivre avec moi le fil de sa vie, et j'ai la satisfaction de sentir que je lui suis utile en ce moment. L'écouter, c'est alléger son âme encore pleine de rancunes passées. Moi-même, je prends un réel intérêt au récit des traverses qu'il a surmontées. C'est là un premier miracle qui en appelle un second, et la Providence, qui nous garda Louis XVII le réserve sans doute à de hautes destinées... Après son évasion, facilitée par la complicité des guichetiers, Monseigneur se rendit à Paris chez la duchesse d'Orléans, qui l'accueillit comme toujours, en prince et en fils... Ce fut, pendant les vingt-quatre heures qu'il passa caché auprès d'elle qu'Il vit pour la première fois M. Labreli de Fontaine, son secrétaire, le même qui lui remit plus tard le cahier de la duchesse, et les deux lettres de Condé.

En quittant Paris, le roi se rendit à Lyon où, de tous temps, des amis dévoués ont créé un centre d'initiés prêts aux plus grands dévouements. La police n'eut pas la pensée de l'y rechercher, et, d'accord avec le comte de Foulques, ce fidèle entre les fidèles, il dépista l'autorité. On le supposait en Belgique, tandis qu'il se rendait à Arles, où un maire étrangement naïf, abusé par une ressemblance, lui délivrait un passeport au nom de Bourbon. C'est grâce à ce passeport, sur lequel vinrent se greffer de nouvelles pièces officielles habilement soustraites aux autorités, que Monseigneur put quitter la France et séjourner un certain temps à l'étranger, dans une quiétude relative. Il y occupa ses loisirs à des travaux intellectuels et politiques, rédigea une protestation contre l'élection du comte de Provence au trône de France, et la fit suivre d'un résumé des choses qui s'étaient passées sous le règne de l'autocrate couronné par la Révolution.

Monseigneur a voulu me lire cet ouvrage, qu'il n'a pas pu malheureusement mettre au jour en temps utile. Il est écrit dans un sens très libéral et très juste. Je ne doute pas que, s'il eût été connu, il n'ait rallié autour du roi, sans coup férir, nombre de mécontents sincèrement monarchiques, qui ne voient en Louis XVIII qu'un intrigant irréligieux et vaniteux qui porta sur le trône plus de vices que de vertus.

La mort du duc de Berry survint pendant que Monseigneur était à Modène, et ce fut une des plus grandes douleurs de sa vie. Il en parle encore en pleurant, et ses larmes sont sincères.

Non seulement ce prince croyait en lui et défendait ses droits sans défaillance ; mais il a la triste conviction d'avoir été la cause de sa mort.

Le duc de Berry était de ceux à qui on ne saurait imposer silence, parce qu'on ne peut ni les acheter, ni leur faire peur, alors on les supprime et la raison d'État est là pour apaiser les consciences.

Le duc de Berry fut assassiné le 13 février 1820 ; le fils de Louis XVI fut arrêté à Modène, le 13 avril de la même année. Ces événements néfastes, qu'une chaîne douloureuse relie aux souvenirs de 93, semblent confirmer la légende, absurde sans doute, mais accréditée du nombre fatidique.

. . . .

Une anecdote contée par Monseigneur donne bien la note de son caractère.

Peu après son évasion, il se rendit à Marseille où il devait s'embarquer, et il y séjourna deux ou trois jours, à l'hôtel des Deux Pommes. Il s'y était fait connaître sous le nom de Bourbon, qu'il venait d'adopter, et rien ne l'eut désigné à la curiosité de l'hôtelier, si ce n'est le luxe de son linge et la distinction de sa personne. Il pouvait donc passer là inaperçu, et sans risques immédiats, à une époque où il avait des raisons bien sérieuses de redouter les recherches de la police. Mais il est le petit fils d'Henry IV, et une certaine gaminerie narquoise survit chez lui aux plus cruelles vicissitudes.

Étant donc sur le point de quitter l'hôtel des Deux Pommes... et Marseille, il demande à l'hôtelier de lui donner un couteau, du vinaigre et une aiguille, et grave sur le couteau Louis XVII, roi, 1793.

En payant sa dépense, Monseigneur feint d'avoir oublié ce couteau dans sa chambre et recommande à l'aubergiste de le rapatrier. Cette sollicitude pour un objet sans valeur éveille la curiosité de cet homme, et aussitôt après le départ de l'inconnu, il monte dans la chambre et lit l'inscription gravée sur la lame.

Aussitôt, l'émoi est grand dans l'hôtel, les alentours sont en rumeur. Le bruit se répand de la présence du Dauphin à Marseille, et la ville s'émeut...

L'aubergiste craignant de se voir compromis dans un complot, se précipite et remet l'objet en question aux mains de la police, avec le signalement de son royal client et le nom qu'il se donna en arrivant à l'hôtel.

M. de Villeneuve, alors préfet des Bouches-du-Rhône, est aussitôt informé, et s'empresse lui-même de faire un rapport au ministre de l'Intérieur. Ordre est donné de rechercher le

Prince et pendant qu'on s'informe de lui à Arles et Lyon, Monseigneur prend tranquillement la route de Bastia.

Il n'en est pas moins vrai qu'Il venait de sacrifier une partie de sa sécurité à une poussée d'orgueil, bien légitime sans doute, mais inutile pour la circonstance, et à une gaminerie de prince, qui livrait au gouvernement cette personnalité de Bourbon derrière laquelle il pouvait s'abriter longtemps.

En fait de signes extérieurs pouvant aider à retrouver le Dauphin à travers les phases si diverses de son existence, Monseigneur m'a fait voir comment il plaçait dans le paraphe de ses diverses signatures les trois points maçonniques destinés plus tard, si cela devenait nécessaire, à confirmer ses multiples identités.

Le Roi a retrouvé une grande partie de sa quiétude. La gêne qu'Il éprouvait en face de moi au moment où il m'a livré le secret de sa vie, se dissipe de jour en jour... Une sorte d'insouciance succède chez lui à l'agitation des mois précédents.

Monseigneur sort beaucoup dans le parc. Il passe des heures assis dans un fauteuil confortable, les yeux clos à demi, des journaux et des livres à portée de sa main.

On dirait qu'il éprouve l'ivresse de ne pas penser après avoir appliqué son cerveau à trop de réflexions.

. . . .

Ma mentalité diffère de celle du roi. Je ne parviens pas à passer l'éponge sur le passé où s'engloutit la religieuse illusion qui faisait un héros du petit-fils de Saint-Louis.

Je reconnais sans doute par quelle implacable fatalité Monseigneur fut amené à se renier lui-même, et je ne saurais trouver le courage de le blâmer ; mais je souffre jusque dans les fibres les plus intimes de mon être de la déchéance qu'Il fut contraint d'accepter. Je ne puis voir le roi que porté sur des lis, et le procès de Rouen me l'a montré travesti en bouffon...

La faculté de souffrir a sans doute des limites. Elle s'use comme les autres facultés, par un trop long service, et laisse inertes les organes où elle se répercute.

Chez Monseigneur, cette faculté est affaiblie, sinon éteinte. Chez moi, elle vient de s'éveiller...

Ma vie fut terne, vide de joies, lourde d'ennuis ; mais je ne connus pas la souffrance ; cette souffrance intense qui voisine avec la folie, qui naît d'une suprême détresse morale ou physique et nous soulève si haut dans la région du désespoir, que nous ne saurions retomber sans nous briser.

J'ai souvent observé, chez les êtres qui ont beaucoup souffert, cette accalmie qui succède aux grandes crises.

Sans doute, la nature prudente exige ce repos momentané des facultés, pour y retremper les forces morales de celui qu'attend une nouvelle lutte...

.   .   .   .

Monseigneur part pour Lyon. J'irai l'y rejoindre dans quelques jours, quand j'aurai donné à Vauxrenard les soins de la maîtresse de maison... D'ailleurs, je ressens un désir de solitude qui succède tout naturellement à la grande secousse morale dont je me remets à peine... J'éprouve le besoin de me recueillir, de penser, d'apaiser dans la retraite le dernier tumulte de mes sentiments.

Le roi lui-même se trouvera bien d'une existence moins morne que celle que nous menons ici. Lyon est le centre où, de tous temps, se réunirent ses partisans. Il y est populaire, et il est naturel qu'il éprouve la douceur d'y vivre.

L'abbé Perreau, le docteur Nicod et les messieurs Valon, tous dévoués à sa cause et à sa personne, prendront soin de lui en mon absence.

.   .   .   .

Monseigneur, qui réside secrètement à Paris en ce moment,

m'annonce que sa sœur vient de donner l'ordre à M. de Blacas de faire procéder à une enquête sur son identité.

Les gentilshommes enquêteurs sont M. de Bruges et le vicomte de Montchenu.

Ces messieurs, convaincus de longue date de l'existence et des droits du Dauphin, ne peuvent, semble-t-il, faire un rapport défavorable, et le roi fonde là-dessus de folles espérances... J'avoue être plus sceptique.

La duchesse d'Orléans est une nature froide, pliée dès l'enfance à la dissimulation.

Elle a souffert sans doute, et à cause de cela, je devrais lui être indulgente ; mais j'ai vu de trop près les souffrances de son frère pour lui pardonner. D'ailleurs, sa nature m'est antipathique. Cette princesse avaricieuse et rigoriste, imbue de préjugés bourgeois, courbée sous la volonté des princes jusqu'à respecter en eux les usurpateurs d'un trône qu'elle sait appartenir à son frère, me paraît indigne de sa naissance, et si je n'avais le culte de la Reine et de sa mémoire, j'accueillerais comme probables les calomnies habilement tenues en réserve par Louis XVIII pour le cas où elle se souviendrait de son rang.

Monseigneur garde sur elle des illusions que je respecte. Dieu veuille qu'elle ne se charge pas elle-même de les étouffer sous de la cendre.

. . . .

Les espérances du roi se sont encore une fois évanouies... L'enquête ordonnée par la Dauphine venait de se terminer. On avait mis Monseigneur en face de gens l'ayant connu à Versailles ou aux Tuileries, et la précision de ses souvenirs certifiait son identité. M. de Montchenu avait fait son rapport. Il ne restait qu'à en établir le procès-verbal régulier, quand M. de Blacas est mort.

Cette circonstance a rejeté la duchesse dans ses éternelles hésitations.

N'étant plus sous l'inspiration du duc de Blacas, en qui elle avait confiance, elle dut retomber sous des influences contraires au Roi, et elle a donné l'ordre de suspendre l'enquête.

Monseigneur exprime sa désolation en termes véhéments. La conduite de sa sœur blesse en lui le frère et le souverain. Malgré tout, on sent percer une révolte contre cette femme qui, d'un mot, pouvait le porter au trône, et effacer de sa vie jusqu'à la trace de ses douleurs, et dont la froide incertitude se heurte au moindre obstacle, accepte sans contrôle les pires calomnies et va porter au pied de l'autel la pieuse hypocrisie de ses vertus apparentes.

Il est des servantes de Dieu dont la fonction paraît être de rejeter hors du sanctuaire les âmes droites et loyales qu'écœure la duplicité.

Monseigneur me dit qu'Il dîne une fois la semaine chez le vicomte de Montchenu, et j'en suis heureuse. Il trouve dans cette maison amie le réconfort nécessaire pour surmonter le découragement qui menace de l'envahir.

Je crains toujours que la police, mise sur ses traces par une imprudence, ne vienne encore s'abattre sur *lui*, et je ne cesse de lui conseiller de quitter Paris.

. . . .

Vauxrenard est en fleurs... C'est le renouveau et la vie... Pour moi, c'est le souvenir... et l'espoir...

Le roi parle de retour ; mais ce n'est pas vers ce retour que vont mes aspirations. C'est vers le retour monarchique, le seul qui m'intéresse aujourd'hui. Je ne puis accepter une royauté que je ne reconnais pas, et je ne voudrais pas mourir sans acclamer le fils de Louis XVI.

. . . .

Le roi est rentré fatigué de son séjour à Paris, mais moins démoralisé que je ne le craignais. Il a repris ici ses habitudes et le récit qu'il me fait journellement des mois passés là-bas anime notre solitude d'une vision de vie.

Désormais, nos deux existences sont liées par une pensée unique : la monarchie. Et cette pensée éclaire notre déclin d'un lumineux rayon.

. . . .

Hier, j'ai appris par Monseigneur que Naundorff, le Dauphin qui surgit lors du procès de 1834, est affilié à la secte des Vingtras. Cette secte, composée en majeure partie de prêtres apostats qui se livrent, dans leurs réunions, à des sacrifices abominables, a été condamnée à différentes reprises, par la grande voix de l'Église, et on s'étonne qu'un candidat au trône de France ait osé se présenter sous une pareille étiquette.

On reproche à Monseigneur son libéralisme, comme une tare suffisant à l'éloigner du trône, et on voit des gens sensés et honorables, tels que Bourbon-Leblanc, accueillir avec faveur les prétentions d'un aventurier doublé d'un mécréant.

. . . .

On écrit de Paris à Monseigneur qu'il est question d'accorder une amnistie aux condamnés politiques à l'occasion du mariage du duc de Nemours.

Louis-Philippe en aurait conféré avec le préfet de police, et, en principe, la chose serait adoptée.

Cette mesure de grâce permettrait à Monseigneur de séjourner ostensiblement à Paris, et lui faciliterait bien des démarches qu'il ne peut faire, étant sous le coup de la loi. L'existence ouatée de bien-être et de monotonie que mène ici le roi ne convient ni à sa nature, ni à ses intérêts.

Il est de toute évidence que, mis en contact journalier avec ses partisans, il en augmente le zèle et le nombre. Disparaître est un danger. Dans une existence aussi mouvementée que le fut jusqu'ici celle du prince, la lutte devient l'ordinaire de la vie. On ne l'abandonne pas sans éprouver un vide.

. . . .

Monseigneur, désarçonné un moment par le mauvais vouloir de sa sœur, reprend courage, et voici que, depuis des semaines, il rédige un mémoire à l'adresse de M. de Montbel.

Si, comme il l'espère, l'amnistie est votée, son projet est d'introduire aussitôt une instance en restitution d'état civil. Il a la certitude de grouper les éléments nécessaires, et des témoignages favorables s'offrent chaque jour à lui.

Il informe M. de Montbel de ses intentions et lui promet d'atténuer, autant que possible, dans ses revendications, le souvenir des persécutions exercées contre lui par sa famille, de manière à rendre sa reconnaissance possible.

Le roi appuie sa lettre des résultats de l'enquête faite en 1839 par M. de Bruges et M. de Montchenu, sur l'ordre même de la Dauphine.

La mort de MM. de Blacas et de Bruges prive Monseigneur de ses plus précieux alliés. Mais le vicomte de Monchenu, qui reste seul de ce trio, a voulu consacrer les résultats de l'enquête par une attestation écrite, dont le poids ne peut échapper à la loyale sagacité du comte de Montbel.

. . . .

L'amnistie est enfin votée. Le roi s'y trouve compris et, sur l'heure, il a commencé ses préparatifs de départ. Il reviendra ici passer les mois chauds, et il m'a promis de me tenir au courant de sa vie par de fréquents bulletins.

Il est très désireux de faire remettre le plus tôt possible, à M. de Montbel, la lettre qu'il lui destine. C'est un pressant appel à la justice des siens, qui doit être remis en mains propres par un messager sûr.

M. d'Auriol s'offre à le porter lui-même, et Monseigneur compte le voir à Paris ces jours-ci, afin de combiner avec lui les menus détails de son ambassade.

. . . .

Monseigneur est parti. Le château me semble vide, tant je suis habituée à entendre traîner son pas sur les dalles du vestibule, et résonner sa voix dans le grand silence qui nous entoure. Encore une fois je suis seule... Seule comme après un veuvage... Seule, comme je le fus tout le long de ma vie jusqu'au jour où je *Le* rencontrai après l'avoir tant cherché !

Dans mon existence, *Il* a été « l'unique ». Je puis dire que j'ai fait hommage au roi de ma vie tout entière.

De Trianon à Vauxrenard, la chaîne fut ininterrompue ; toute en souvenir d'abord, en illusion ensuite, aujourd'hui faite de tristesses, de réalités, d'espérances...

Le roi fut toujours le roi, et moi sa sujette... Pourquoi se souvenir d'autre chose...

. . . .

M. d'Auriol a remis au comte de Montbel la lettre de Monseigneur, et celui-ci en a aussitôt fait part à la duchesse d'Angoulême.

Après l'avoir lue, elle a beaucoup pleuré, et s'est amèrement plainte de la domination qu'exerce Metternich sur la famille royale. Puis, comme M. de Montbel insistait pour qu'elle donne une suite quelconque aux réclamations du Prince, elle est partie pour Vienne afin de conférer avec le ministre de l'Autriche.

A son retour, elle a confié à son chambellan favori que Metternich l'avait fort mal reçue.

Il lui a exposé qu'il était impossible d'admettre une réclamation judiciaire de la part du duc de Normandie ; qu'elle serait cause d'un grand scandale pour les souverains de la

Sainte-Alliance, et qu'elle apporterait une complète perturbation dans les traités de 1815. Il a terminé en déclarant que, personnellement, il prendrait les mesures nécessaires pour empêcher la reconnaissance de Louis XVII.

« Je l'ai eu longtemps entre les mains, aurait ajouté Metternich avec cynisme, et j'ai évité une grande faute à l'empereur d'Autriche en le faisant partir clandestinement. Il se fut laissé attendrir, et le Dauphin, reconnu par lui, règnerait aujourd'hui sur la France. »

La duchesse est repartie, courbée comme toujours sous la volonté des autres, n'ayant pas l'énergie de défendre son frère, ni la dignité de relever la tête sous l'outrage fait à celui qui est en somme son souverain.

Qui sait si, dans le fond, elle ne cherche pas, en dehors d'elle, un appui contre sa propre faiblesse... Elle redoute sans doute de se laisser gagner, et désire conserver la cuirasse d'indifférence que le temps épaissit autour de son cœur. Il est un attendrissement que la Dauphine n'a jamais connu, c'est celui de la Bourse, et la pensée d'être redevable au duc de Normandie d'une immense fortune, si jamais il était reconnu, doit influer, j'en suis convaincue, sur son désir de vérité. Elle feint de redouter l'imposture quand c'est la restitution de ses biens qui la préoccupe. Elle sait depuis longtemps à quoi s'en tenir sur les liens qui l'unissent à Monseigneur ; mais son cœur, fermé à toute tendresse, refuse de s'ouvrir pour lui, et les enquêtes qu'elle tolère, ou ordonne, ne sont que des faux-fuyants destinés à cacher son avarice et son indifférence.

M. de Suvigny, par qui j'ai eu connaissance des faits que je rapporte aujourd'hui, m'assure que je suis injuste, que la duchesse fut toujours impuissante à imposer aux Princes la reconnaissance du Dauphin.

Je me souviens qu'au moment du Procès de 1834, lorsque j'attendais rue d'Ulm le résultat des audiences, Suvigny venait souvent, sa journée de labeur terminée, causer avec moi de l'unique sujet qui fut alors en cause : le Roi ! Et comme je manifestais mon antipathie pour sa sœur, il essaya de la combattre par le récit d'anecdotes qui semblent aller à l'encontre de mes préventions.

Il me conta, entre autres faits, qu'en 1827 la Dauphine, étant en Normandie, se rendit seule à Saint-Lô, et pria Mme d'Estournel, la femme du préfet, de lui servir de dame d'honneur ! Elle descendit à la préfecture et, aussitôt arrivée, manifesta le désir de voir Nicole Bigot, la mère d'Hervagault, l'enfant du Temple et le héros du Procès de Reims. Elle espérait sans doute tirer de cette femme quelques éclaircissements sur la substitution de l'enfant au Temple, et la personnalité d'Hervagault, le prisonnier de Bicêtre...

Nicole Bigot déclina l'honneur de la voir, et se refusa à toute confidence sur ce qu'elle appelait : le malheur de sa famille.

Sans doute la pauvre femme, déjà écrasée d'ennuis par les frasques d'un fils qu'elle ne parvenait pas à reconnaître, s'effrayait des suites d'un entretien avec la Dauphine.

Qu'elle affirmât ou qu'elle déguisât la vérité, elle redoutait de nouvelles persécutions.

La duchesse ne voulut pas avouer que le désir de rencontrer Nicole Bigot avait été le seul but de son voyage... Elle séjourna deux jours à Saint-Lô, et partit en laissant au préfet une somme de 1.000 francs qu'il fit aussitôt distribuer aux pauvres.

. . . .

Une longue lettre de Monseigneur, reçue par ce dernier courrier, me préoccupe. Il y est fait mention d'un accident qui

ne me semble pas naturel, et je me demande si l'on n'essaie
pas de lui tendre un nouveau piège.

Voici ce que dit le Roi :

« Je fus abordé hier, pendant ma promenade quotidienne,
par un individu de mise correcte et d'aspect honorable qui
me fit un étrange proposition. M. le Baron, me dit-il avec les
marques d'un grand respect, j'occupe un poste élevé au château, et je sais de source certaine qu'on y est bien disposé
pour vous.

« Et comme je l'examinais sans répondre, il poursuivit, non
sans une certaine hésitation :

« Pourquoi n'accepteriez-vous pas un hôtel avec le revenu
« nécessaire pour y vivre honorablement ?... Personne ne son-
« gerait à vous inquiéter, et vous y jouiriez d'un grand bien-
« être... »

« J'ai répondu à l'homme, que je devinai bien vite être un
agent de la police du château, que pareille proposition m'avait
déjà été faite ; mais que je l'avais repoussée, comme je refu-
sais la sienne...

« On n'offre pas au roi de France, lui dis-je, une cabane
sur son domaine... Avant peu les tribunaux seront appelés à
juger de la valeur de mes revendications.

« Là-dessus le bonhomme, piteux et déconfit, a pris congé
sans insister, et j'ai su depuis, par Suvigny, qui est au courant de tout, que c'est un certain Wedimbach, et qu'il appartient à la haute police du château.

« Voilà, Madame, ce qui se passe à Paris. On essaie
d'y corrompre le fils de votre roi par des propositions
avilissantes. Mais, rassurez-vous, si le passé m'a trouvé
lâche devant la persécution et ses souffrances, j'ai puisé
près de vous, et dans l'expérience acquise, une force que les
années ne parviennent pas à affaiblir. L'affaire Carlier et

les intrigues de la Durut n'auront pas une seconde édition. »

. . . .

Je me décide à partir pour Lyon.

De grandes pluies ont dévasté le parc, les massifs ne sont plus qu'amas de tiges pourries, et la belle teinte cuivrée de l'automne a disparu, lavée par l'averse incessante qui, depuis huit jours, gonfle tous les cours d'eau.

Les allées sont ravinées ; il est impossible de sortir, et le château, où pénètre un jour parcimonieux, me fait l'effet d'un grand sépulcre habité par des fantômes.

Ce sont mes espérances éteintes, mes joies évanouies, mes illusions décimées comme les fleurs par une bourrasque imprévue qui peuplent ces lieux et m'attristent.

J'ai besoin de retremper ma foi auprès de cœurs moins atteints.

A Lyon, les amis de Monseigneur me rendront un peu de cet enthousiasme que l'âge affaiblit, que l'incertitude décourage et que l'attente finit par altérer.... Mon Dieu, je suis lâche à mon tour, et mon découragement ressemble à une défection.

. . . .

Comme je l'avais prévu, les agissements de l'agent Widembach devaient avoir une suite. Voici des mois que l'incident semblait oublié, quand, tout à coup, le chef de la police ayant réussi à s'introduire auprès de Monseigneur, lui transmit, de la part de Louis-Philippe, la plus étrange des propositions.

« Le roi, lui a-t-il dit, veut bien vous reconnaître comme le fils de Louis XVI ; mais à une condition, c'est que la reconnaissance sera tenue secrète, et que vous lui remettrez toutes les pièces et tous les papiers qui sont encore en votre possession. »

C'est bien mal connaître le fils de Marie-Antoinette que de

chercher à lui faire commettre une lâcheté. Monseigneur tient de sa mère cet orgueil vraiment royal, qui n'abandonna pas un instant la Reine pendant les heures les plus dures de sa captivité. Il a répondu, avec hauteur, qu'il n'accepterait jamais de pareilles conditions; que sa reconnaissance aurait lieu au grand jour, et que, sous peu, ses revendications porteraient devant l'opinion un débat que l'on cherchait à éteindre dans une cave.

Le mandataire des Tuileries s'est alors retiré; mais il revint, quelques heures après, accompagné de deux agents, et mit Monseigneur en état d'arrestation.

Le Prince apprit, le lendemain seulement, et avec une certaine surprise, qu'il était en rupture de banc, et l'interrogatoire qu'on lui fit subir lui prouva encore une fois qu'on avait recours à une fausse identité pour justifier les manœuvres de la police.

Ce fut sous l'étiquette d'un forçat libéré, appelé Claude Perrin, qu'il fut soumis à un long questionnaire.

Naturellement, il n'eut pas de peine à démontrer l'erreur, et on s'empressa de le remettre en liberté; mais le but du gouvernement était atteint. Une perquisition minutieuse avait été faite chez le roi pendant qu'on le tenait enfermé. Elle ne donna pas les résultats qu'on en espérait, Monseigneur ayant eu la prudence de déposer chez des amis les papiers qui peuvent aider à sa reconnaissance.

Il n'en a pas moins été très secoué par ces nouvelles attaques, et les beaux jours étant revenus, il m'annonça son retour...

. . . .

Vauxrenard est en fête... Nous attendons le Roi !... Le docteur Nicod et les messieurs Valon ont bien voulu m'aider à le recevoir. J'aurais voulu avoir en même temps l'abbé Perreau ; mais ses fonctions le retiennent à la Croix-Rousse.

Depuis hier, nous remplissons le château de lis, comme lors de sa première arrivée.

J'étais seule alors pour le recevoir. Mais j'avais conscience de porter à ses pieds une telle foi et une telle ardeur qu'elles suffisaient à lui faire cortège.

Aujourd'hui, j'ai besoin du concours de ces messieurs pour donner à sa venue un peu de cette solennité que réclame son âge et son rang.

Monseigneur va retrouver ici le calme, et, pour un temps, il en ouira. Nous reprendrons l'inépuisable écheveau de nos souvenirs ; le roi reverra à Lyon de fidèles amis, dont le dévouement le délasse de l'injustice des siens. Il rayonnera aux alentours, et attendra ainsi l'heure favorable à de nouvelles revendications...

Un bruit de voiture ! Une portière qui s'ouvre, c'est lui !... Vive le Roi !...

. . . .

Le duc de Doudeauville, dont les sympathies s'égarèrent un instant sur Naundorff, à la suite de l'entretien de ce dernier avec Mme Rambaud, celle que le roi appelle encore « Rambaud » tout court, et qui fut sa berceuse, ne cesse de presser Monseigneur de voir cette femme, dont les fausses déclarations peuvent devenir dangereuses.

Depuis l'entrevue qu'elle eut en 1833 avec Naundorff, surgi de l'ombre à point pour servir les intérêts des Tuileries, elle ne cesse de proclamer qu'il est véritablement le fils de Louis XVI.

Ce prétendant prussien qui puisa à diverses sources les menus renseignements dont il se sert pour abuser l'opinion, eut facilement raison des objections de celle qu'on appelle aujourd'hui Mme de Rambaud. Dès lors, il se targua de cette reconnaissance comme d'un fait décisif, et le roi sourit en en lisant les détails.

Je m'étais demandé souvent pourquoi Monseigneur n'avait jamais cherché à revoir cette femme ; à joindre son témoignage à celui de la veuve Simon, et à tant d'autres recueillis auprès d'anciens serviteurs et de gardiens du Temple.

J'ai aujourd'hui la clef du mystère.

Hélas ! Que de turpitudes se glissent autour des princes et les souillent dès leur enfance.

Ce n'est pas Simon, encore moins sa femme, qui furent les premiers à ternir l'innocence du Dauphin ! Une femme y avait suffi, et cette femme avait la confiance de la mère et de la gouvernante !

J'ai compris, à travers bien des réticences, les motifs qui éloignèrent Monseigneur d'une entrevue avec Mme Rambaud.

Cependant, devant l'insistance du duc, le roi hésite. Il comprend combien il est maladroit de laisser s'accréditer des bruits qui peuvent nuire à ses intérêts.

Aussi, malgré sa répugnance, qui est faite à la fois de dégoût et de tendresse encore vive, car il aima beaucoup Rambaud et ne saurait l'oublier, va-t-il écrire à M. de Doudeauville de lui préparer une entrevue avec cette femme.

. . . .

Monseigneur part demain. La saison s'avance, et de nouveau un besoin d'action l'agite. Je vais moi-même regagner Lyon pour quelque temps.

Voici nos vies encore une fois séparées en apparence, tandis qu'en réalité elles restent unies par une chaîne dont les anneaux sont faits d'habitude, d'espérance et de foi. Le marteau de la réalité, qui vint en détruire les guirlandes, ne put en dissoudre les chaînons.

. . . .

19

Aussitôt à Paris, le roi a prié le duc de Doudeauville de l'accompagner chez son ancienne femme de chambre, et c'est lui-même qui me mande aujourd'hui les détails de l'entrevue :

« L'accueil de Rambaud, qui ne m'avait pas vu depuis 1792, fut plutôt froid. Il était évident que, conquise par Naundorff, elle se tenait sur la défensive, croyant avoir à faire à un imposteur.

« Je fus très ému en la revoyant. Cependant, je ne retrouvais rien en elle de la belle jeune femme dont j'avais gardé la vision.

« La présence de sa petite-fille et du duc de Doudeauville imposant à mes souvenirs une certaine retenue, je ne parvenais pas à la convaincre, et elle restait murée dans une sorte de neutralité gênante.

« Le duc comprit sans doute ce qui se passait en elle, car il sortit, emmenant la jeune personne.

« Aussitôt notre conversation prit un tour plus intime ; je rappelai à Rambaud certains faits qui se passaient entre nous, et dont jamais, ni elle, ni moi, n'avons parlé.

« Elle en parut vivement impressionnée, et me posa diverses questions auxquelles je répondis sans hésiter.

« Là-dessus, elle se leva et, appuyant sur mon épaule une main qui tremblait :

« Entre vous et lui, dit-elle, je ne vois que Dieu qui puisse aujourd'hui faire un choix.

« Puis elle se laissa retomber, le visage baigné de larmes.

« Je m'approchai alors et lui dis doucement :

« Tu sais, Rambaud, combien je te trouvais belle !... Je te le disais chaque jour à Trianon... »

« Ses pleurs ont redoublé ; elle a pris ma tête entre ses mains comme lorsque j'étais petit, et m'a baisé au front plusieurs fois en répétant : « Charles ! Oh ! Mon petit Charles ! »

« En sortant de là, le duc m'a affirmé qu'elle n'avait consenti à faire des déclarations en faveur de Naundorff qu'après de longues hésitations, et que sa reconnaissance de ce prétendu fils de Louis XVI venait bien plutôt de son grand désir de retrouver le Dauphin que d'une conviction basée sur des certitudes...

« Quoi qu'il en advienne, j'ai revu avec une singulière émotion celle dont les bras ont bercé mes premiers sommeils, et dont la beauté éveilla mes premiers désirs. »

Monseigneur ne me cache pas qu'il n'attend aucun résultat sérieux de cette entrevue. Il va s'occuper à Paris de grouper un petit nombre d'amis, afin de s'entendre avec eux sur les démarches à faire pour préparer sa reconnaissance d'État.

Depuis le procès de 1834, il ne signe plus : Baron de Richemont, mais bien : ex-baron de Richemont, de façon à établir que ce nom n'est pas le sien, et qu'il ne s'en sert que pour attendre la reconnaissance au grand jour de son véritable état civil.

Il a dit devant tous s'appeler le duc de Normandie ; il ne peut aujourd'hui se déjuger en portant ouvertement un nom qui n'est pas celui-là...

Richemont voile tout simplement son identité d'une transparente étiquette...

. . . .

Les messieurs Valon travaillent ici pour le roi, et ma présence à Lyon n'est pas inutile. Ses plus zélés partisans se groupent autour de moi, et mon salon devient le point de ralliement où se retrouvent les initiés.

Ceux-ci répandent la bonne parole dans les centres ouvriers où Monseigneur reste très populaire et les quelques secours que je fais distribuer en son nom achèvent d'attacher à sa cause les indifférents et les tièdes.

Dans les usines, on acclame le fils de Louis XVI, et mon vieux cœur bat plus vite quand ces cris montent jusqu'à moi.

. . . .

La vue de Mme Rambaud a réveillé chez le roi le souvenir d'autres femmes qui furent attachées comme elle à son service, et dans sa dernière lettre il me parle du désir qu'il a de les retrouver :

« En admettant, m'écrit-il, que leur reconnaissance ne serve en rien ma cause, j'éprouverai à les revoir une joie singulière... On pourrait croire qu'en vieillissant les souvenirs s'atténuent, les sentiments s'altèrent, et que l'enfance, lointaine, s'estompe de brumes toujours plus épaisses. Il n'en est rien cependant, et c'est au contraire lorsque l'âge pose sa cendre sur les flammes trop vives des jeunes années que le cœur acquiert sa pleine lucidité. Il est alors accessible à des émotions qui l'eussent laissé froid quand la passion y tenait trop de place, et c'est lorsque l'avenir n'est plus qu'un grand point d'interrogation placé en face d'une tombe que nous revenons volontiers vers le passé... Mme de Saint-Brice et Thérèse Hattier, mariée et veuve depuis lors, habitent toutes deux Paris et se rencontrent quelquefois avec Rambaud. J'ai prié Suvigny de s'informer de leur résidence, et je m'arrangerai pour les voir, sans me faire reconnaître d'abord ; ensuite, en éveillant leurs souvenirs.

. . . .

La présence à Paris de l'abbé Jacolet, l'ancien aumônier du prince de Condé, est pour le roi une grande douceur. Il ne peut oublier ce que fut Condé pour lui, et les témoignages d'affection qu'il en reçut après que ce prince l'eut retiré du Temple.

La duchesse d'Orléans, le prince de Condé et le duc de Berry sont les trois membres royaux dont la chevaleresque loyauté balance l'indignité du reste de sa famille.

Monseigneur fonde des espérances sur la noble nature du duc de Bordeaux. Certes, je voudrais les partager ; mais je redoute chez le prince la même faiblesse qui marque le caractère de sa tante, la duchesse d'Angoulême. Or, la faiblesse est le tampon qui atténue ou neutralise l'élan généreux d'une âme mal trempée.

L'abbé Jacolet et le roi se retrouvent sur un terrain de commune sympathie, et ce grand nom de Condé, que le prince ne prononce jamais sans une profonde émotion, revient sans cesse entre eux.

. . . .

Monseigneur est venu passer avec moi les fêtes de Pâques... Je ne le vois guère plus à Vauxrenard en dehors de la saison d'été ; mais, de loin, je suis sa vie, j'en partage les angoisses et les espérances, et je m'efforce de donner au roi les preuves de dévouement qui sont en ma possibilité.

Je désirais vivement régler avec lui certaine question d'intérêt qui me préoccupe. Je me sens devenir vieille ; des oppressions me signalent un affaiblissement du côté du cœur ; je ne me fais pas illusion sur ma santé. Sans être malade, j'ai ce mal irrémédiable de l'âge, auquel nous devons tous succomber.

Monseigneur est plus jeune que moi. Il peut, *Il* doit me survivre, et alors ?... Alors, mon devoir est de lui assurer, sans froisser sa délicatesse, une existence large et facile, nécessaire à sa santé et surtout à sa cause. Je ne veux laisser à personne le soin de veiller sur lui. Il faut que son indépendance lui appartienne en propre.

C'est pourquoi il était temps d'établir les bases d'une donation régulière contre laquelle personne ne puisse s'élever un jour.

Je ne veux pas déshériter complètement mes neveux, pour éviter qu'ils ne fassent un scandale ; mais je veux retirer de

la fortune qui leur reviendra tout ce qui n'est pas officiel, et
en faire don au roi.

Monseigneur a protesté contre mes dispositions avec une
étrange véhémence.

Le roi vivant, la chambre où il a couché n'appartiendra
jamais à un autre, et quand on en arrachera les tentures
fleuries de lis et frappées de couronnes, l'un et l'autre nous
serons refroidis dans la tombe.

. . . .

Pendant son court séjour ici, Monseigneur m'a beaucoup
parlé d'une femme exquise qu'il rencontre à Paris, chez le
baron de Maistre. Mlle de Guérin est une modeste vieille fille
de province, native de Cayla, dont toute la vie est consacrée
au culte d'un frère plus jeune, dont elle s'est faite la mère
et l'amie. Cette femme, que l'amour fraternel garde vierge,
s'est cantonnée dans les choses de l'esprit, et elle y excelle,
paraît-il.

Monseigneur est sous le charme et, retrouvant dans ses
récits cette verve qui change momentanément sa physionomie
morne en un masque spirituel et gouailleur :

« Cette fille, voyez-vous, Madame, a fait de son frère un
demi-Dieu, et elle est la vestale du temple où d'autres sacri-
fient... » Puis il a ajouté avec plus de sérieux :

« Elle est pour lui ce que vous fûtes pour moi. »

La nuit envahissait le petit salon où se réfugie notre vieille
amitié. J'ai plié ma tapisserie, dont les points marquent
aujourd'hui la monotonie des heures...

. . . .

Le départ de Monseigneur m'a laissée, comme toujours, un
peu désemparée... Malgré le fossé qui s'est creusé entre nous,
je garde l'habitude de sa présence, le culte de son origine,
l'espoir de son élévation au trône... Seule, je retombe plus

bas, dans le caveau de la déception, où mon cœur faillit être enseveli...

. . . .

Je comprends combien Monseigneur doit se trouver isolé quand il vient ici où la solitude est presque monacale.

Suvigny m'écrit qu'une petite élite, à la fois royaliste et intelligente, s'est groupée autour de lui, et que son appartement de la rue de Condé est un des derniers salons où l'on cause, où l'on sait et où l'on pense...

On y rencontre, paraît-il, le célèbre sculpteur Foyatier, qui s'est pris pour le roi d'une soudaine et très ardente amitié : M. de Lendeville, le comte de Bussière, le docteur Noyer, M. de Larochejaquelein, et autres fidèles tels que Suvigny lui même et l'abbé Jacolet.

Monseigneur, de son côté, m'adresse une courte missive. Il y mentionne sa rencontre avec son ancien maître d'écriture, M. de Saint-Cyr. Ce pauvre vieux a éprouvé, à la vue du roi, une indicible émotion, et, baisant ses mains, il s'est péniblement mis à genoux pour lui rendre ses hommages.

Monseigneur l'a relevé en l'embrassant, et cette reconnaissance l'a remué profondément.

. . . .

L'insurrection vient d'éclater à Paris. Un exprès envoyé par Monseigneur m'annonce ce grave événement...

Louis-Philippe a reculé devant l'émeute, et il a abdiqué en faveur de son petit-fils, le comte de Paris. Le peuple n'a pas ratifié cette élection, et la Chambre des députés a été envahie.

A l'heure où partait l'exprès, un gouvernement provisoire venait de proclamer la République à l'Hôtel de Ville.

Monseigneur me demande d'aller à Lyon, afin de conférer avec ses amis.

L'heure est décisive. Le roi ne doit pas hésiter à en profiter.

Le gouvernement étant par terre, il n'a plus de scrupules à avoir. Ne dut-il obtenir de l'Assemblée nationale que la reconnaissance de son état civil, ce serait déjà un grand point acquis pour ce fils de roi, obligé de dissimuler sous un nom d'emprunt son titre et sa personnalité.

Je pars ce soir pour Lyon.

Malgré les influences que nous avons fait agir, et la bonne volonté de plusieurs des membres de l'Assemblée nationale, la majorité a refusé au Prince l'autorisation de saisir les tribunaux de sa demande en reconnaissance d'état.

Monseigneur est très abattu par ce nouveau coup. Malgré lui, — si résigné désormais à vivre en simple particulier pourvu qu'on l'autorise à porter son nom, — une espérance se fait jour chaque fois qu'un nouveau bouleversement agite la société.

Comment ne pas espérer en effet qu'une heure viendra où le peuple de France, lassé de consacrer l'usurpation, acclamera enfin le fils de ses rois.

Je suis moi-même très découragée, et mon retour à Vauxrenard s'est effectué dans la plus grande tristesse.

Un hiver attardé laisse aux arbres leurs bras de squelettes ; pas une fleur n'ose encore se montrer, et un vent glacial dessèche les pousses pâles des plantes trop hâtives. Mars ressemble cette année à un février transi et sans espérance. Mon âme et la nature semblent s'être donné le mot pour renoncer à fleurir.

. . . .

Monseigneur est ici depuis hier...

Quelques heures avant son arrivée, j'ai reçu un mot de Bernard m'annonçant sa décision, et c'est tout juste si j'ai eu le temps de faire ouvrir et préparer sa chambre.

Le roi est fatigué ; très atteint par une déception dont il

parle peu et qu'il avoue difficilement, malgré qu'elle soit bien légitime.

Le but de sa venue est de causer avec moi de graves décisions à prendre.

Avant tout, Monseigneur veut obtenir une reconnaissance de sa famille, et, n'ayant plus d'espoir d'y réussir par des démarches personnelles, il prétend grouper des témoignages d'une telle importance que les Princes se verront obligés de les accueillir et d'y répondre.

La pensée lui est venue de se confier au Saint-Père ; de mettre sous ses yeux toutes les preuves d'identité qu'il peut encore réunir, et de lui apporter celle dont le peuple crut devoir le marquer quand il était enfant.

Monseigneur est convaincu de l'influence du souverain Pontife sur l'esprit de sa sœur, et il le croit en outre renseigné dès longtemps sur sa propre origine.

Il s'agit donc d'obtenir de Pie IX une audience, et personne n'est mieux placé pour atteindre jusqu'à lui que l'abbé Nicod, dont les relations à Rome sont importantes.

Monseigneur lui a écrit, lui demandant de venir passer deux ou trois jours avec nous, afin de s'entendre à ce sujet.

Le roi est vraiment trop fatigué pour aller à Lyon, et je ne veux pas prendre la responsabilité de négociations aussi délicates.

. . . .

L'abbé est ici... Monseigneur lui a fait part de son désir d'obtenir du pape une audience, et lui a demandé de lui servir d'intermédiaire auprès des hauts personnages qualifiés pour la demander.

Après un instant de réflexion, l'abbé Nicod a groupé les noms des prélats romains avec l'aide desquels on pourrait aboutir. Mais il paraît compter davantage sur l'intervention du R. P. Fulgence, général des Trappistes français, qui occupe un poste important auprès du Saint-Siège.

. . . .

Monseigneur et l'abbé Nicod ont arrêté les grandes lignes d'un plan permettant au Roi de développer devant le Saint-Père ses revendications et ses titres.

La réputation de sainteté de Pie IX, et la netteté avec laquelle il exprime ses opinions lui inspirent une entière confiance. Il n'a pas à redouter près de lui la concurrence déloyale et audacieuse des descendants de Naundorff, attendu que son prédécesseur Grégoire XVI, lorsqu'il eut à condamner les erreurs des Vingtras en 1843, qualifia Naundorff d'homme indigne, se prétendant faussement le duc de Normandie.

. . . .

L'abbé est parti... Monseigneur aussi ; tous deux ont pris des routes différentes pour essayer d'aboutir à un même but, et je reste seule, livrée à mes réflexions. Je repasse dans ma tête nos conversations de ces jours derniers, et je note ici mes impressions.

Une chose m'a frappée parmi les nombreux récits que m'a faits le Prince : quand Naundorff est mort à Defst, après avoir rempli l'Angleterre du bruit de ses extravagances, et avoir été renié par ses plusc hauds partisans, ses enfants l'ont fait enterrer sous le nom de Charles-Louis de Bourbon, duc de Normandie, et aucune protestation ne s'est élevée de Frohsdorff contre cette usurpation posthume.

Comment se fait-il que le moindre geste du roi provoque là-bas une telle inquiétude et qu'on n'y semble même pas informé d'une imposture aussi flagrante.

Il faut évidemment trouver dans une pareille indifférence de la part de Frohsdorff et du gouvernement français la meilleure affirmation de l'identité du Prince.

Que leur importent en effet les revendications possibles des descendants de l'horloger de Crossen. Une courte enquête aura raison de leurs prétentions, tandis qu'on a vu par les procès successifs intentés au fils de Louis XVI, dans quel inextricable réseau de preuves et de certitudes s'engage la justice.

.   .   .   .

Après de longs pourparlers entre Rome et l'abbé Nicod, ce dernier a enfin obtenu la promesse d'audience sollicitée par Monseigneur.

Les pages que m'adresse le roi respirent la satisfaction et l'espoir. Il attend le Père Fulgence, qui arrive de Rome porteur d'une lettre l'invitant à se rendre auprès du pape.

Il s'agit maintenant d'obtenir un passeport pour l'étranger.

Les amis du roi vont s'en occuper. M. Nicolas, l'avocat de Marseille, qui tient dans cette ville une position élevée, réussira mieux que tout autre.

.   .   .   .

Le père Fulgence est arrivé à Paris, et dimanche dernier il a soupé chez le Roi.

Il apporte la lettre attendue, et promet, de la part de Pie IX, une réception bienveillante.

Pendant le souper, le Révérend Père a raconté à Monseigneur combien sa ressemblance avec Louis XVI, qui est en effet frappante, a souvent préoccupé le public. Il recevait, à la Trappe, de nombreux visiteurs qui tous croyaient avoir à faire au fils de leur malheureux roi. Il a toujours répondu négativement, mais sans parvenir à convaincre certains de ces fanatiques.

M. Nicolas, lui-même, qui pourtant sait à quoi s'en tenir sur l'identité du Prince, a demandé au Révérend, pendant un dîner où ils se trouvèrent réunis à Marseille, s'il ne serait pas

Louis XVII. Le père Fulgence se mit à rire, et répondit à l'avocat :

« Plus de deux mille personnes m'ont posé la même question quevous, et si j'avais été imposteur, il m'était facile d'accréditer une légende qui n'a d'autre base que ma ressemblance avec le roi-martyr.

« Mais Louis XVII existe ; vous le savez, et je vais le rejoindre ces jours-ci à Paris. »

Le Père Fulgence insista alors auprès de M. Nicolas pour qu'il s'occupe de procurer au Roi un passeport pour l'étranger qu'on ne lui délivrerait certainement pas à Paris...

. . . .

Une lettre de M. Foyatier m'apprend que Monseigneur est malade, et j'en suis bouleversée. Il aurait eu une fausse attaque, qui le laisse très affaibli, et rend momentanément impossible son voyage à Rome. Cette première atteinte ne laissera pas de traces sérieuses, du moins, on l'espère ; mais quel coup de cloche pour l'avenir...

Les amis du Prince s'entendent pour cacher cette indisposition : quelque absurde que soit ce sentiment, la déchéance physique inspire aux masses une sorte de dédain qui révèle le fond de bestialité qui sommeille toujours en nous.

La bête malade devient un objet d'horreur pour ses congénères qui, si l'on n'y prend garde, s'efforcent de l'achever. L'humanité ne vaut pas beaucoup mieux, et celui qui veut conserver son prestige doit, autant que possible dérober au public la vue de ses misères.

Si le roi était seul, je serais partie pour Paris ; mais je le sais très entouré, et je suis moi-même bien vieille pour entreprendre de continuels déplacements.

Je viens d'écrire au docteur Noyer, son médecin, en le priant de m'adresser de fréquents bulletins, et si l'état de Monseigneur s'aggravait, je sais que le docteur Pictet n'hésiterait pas à aller le soigner.

. . . .

Monseigneur se remet peu à peu, et, sauf une légère lourdeur dans la jambe droite, il ne garde rien de la menace d'attaque qui m'a tant inquiétée.

Il reprend son projet de se rendre à Rome, et insiste pour que je l'accompagne. J'avoue que sa proposition m'a surprise. Je ne me sens guère disposée à faire ce long voyage, et, d'autre part, je suis préoccupée de le lui voir entreprendre seul.

Sans doute, l'un de ces messieurs l'accompagnera ; mais un homme est bien insuffisant pour rendre à un malade, qui prétend ne plus l'être, ces soins discrets qui n'obsèdent ni ne fatiguent, et qui suffisent quelquefois à prévenir une rechûte.

Je ne sais vraiment quelle décision prendre.

. . . .

Monseigneur met une telle insistance à réclamer ma présence que je me décide à partir...

. . . .

Décidément, nous partons pour Naples, où le pape consent à recevoir le Roi.

J'ai facilement obtenu mon passeport pour cette destination ; mais celui de Monseigneur ne va que jusqu'à Marseille. On n'a pu obtenir davantage du colonel Rébillot, le préfet de police actuel. A Marseille, M. Nicolas se charge de compléter les formalités, et nous nous embarquerons le 10 sur le paquebot-poste. L'abbé Royannais et le docteur Noyer accompagnent le roi.

. . . .

Dans sa hâte de se rendre auprès du pape, Monseigneur a écourté notre séjour à Marseille, et comme il ne voulait pas attendre le départ du paquebot-poste, nous avons pris place sur un navire de commerce. Nous y jouissons d'un confort très relatif, et si je n'avais, moi aussi, le grand désir de voir Pie IX, et la conscience d'accomplir un devoir en accompagnant le Roi, je regretterais ma vie calme et ordonnée de Vauxrenard.

. . . .

A peine arrivés à Naples, voici que nous devons repartir, et nous rendre à Gaëte, où le pape et le roi se sont réfugiés.

Monseigneur supporte bien les fatigues du voyage, et l'Italie semble réveiller en lui des souvenirs très doux.

Il se rappelle son séjour à Rome chez ses tantes, en 1796, alors que tout enfant encore, il avait déjà connu des douleurs suffisantes pour terrasser un homme.

Son cœur se gonflait malgré tout d'espérance, et, quand il levait les yeux vers ce beau ciel bleu de l'Italie, il lui semblait y lire le présage d'une riante destinée...

Plus tard, sur cette même terre féconde en voluptés, ce fut la tendresse d'une femme qui berça sa souffrance, et sa fille recueillit ici même un héritage de sentiment que lui légua sa mère. L'enfant, devenue aujourd'hui une jeune fille, trouve en écrivant au Prince, des accents qui consolent le père.

. . . .

Aussitôt arrivé à Gaëte, Monseigneur a fait remettre, au commandant de la place, son passeport et la lettre qui l'accrédite auprès du Saint-Siège.

Ces pièces vont être remises au cardinal Antonelli, et communiquées à François Ier. Nous n'avons plus qu'à attendre le résultat des démarches du Cardinal.

Le Roi est très nerveux. Il sort beaucoup avec le docteur Noyer, tandis que l'abbé Royannais retrouve ici des confrères rencontrés çà et là, au cours de son existence sacerdotale.

Moi, j'égrène le chapelet des prières oubliées, d'un geste plus machinal que sincère.

On ne renie jamais complètement la foi qui emplit quarante ans d'existence, et l'ambiance catholique qui rayonne autour du pape comme un nimbe gigantesque, agit sur mes nerfs.

Je ne lutte pas, je m'abandonne. Mais je sens bien que ce n'est qu'une soudure que fait l'atmosphère aux chaînons brisés de ma foi.

. . . .

Le cardinal Antonelli a reçu Monseigneur, et ils se sont longuement entretenus... Le Roi est satisfait de cette première audience.

Le Cardinal l'a accueilli avec les égards qu'exige son rang ; il a écouté avec un intérêt marqué l'exposé des preuves que Monseigneur compte présenter au Pape, et l'a assuré que, personnellement, il n'avait aucun doute sur sa royale origine...

J'espère que l'audience papale ne se fera pas trop attendre. La vie d'hôtel n'est pas favorable au roi, qui souffre, ces jours-ci, de l'estomac.

. . . .

Le premier Ministre de Sa Sainteté ayant consenti à conférer une seconde fois avec Monseigneur, il a été décidé que je lui serais présentée, ainsi que le docteur Noyer et l'abbé.

Antonelli nous a reçu avec cette bonne grâce familière, qui fait de lui le plus séduisant des cardinaux. Il est, avant tout, homme du monde ; ce qui nous repose un peu de tant de soutanes insuffisantes à cacher le rustre qu'elles recouvrent.

La religion possède en elle-même une grâce souveraine dont on ne saurait la dépouiller sans porter atteinte à son prestige.

Ceux qui la ravalent par leur langage ou leur tenue, commettent, en quelque sorte, un sacrilège que ne saurait racheter la plus sincère piété.

. . . .

Hier, 17 février, Monseigneur s'est rendu à l'audience papale, et c'est en qualité de fils de France que Pie IX l'a reçu.

L'entrevue a duré près d'une heure.

Le Roi en est sorti très heureux. Il a le ferme espoir que le pape, s'il ne peut intervenir officiellement auprès de la duchesse d'Angoulême, lui fera cependant part de sa conviction d'avoir reçu le fils de Louis XVI.

Monseigneur se montre très réservé, quant à son entretien avec Pie IX, la situation politique du Saint-Siège commandant une grande discrétion.

M. Noyer et l'abbé Royannais furent introduits auprès du Saint-Père, quand on jugea l'entrevue secrète terminée.

Le Pape était debout, et Monseigneur se tenait à sa droite.

Après avoir accueilli les marques de déférences des deux hommes, Pie IX leur donna sa bénédiction, et prononça les paroles suivantes, qui sont à elles seules tout un enseignement :

« Je vous félicite, Messieurs, d'avoir trouvé le courage d'accompagner jusqu'ici votre prince malheureux... C'est dans l'adversité que l'on apprend à connaître ses vrais amis, et j'ai la conviction que si vous restez unis, vous serez forts... »

Cette dernière phrase ne semble-t-elle pas projeter sur l'avenir le flambeau de l'espérance.

Ces messieurs, comme le Roi, emportent la conviction que le Pape, désormais acquis à sa cause, fera entendre jusqu'à Frohsdorff des paroles d'apaisement et de justice.

. . . .

Hier, ce fut à mon tour de porter aux pieds du Saint-Père

l'hommage de mon respect, et je l'ai fait d'une âme émue.

Sans doute, j'aurais pu demander à être reçue le même jour que Monseigneur, avec l'abbé Royannais et le docteur ; mais je n'ai pas cru devoir le faire...

La démarche du Prince avait un caractère tellement grave que la moindre inconséquence pouvait l'amoindrir.

Mieux valait m'effacer... Certes, mon âge me met à l'abri de toute suspicion, et mon attachement au principe de la légitimité justifie, aux yeux de tous, mon dévouement au roi.

Mais si l'entrevue de Gaëte doit être rapportée à sa sœur, il faut éviter d'y mêler un nom de femme.

L'austère duchesse d'Angoulême, qui ne recherche en somme que les motifs de renier son frère, pourrait trouver là matière à de calomnieuses insinuations.

L'audience que m'a accordée Pie IX a été celle qu'obtient tout bon catholique en déplacement à Rome.

Gaëte a sans doute moins de solennité que n'en réserve le Vatican ; mais la vision du noble vieilllard vêtu de blanc qui supporte le poids d'une invisible couronne tressée d'épines et d'étoiles, porte en elle suffisamment de majesté pour prosterner à ses pieds jusqu'aux infidèles.

. . . .

Le roi est dans son lit. J'espère que son malaise n'est qu'une de ces indispositions passagères qui succèdent aux fortes émotions.

L'audience du pape, l'espoir qu'il a de voir l'intervention toute puissante de Rome, arracher à sa sœur une tardive reconnaissance, ont ébranlé ses nerfs fatigués par sa dernière maladie.

Nous nous sommes remplacés toute la journée auprès de lui, et ce soir Bernard couchera dans sa chambre. L'extrême volubilité de sa conversation, l'animation qu'il met à nous raconter les détails de la réception que lui fit le souverain Pontife témoignent d'une assez forte fièvre, et c'est vainement que nous l'exhortons au silence.

Il nous a conté, entre autres choses, et avec un luxe de paroles effrayant, l'incident suivant :

Lorsqu'on apprit à Gaëte, par une indiscrétion, que le Prince allait monter au château où réside le pape, le roi de Naples, qui habite Molla de Gaëta, à côté de l'hôtel où nous sommes descendus, fit poster des troupes le long de la route, sur le passage de son cousin. Il eut soin de faire laisser un vide, et au moment où Monseigneur passait, la famille royale tout entière occupait cette place. Les femmes inclinèrent la tête, et les hommes saluèrent très bas.

Monseigneur a été profondément remué par cette marque d'estime et d'intérêt.

Il a le projet d'écrire au roi de Naples avant de repartir, pour le remercier de sa démarche, et lui dire son regret de n'oser aller le voir, à cause de l'odieuse politique.

Le Roi est sur pieds, et ce soir même nous quittons Gaëte. Nous comptons nous arrêter à Marseille pour y voir M. Nicolas, qui désire connaître les détails de l'entrevue.

Ensuite, je regagnerai Vauxrenard, tandis que Monseigneur rentrera à Paris, accompagné de son docteur et de l'abbé Royannais.

J'ai hâte de retourner chez moi. Je me sens très lasse et j'ai toujours peur de tomber malade en route.

Mon âge ne se prête plus à d'aussi grands déplacements. A peine si je puis aller à Lyon sans fatigue.

C'est bien vraiment la retraite qui sonne, et si je n'avais un but suprême à atteindre, je m'endormirais volontiers dans le calme de l'éternel repos.

. . . .

Quand donc cessera-t-on de poursuivre le Prince de cette haine acharnée, que rien ne justifie, si ce n'est sa haute origine.

Nous venons d'apprendre, de la bouche de M. Nicolas, qu'ordre avait été donné de l'arrêter sur le paquebot-poste que nous devions prendre pour nous rendre à Naples. Monseigneur ne doit sa liberté qu'à la hâte qu'il mit pour se mettre en route. Je me demande quel eût été le grief invoqué pour pour couvrir cette nouvelle infamie.

En même temps que l'éminent avocat nous rapportait ce fait, il a laissé échappé des paroles qui l'ont entraîné à une confidence :

L'année dernière, paraît-il, le duc des Cars vint à Marseille, chargé par la duchesse d'Angoulême de faire une enquête discrète sur la personne du baron de Richemont.

Un intermédiaire, allié à M. Nicolas, le pria de se charger de cette mission, ce qu'il accepta, autant par curiosité de la personne du Roi qui intriguait sa conscience, que pour rendre service à la famille royale, vis à vis de laquelle il conserve des attaches très anciennes et très sûres...

Les résultats de l'enquête furent ce qu'ils devaient être, et l'avocat de Marseille les transmit fidèlement aux habitants de Frohsdorff, qui ne répondirent que par le plus écrasant silence.

Cette démarche de la Dauphine, stérile en résultats, comme toutes les autres, prouve, en tous cas, à n'en pas douter, sa conviction de l'imposture de Naundorff, puisque, cinq ans après sa mort, sa conscience, sans doute bourrelée de remords, la porte encore à rechercher Monseigneur. C'est vers lui que vont à la fois ses pensées et ses craintes.

Si son cœur n'est point tout à fait mort, elle doit avoir vers son frère de soudains élans, comme vers le seul être qui ait connu et partagé ces heures ineffaçables d'une enfance auguste et malheureuse. Mais, d'un autre côté, sa vertu, aride comme sa personne et dépourvue de miséricorde, lui représente le prince comme un homme perdu, ayant puisé dans le vice des habitudes et des principes sur lesquels elle redoute d'abaisser ses regards. Elle adopte, de confiance, des opinions faites, sans en contrôler la source, et se réfugie, comme suprême argument, dans la dignité du silence.

Et puis, enfin, une dernière question se pose devant ses yeux vides de tendresse :

La reconnaissance de Monseigneur, comme fils de Louis XVI entraînerait la restitution du trésor de la couronne, sauvé par M. de Monciel, et remis à la famille royale. C'est là une considération dont le poids, je le crains, pèse plus lourd dans la balance que toutes les traditions de loyauté et d'honneur dont les Bourbons se montrent fiers.

Ce soir, nous aurons quitté Marseille. Monseigneur, plein d'espoir et de confiance, moi, sceptique et désabusée encore davantage depuis le récit de M. Nicolas.

Quelle pression ne faudrait-il pas pour arracher à la Dauphine cette reconnaissance qu'elle ajourne et redoute depuis plus d'un demi-siècle, murée dans la crainte des siens, imbue de préjugés, avare et rigoriste comme une vieille fille de province.

L'abbé Royannais et le docteur Noyer ont le projet de donner le compte rendu de l'Entrevue de Gaëte dans *La Revue catholique*. Ils espèrent préparer ainsi l'opinion à un mouvement en faveur du prince, dans le cas où Frohsdorff hésiterait encore à accueillir de bonne foi les preuves de son identité.

. . . .

J'ai repris ma calme existence, tout entière concentrée vers

le jour et l'heure où le courrier de Paris m'apporte des nouvelles.

Lettres et journaux occupent ma semaine. Je les lis, je les
commente, j'en apprécie les dires, j'en devine les conséquences
et c'est ainsi que, lorsque j'ai lu dans la *Revue catholique*
le récit si catégorique de MM. Noyer et Royannais, j'ai eu
l'intuition d'une faute.

Il y avait moyen, me semble-t-il, de parler de l'audience
accordée à Monseigneur par Pie IX sans engager aussi nettement la parole du pape ; sans rapporter ses moindres mots, et
sans en tirer des conclusions avant la lettre. Évidemment, ces
messieurs ont cru bien faire. Leur intention était louable,
mais ils ont dépassé le but...

Voici que, de tous côtés, on réfute l'article qui a provoqué
chez les légitimistes une émotion violente.

M⁸ʳ Zaccone lui-même nie la vérité du récit, et le Prince
se trouve écrasé sous le poids de cette haute dénégation.

M. Nicolas, convaincu qu'il y a là une manœuvre déloyale,
inspirée par le gouvernement, a écrit aussitôt au R. P. Fulgence, le priant de lui confirmer par lettre les faits tels qu'ils
se sont passés à Gaëte.

C'est cette réponse que nous attendons, afin de l'opposer
à la mauvaise foi de tant de royalistes intéressés à tenir Monseigneur du Trône.

. . . .

Une lettre de M. Foyatier accompagne le court bulletin du
prince.

Cet ami dévoué pense à me tenir au courant des incidents
provoqués par le voyage à Gaëte, et il ne me cache pas combien le Roi est atteint par ce soulèvement d'opinions contraires
qui se produit à l'instant précis où il croyait pouvoir escomp-
ter l'avenir.

Foyatier, vibrant comme tout bon méridional, se sert d'un langage énergique pour flétrir cette politique de faux-fuyants, qui ferme toutes les bouches, travestit les sentiments, met un masque sur tous les visages, et dérobe sa mauvaise foi sous des mots vides de sens.

La « Raison d'État » sans cesse mise en avant, et fille de toutes les nations, est-elle donc le sceau dont se marque l'infamie pour obtenir droit de cité.

Le roi se rend, ces jours-ci, chez la petite-fille de Lucien Bonaparte, avec lequel il a entretenu, pendant nombre d'années, une correspondance amicale.

Foyatier l'accompagne. Il espère que cette visite à la princesse Lœtitia distraira Monseigneur des tristesses de l'heure présente, et diluera d'un courant de sympathie, le flot d'amertume dont son cœur est envahi.

. . . .

M. Nicolas a reçu la réponse du P. Fulgence qui, naturellement, est conforme à la vérité. Lui ose affirmer, parce que dégagé des préoccupations terrestres, il n'entortille par sa conviction de considérations personnelles.

La lettre a été envoyée au nonce, qui a déclaré, après l'avoir lue, qu'il était sans doute mal informé quand il niait les affirmations publiées par la *Revue catholique*.

On aurait pu répondre à Mgr Zaccone que la parole d'un nonce apostolique a une portée trop grande pour l'engager à la légère sur des faits ignorés.

. . . .

Hélas, tout s'éclaircit ; mais rien ne s'améliore. Les suites de l'entrevue du Saint-Père avec le roi sont néfastes, et on ne saurait remédier aujourd'hui à l'effet produit sur le public par les dénégations de la Presse catholique.

L'abbé Nicod a eu la clef de toute cette effervescence en s'adressant à des prélats romains.

Le duc d'Harcourt, à qui Monseigneur envoya sa carte, lors de son séjour à Gaëte en lui exprimant son regret de ne point aller jusqu'à lui dans la crainte de le compromettre a répondu par une injure à la courtoisie royale.

Il a feint d'ignorer la personnalité du roi, et a prétendu le confondre avec un aventurier de la Martinique dont sa famille fut autrefois la dupe.

Cette déposition de l'Ambassadeur de France a vivement impressionné le cardinal Antonelli, qui sait pourtant à quoi s'en tenir sur l'identité du prince.

Il a craint d'avoir engagé le Saint-Siège dans une question trop brûlante pour n'être point politique, et l'article de la *Revue catholique* l'a mécontenté. Alors, ne pouvant nier l'entrevue, il a laissé entendre qu'elle avait eu un caractère purement religieux et privé.

Aussitôt, les journaux catholiques, *L'Univers* en tête, ont adopté cette version qui les met à l'aise pour continuer leur campagne contre la personne du Roi.

A Frohsdorff même, la famille royale instruite de la démarche de Monseigneur, a délégué M. de Montbel auprès du nonce de Vienne, afin de savoir par lui quelle était la portée de l'audience papale. Le nonce, n'ayant pas été informé par le Vatican, ne voulut s'engager en reconnaissant le caractère officiel de l'entrevue.

Voilà à quoi devaient aboutir tant d'espérances et de fatigues !...

Il est évident que le Saint-Père, et surtout son ministre, ont eu peur du bruit fait autour de la visite du Roi, et ils ont dénoué la situation en laissant dire qu'il avait été reçu en simple catholique, et non en fils de Louis XVI...

Mais alors, comment expliquer l'attitude du Pape ?... En recevant Monseigneur, qui se dit le Dauphin, Pie IX faisait donc accueil à un imposteur... De là à consacrer l'imposture, il n'y a pas loin... Et cependant, dans d'autres cas, nous voyons le Saint-Siège moins accessible...

N'a-t-il point repoussé et condamné Naundorff par la voix de Grégoire XVI.

Ainsi l'intrigue étouffe partout la vérité ; partout le déni de justice se colore du nom de politique, et la Cour de Rome ne s'élève pas au-dessus des habituelles compromissions. Le vicaire de Jésus-Christ lui-même se voit enserré dans un réseau de considérations qui arrêtent sa parole et condamnent l'innocent à un éternel oubli.

. . . .

Je supplie Monseigneur de venir se remettre auprès de moi des ennuis et des fatigues qu'il vient de traverser.

Vauxrenard est moins triste en ce moment. Le printemps y met sa note vivante, et la saison est exceptionnellement douce.

Le roi jouirait de ce renouveau dans une atmosphère de calme qui lui est nécessaire.

Malheureusement, il ne veut rien entendre ; une surexcitation maladive le tient à Paris. Ce dernier coup a surpassé ses forces. Il n'a plus aucun espoir de conciliation entre lui et les siens, et il envisage froidement la possibilité de recourir à des moyens extrêmes pour obliger sa sœur à le reconnaître.

Tout d'abord, M. Thomas et l'abbé Nicod ont hésité à lui révéler les causes du revirement subit du Vatican à son égard ; mais, voyant qu'il allait se précipiter dans de nouvelles démarches, ils ont cru prudent de l'instruire.

La colère du Roi contre le duc d'Harcourt a été telle que ces messieurs en furent effrayés.

Il prétendait se venger violemment de l'ambassadeur, et parlait de retourner à Gaëte dans ce but.

Il a fallu toute la sage énergie de M. Foyatier et l'admirable dévouement de Suvigny pour le détourner de ce projet insensé...

Cependant, comme on ne parvenait pas à le calmer, on dut lui concéder d'écrire une lettre explicative au duc d'Harcourt, lettre que Suvigny et Foyatier se sont engagés à porter eux-mêmes à destination.

La défection de ce d'Harcourt touche d'autant plus Monseigneur qu'il est le cousin de son ancien gouverneur. Il avait cru, à ce titre, pouvoir compter sur sa sympathie, ou tout au moins sur sa neutralité.

Le roi, malgré sa grande expérience, garde ses illusions sur l'humanité. Il la juge moins servile qu'elle ne l'est réellement et cherche, dans le cœur d'autrui, des sentiments analogues à ceux qui germent dans le sien.

.   .   .   .

Malgré tous nos efforts, le roi a cassé les vitres !... Il vient de lancer, contre sa sœur, une assignation par laquelle il l'invite à comparaître devant le Tribunal de la Seine. Il prétend la contraindre à le reconnaître pour son frère, et n'hésite plus devant sa mauvaise foi par trop évidente, à l'attaquer en face.

Comme je m'y attendais, un tolle formidable vient d'accueillir la procédure royale.

Les organes monarchistes jettent feu et flammes ; les injures pleuvent sur Monseigneur. De nouveau, on met en avant ses tendances, ses vices, son imposture que l'on n'ose cependant trop affirmer.

La légitimité tout entière se prosterne aux pieds de la duchesse d'Angoulême pour la dédommager de l'insulte qui lui est faite... Le roi ne bronche pas... Il a groupé autour de lui ses fidèles, et répond par ministère d'huissier aux calomnies dont on l'abreuve... C'est la débâcle du sentiment ; une débâcle qui roule de la boue et du sang.

. . . .

MM. de Suvigny et Foyatier sont partis pour Gaëte, porteurs de la lettre royale. Monseigneur y exprime vertement au duc d'Harcourt les sentiments qui lui inspirent sa conduite. Il relève les faits et les met au point. Sa lettre, dont il m'envoie la copie, garde la mesure qu'implique son rang ; mais elle flagelle le grand Seigneur qui se targue de son titre officiel pour accomplir une œuvre de délation, qui est en même temps une diffamation.

En l'absence de ces messieurs, le Prince s'occupe seul du journal qu'il vient de créer.

L'Inflexible absorbe ses loisirs et lui permet de réfuter les mensonges que la presse ne cesse de répandre au sujet de son voyage en Italie.

M. de Suvigny, sous le nom d'Arnold, publie dans cette feuille une série d'articles destinés à livrer au public cette vérité qui blesse tant de gens et que les plus purs n'hésitent pas à ternir.

. . . .

L'assignation signifiée à la Dauphine par son frère continue à préoccuper l'opinion, et Suvigny cherche activement les pièces nécessaires à la procédure.

Je crains qu'il n'ait de la peine à les réunir, Monseigneur ayant été dépouillé successivement de toutes les lettres et papiers pouvant servir à sa reconnaissance.

Il faudrait compter sur la bonne foi de ses adversaires pour accepter des preuves morales dont l'abondance constitue un capital de certitudes aussi sérieux que le plus important dos-

sier. Nous savons hélas ! de longue date, à quoi nous en tenir
sur la loyauté d'ennemis qui ont tout à gagner en reniant le
Prince.

La Gazette de France fait une campagne contre lui. Elle essaie
de donner le change sur le caractère de ses revendications,
et feint de croire qu'il réclame son titre de Louis XVII, quand,
au contraire, Monseigneur a soigneusement évité de le men-
tionner dans l'assignation.

Il prétend simplement obtenir la radiation de son acte de
décès au Temple, ainsi que la reconnaissance de sa filiation
et de son identité.

. . . .

Suvigny se débat en vain contre l'hostilité sourde des puissances. Il épuise ses forces et son dévouement dans une lutte
où il est vaincu d'avance.

L'absence de pièces annihile la requête du prince, qui réclame inutilement aux archives où il sait qu'elles existent,
l'expédition régulière de la copie des autographes.

Les ministres ne veulent rien savoir ; ils ignorent le Roi, et
la conspiration du silence s'établit.

Suvigny m'écrit qu'il ne conserve plus qu'un seul espoir :
obtenir du nonce et des ambassadeurs résidant à Paris l'expédition de l'allocution de Pie VI en 1798, et la copie authen-
tique du traité du 12 décembre 1809, qui réserve les droits
de Louis XVII.

L'intrépide directeur de *L'Inflexible* ajoute que, s'il échoue
dans ses dernières démarches, il perd toute espérance de voir
la vérité triompher ; qu'il considère le roi comme la victime
de l'intrigue, de la mauvaise foi et du faux catholicisme de sa
famille et des gouvernements unis.

. . . .

Toutes les démarches ont échoué ; toutes les affirmations se sont heurtées à une force d'inertie qui paralyse et annihile les bonnes volontés.

Le ministre des Affaires étrangères, à qui M. de Savigny s'est adressé en dernier ressort, a répondu avec flegme et cynisme que, n'ayant aucune connaissance des pièces réclamées par la prince, il ne pouvait en faire l'objet d'une communication officielle aux nations étrangères.

C'est donc fini, bien fini ! Tout ce programme de reconnaissance péniblement échafaudé depuis des années échoue piteusement dans une obscure procédure, et c'est l'Église qui donne à Monseigneur le coup de pied de l'âne.

Monseigneur m'adresse à peine quelques mots brefs. Il ne veut pas laisser voir son découragement ; mais je le devine et je m'en afflige. Que faire pour lui donner la force d'accomplir sa mission jusqu'au bout.

Il est et doit rester le fils de Louis XVI, le Dauphin, le seul héritier du trône de France. S'anéantir serait faire le jeu d'adversaires qui comptent le terrasser de lassitude et d'écœurement. Nous, ses amis, ses sujets, nous devons relever son courage, et l'entourer d'une telle ferveur d'adoration qu'il ne s'aperçoive pas des défections qui pourraient se produire.

Tous les partis comptent des traîtres, c'est aux fidèles à réparer les brèches.

. . . .

Je vais aller à Lyon passer quelques semaines et je voudrais que Monseigneur vint m'y joindre.

Le docteur Noyer m'écrit qu'un changement d'air lui est indispensable, et je sais que de tout temps il a trouvé dans cette ville un noyau d'amis et une atmosphère de sympathie propre à relever ses forces morales.

M. Nicolas joint ses instances aux miennes. Une affaire le réclame aussi à Lyon, et il serait bien aise d'y rencontrer

Monseigneur, qu'il n'a pas revu depuis le dénouement imprévu du voyage à Gaëte.

. . . .

Le roi se décide à partir pour Strasbourg. Il reconnaît qu'il a besoin de changer d'horizon, et cède aux instances de son ami, le comte de Bussière. Celui-ci a le grand désir de le présenter à M. Ross, l'évêque de Strasbourg qui, ayant entendu parler du fils de Louis XVI, tient à s'assurer par lui-même d'une identité que des gens de la plus haute importance lui ont affirmée.

. . . .

M. Nicolas est ici...

Il vient le soir, après le souper, causer avec moi de cette royauté qui fut, et qui reste malgré tout, le culte de ma vie.

La journée d'activité et de fatigue terminée, nous éprouvons une joie singulière à nous retrouver ainsi, en tête-à-tête, libres d'échanger des propos sans préparation ni contrainte.

L'heure crépusculaire semble épanouir l'âme. Elle s'ouvre plus volontiers aux étoiles que sous le soleil, et jamais une causerie d'après-midi ne peut avoir le charme de celle qui s'échange près du feu, le soir, d'une bergère à l'autre.

L'éminent avocat aime à entendre de ma bouche le récit de la vie intime de Monseigneur, et je reviens moi-même volontiers sur ce passé qui se relie au présent par la chaîne des souvenirs.

Personne mieux que moi ne peut parler du duc de Normandie. Je le connus enfant, à l'âge où notre cœur ressemble à un vase de cristal qui laisse transparaître le liquide qu'il contient. Plus tard, je devais le retrouver homme, déjà marqué d'une exceptionnelle infortune, mais plein d'énergie et de vitalité.

Nous vécûmes alors à Vauxrenard ces jours d'intimité qui

laissent derrière eux une éternelle saveur, toute d'amertume parfois, de miel pur par instant...

. . . .

Avant de se rendre au château de Reischoffen, chez le comte de Bussière, le prince s'est arrêté à Strasbourg.

Il y a été reçu par Mgr Ross, et des appartements lui ont été préparés au palais épiscopal.

Depuis la mort de l'abbé Jacolet, qui fut son confesseur, durant ces dernières années, Monseigneur ne s'est guère préoccupé des pratiques religieuses.

Son scepticisme naturel, fait de dédain et de raillerie, ne le porte pas à la pitié, mais il subit assez facilement l'impulsion des gens qui l'entourent.

Le comte de Bussière est un catholique ardent, M. de Leudenville de même, et leur influence a décidé le roi à se rapprocher des sacrements.

Je me permets de croire qu'une pensée politique est venue appuyer leur insistance.

Monseigneur a compris qu'en acceptant le sacrement de confirmation de la main de Mgr Ross, il réduisait à néant une des accusations les plus habilement exploitées contre lui : celle de l'impiété.

D'un autre côté, le prélat donnait ainsi au Prince une marque d'exceptionnelle estime, et presque un démenti officiel au bruit répandu, puisqu'il n'agit qu'après avoir demandé au Saint-Père de le couvrir de sa haute sanction.

Après la cérémonie qui a eu lieu dans la chapelle de l'évêché, le prélat a serré les mains du Roi et l'a embrassé en l'appelant : Monseigneur.

M. de Leudeville, de qui je tiens ces détails, appelle mon attention sur un fait marquant :

« Vous constatez, Madame, m'écrit-il, d'après le récit que

je vous fais, que c'est bien comme fils de Louis XVI que le prince a reçu la confirmation.

« L'attitude de l'évêque de Strasbourg avant et après la cérémonie ne laisse aucun doute à ce sujet, et il n'a agi, j'en ai la certitude, qu'avec l'assentiment du Saint-Père.

« Ceci équivaut, n'est-ce pas, à une reconnaissance tacite dont la valeur est d'autant plus grande qu'on peut lui opposer une circonstance analogue où le Saint-Siège envisagea la question sous un aspect bien différent.

« Lorsque Naundorff fut confirmé, à Versailles, il y a quelques années, M. de Bailleul suspendit l'abbé Appert, qui lui avait amené ce néophite et avait obtenu pour lui, par surprise, le sacrement de confirmation.

« Le curé de Saint-Arnould s'adressa alors à Rome, mais il ne put obtenir d'être réintégré dans ses fonctions.

« Il est certain que si *L'Univers* et la *Gazette de France* étaient des journaux de vérité et de bonne foi, comme le prétendent leurs partisans, ils rendraient compte de cette cérémonie sans parti-pris et sans faux-fuyants. Il suffirait de leur signaler l'incident Naundorff, dont ils ont très certainement connaissance, pour qu'ils exposent les faits à leurs lecteurs, les laissant libres de les apprécier...

« Les choses ne se passeront pas ainsi. On travestira les sentiments du roi, et c'est tout juste si, par respect pour Mgr Ross, on ne crie pas au sacrilège.

« Pour moi, je ne désire qu'une chose, c'est que Monseigneur ait trouvé dans les pratiques religieuses le secours moral qui lui est nécessaire, et que la sympathie d'hommes éminents ou dévoués panse la blessure qui saigne toujours du côté de sa sœur et dont la guérison m'apparaît de plus en plus problématique. »

. . . .

Mes instances auprès du Roi l'ont déterminé à venir passer quelques semaines auprès de moi, avant de rentrer à Paris.

Son état de santé m'inquiète. Je le trouve lourd, fatigué. Il passe des journées entières enfoncé dans une bergère, les yeux dans le vide, en proie à une mélancolie silencieuse qui me navre.

Par moment, au contraire, il semble se réveiller d'un sommeil encombré de pensées, et fait alors défiler devant moi l'interminable cortège de souvenirs qui le ramène à Trianon ; au Temple, en Italie, partout enfin où sa vie eut des attaches autres que celles qui la relient au procès scandaleux dont il évite de parler.

Il m'arrive parfois d'avoir envie de lui dire que tout ce passé de mensonge et d'abjection s'est effacé de sa mémoire. Je ne veux pas, entre ses cheveux blancs et les miens, cette triste contrainte. Nous arrivons à l'âge où l'éternité proche dépouille les faits, en atténue la portée, nivelle les événements et jette un crêpe d'indulgence sur les deuils de la vie.

. . . .

Les jours se succèdent, mornes...

Monseigneur songe à regagner Paris, et je n'ai pas le courage de le retenir. Il retrouvera là-bas plus de vitalité. L'inaction lui est funeste et atténue l'effet bienfaisant du calme dont il jouit près de moi.

. . . .

J'attends vainement des lettres... Les courriers se succèdent et n'apportent rien... Monseigneur serait-il souffrant ?... L'éloignement est un supplice quand les bulletins manquent... Pourquoi ce silence ?... Quelle nouvelle crise morale traverse donc le roi, qu'il en oublie la vieille amie, désabusée mais sûre, dont le foyer fut le sien, dont le cœur et la demeure restent toujours ouverts devant le proscrit royal.

. . . .

C'est Suvigny qui rompt enfin le silence et me donne des nouvelles du Prince.

D'un bout à l'autre, sa lettre n'est qu'un long cri de colère.

Je la transcris, n'ayant pas le courage de la commenter ; J'en passe les compliments d'usage.

« Le roi, Madame, me prie de vous informer d'un fait qui, très certainement, vous intéressera. Il démontre jusqu'à l'évidence le caractère bas d'un homme qui aurait pu beaucoup pour la royauté, s'il ne s'était attaché à l'amoindrir, sous prétexte d'en servir la cause. Il s'agit du vicomte d'Orcet... Ces jours derniers, Monseigneur a soupé chez M. d'H... avec l'évêque de Vancouver... Ce prélat, qui est à la fois camérier du Pape et ami des Bourbons, désirait se rencontrer avec le Roi, et, à l'issue du souper, un tête à tête leur a été ménagé.

« L'évêque de Vancouver a longuement causé avec Monseigneur, et quand il est rentré au salon, il était très ému, et pleinement convaincu de l'identité du Prince.

« Monseigneur me conta, le lendemain, que l'évêque s'était spontanément offert pour intervenir en sa faveur auprès de sa sœur et du duc de Bordeaux. Naturellement, il acceptait un aussi précieux concours, et toute son âme frémissait d'une nouvelle espérance, quand, subitement, le prélat s'est dérobé et a disparu sans qu'il ait réussi à le revoir.

« Le Roi a vivement ressenti ce nouveau coup, et je me suis aussitôt livré à une enquête pour en connaître la cause. L'indiscrétion d'un subalterne me l'a livrée.

« M. d'Orcet, l'éternel M. d'Orcet que l'on trouve sur sa route, vous le savez, Madame, dès qu'il s'agit de Louis XVII, et dont le zèle consiste à rechercher ou à divulguer des faits inutiles, avait arrêté l'élan généreux de l'évêque de Vancouver, en versant dans son âme ses incertitudes, ses doutes et ses scrupules...

« Il l'a engagé, paraît-il, à se tenir à l'écart de cette question de Louis XVII, qu'il ne juge pas encore suffisamment élucidée. La personnalité de Monseigneur lui semble d'ailleurs inquiétante, et il est de ceux qui s'élèvent contre les principes égalitaires qu'on se plaît à lui prêter. »

« En somme, M. d'Orcet prétend vouer son existence à la recherche de la vérité, et il subit, peut-être à son insu, l'influence de légitimistes intransigeants, qui veulent un roi fait à leur image, ou refusent de l'accepter, comme si la royauté dépendait de l'homme et non de la descendance... »

Suvigny se perd dans d'amères réflexions, et me transmet, de la part du Prince, ce nouvel incident...

Hélas ! Je crains que ce ne soit pas le dernier. Tant qu'un souffle de vie animera l'âme du Roi, il tendra les bras vers sa sœur, et celle-ci répondra invariablement par le cri qui brisa son cœur dans le parc de Versailles :

« Jamais mes bras ne s'ouvriront pour recevoir l'ennemi de notre famille. »

. . . .

Monseigneur fuit Paris et se rend en Alsace, chez son ami, le comte de Bussière.

Il y passera environ deux semaines, et reviendra ici se reposer.

Ce n'est pas moi qui le réclame ; c'est lui qui demande à venir.

Malgré tout, il aime Vauxrenard. C'est pour lui le home, la maison sûre où il abrite à la fois son corps et son cœur quand la tempête sévit.

Je vais à Lyon ces jours-ci, et de là à la Salette. Comme le roi, j'éprouve le besoin d'appuyer ma détresse sur l'invincible force d'en haut, tant est grand mon écœurement et mon dégoût de la vie.

. . . .

Une aimable lettre du comte de Cissey, que je ne me souviens pas d'avoir rencontré, mais qui prétend me connaître, m'apporte des nouvelles de Monseigneur.

Depuis son arrivée en Alsace, il paraît se remettre de la déception qui l'a un instant terrassé, se retrouve là-bas des souvenirs inattendus.

« C'est ainsi, m'écrit le Comte, qu'à peine entré dans le château de Reischoffen, le Prince a remarqué une pendule placée sur la cheminée du salon, et l'a aussitôt reconnue pour l'avoir vue autrefois chez sa mère, et en avoir écouté le carillon qui jouait les airs favoris de la Reine. M. de Bussière, très ému de cette nouvelle preuve d'identité, s'est alors levé et a dit au prince, en baisant ses mains dans un élan de ferveur royaliste :

« Cette pendule occupe la place où vous la voyez depuis « près d'un demi-siècle, et la personne qui l'a cédée à mon père « l'informa qu'elle possédait jadis un fort beau carillon, qu'il « serait facile de faire rétablir... Nous n'attachâmes que fort « peu d'importance à ces paroles, qui ne furent jamais rap- « portées à personne...

« Le Prince, ajoute M. de Cissey, n'avait pas cessé de considérer la pendule, et une vive émotion bouleversait ses traits... »

J'ai remercié aussitôt mon aimable correspondant de la complaisance qu'il met à m'écrire, et je l'ai prié de me rappeler en quelle circonstance je l'ai rencontré.

. . . .

Monseigneur m'adresse lui-même un assez long bulletin. Il est très remué par la visite d'un bon curé qui, ayant entendu dire que le Dauphin était en Alsace, est venu le voir aussitôt et lui a rappelé un fait insignifiant d'apparence, et qui, pourtant, prouve l'identité du Prince aussi formellement que le plus grave document :

« Monseigneur, lui a dit le vieux prêtre, à votre retour de Varennes, je m'approchai de la voiture qui vous ramenait, et je vous offris un modeste présent, que vous daignâtes accepter... »

Le prince s'est aussitôt souvenu d'une belle assiette de cerises, qu'un jeune prêtre et sa sœur lui avaient fait passer par la portière, et il a remercié le vieux curé de lui offrir une nouvelle occasion d'affirmer son origine.

Ils se sont embrassés en pleurant, et le Roi a relevé le prêtre qui se prosternait devant le fils de Louis XVI.

. . . .

Les amis du Prince se sont groupés autour de lui en Alsace, et le pressent de tenter une suprême démarche auprès de sa sœur et du comte de Chambord.

Pour moi, cela me semble inutile ; mais je n'ose intervenir. Ma conviction est faite sur la mentalité de la Dauphine. Elle diffère de celle de Monseigneur, qui conserve malgré tout pour sa sœur un culte et une adoration que rien ne peut entamer. Chez la duchesse d'Angoulême, les principes ont étouffé le cœur et calmé les remords. Elle a pu souffrir par son frère, elle ne l'a jamais aimé. En fait d'affection, tout ce qui se raisonne ne compte pas.

Monseigneur vient d'adresser une longue lettre au chevalier d'Orly, qu'il sait influent, en le priant de la transmettre à sa sœur et au comte de Chambord.

Il relate, dans ce document destiné à passer de main en main, les divers motifs qui rendraient concluante une entrevue entre sa sœur et lui, et s'offre à aller la trouver, sans que leur rencontre ait un caractère officiel.

Le chevalier d'Orly engage le prince à attendre, en Alsace, le résultat de sa démarche, et Monseigneur me promet de me tenir au courant des faits qui vont se produire.

. . . .

Comme je m'y attendais, il ne s'est rien produit, et aucune réponse n'a été faite à la lettre royale. M. d'Orly avait demandé, pour le Prince, un sauf-conduit. Il est probable que Metternich, informé, a refusé de le laisser entrer en Autriche, et qu'il a exercé une nouvelle pression sur Frohsdorff.

Le roi se refuse à prendre condamnation ; il me parle de se rendre clandestinement auprès de sa sœur, et réclame un conseil, qu'il ne suivra pas s'il va à l'encontre de ses projets.

Que puis-je répondre, moi qui désire et redoute à la fois de le voir agir...

Si j'avais la moindre espérance, je le pousserais à partir ; mais n'en n'ayant aucune, je ne puis cependant l'anéantir en le décourageant.

. . . .

Le Prince est ici. Son projet est de vivre désormais dans une retraite absolue, sans recourir à de nouvelles tentatives de conciliation entre lui et sa famille. Il laissera faire les événements, souvent plus forts que la volonté des humains, et s'en remet désormais à la Providence d'un rapprochement et d'une reconnaissance qu'il ne cesse de souhaiter.

. . . .

Les amis du roi se succèdent ici, et rompent la monotonie des heures. Monseigneur, très résigné d'abord à s'enfermer dans le silence et l'oubli, se reprend à suivre de loin la lutte sourde, mais continue, qu'ils soutiennent pour lui. Il écoute avec une sorte de fièvre le récit de leurs démarches, en conseille de nouvelles, et je pressens qu'avant longtemps, lui-même reprendra l'initiative de revendications plus énergiques.

. . . .

Les longues soirées que nous passons auprès du foyer me semblent interminables.

Monseigneur s'enferme dans une sorte de forteresse morale où j'ai peine à entrer. Il y revit des journées mortes et y caresse des rêves à l'agonie.

Je brode pendant ce temps des fleurs chimériques, d'étranges oiseaux ; mais mon aiguille seule se promène dans de l'idéal.

Où sont les belles journées de l'été, les heures dorées du crépuscule où la lumière, avant de s'anéantir dans l'ombre, colore de ses derniers feux nos pensées et nos cœurs.

Aujourd'hui, nous sommes vieux, cassés, semblables à ces mouches d'octobre qui traînent le long de leur déclin.

La royauté ne nous apparaît plus que comme une déesse inaccessible dont la traîne se perd dans la nue. L'atteindre dépasse nos forces épuisées.

. . . .

Le roi m'a lu ce matin une lettre qu'il méditait depuis des jours, et qu'il adresse directement au comte de Chambord.

Il semble naturel, en effet, de s'en remettre au fils de celui qui paya de sa vie son dévouement à sa cause, pour obtenir l'entrevue tant souhaitée, et peut-être est-ce là le chemin qu'il eût fallu suivre tout d'abord.

La loyauté bien connue de ce Prince, son cœur généreux et sa piété très réelle serviront mieux Monseigneur que les plus autorisés parmi les intermédiaires qui se sont offerts.

Le roi espère que le marquis de Nicolaï et sa femme, qui occupent à Frohsdorff une situation élevée, n'hésiteront pas à faire connaître leurs sentiments à son égard. Il croit pouvoir compter sur eux, et je le crois aussi.

Mme de Nicolaï est l'amie intime de la duchesse d'Angoulême, dont elle est en même temps la dame d'honneur. Elle sera donc mise au courant de la démarche du Prince, et pourra intervenir en sa faveur.

. . . .

Le roi s'énerve en attendant la réponse de Frohsdorff... Il a écrit ce soir au marquis de Nicolaï, afin de connaître par lui l'effet de sa lettre...

Le comte de Chambord, engrené comme sa famille dans d'absurdes scrupules au sujet du Dauphin, va-t-il opposer le dédain du silence au cri d'appel et de détresse que Monseigneur a fait arriver jusqu'à lui... Osera-t-il pousser jusqu'au mépris l'oubli des sentiments que son noble père témoigna jusqu'à sa mort au fils de Louis XVI ?... Je ne sais plus espérer... J'attends...

. . . .

Frohsdorff s'est tu !... Rien n'est venu relever le courage du Roi, et je l'ai vu pleurer d'amertume et de colère sans parvenir à trouver un mot pour atténuer sa souffrance.

Que suis-je aujourd'hui auprès de cette sœur qu'il adore, et de quel droit oserais-je poser ma main sur la plaie qu'elle a faite. J'ai douté, moi aussi, et mon cœur a faibli.

. . . .

M. de Stenay vient de donner au Roi, par une lettre détaillée, la clef du mystère de Frohsdorff :

En résumé, on ne veut pas y reconnaître Monseigneur, non parce qu'on doute de son identité, mais parce qu'on le juge indigne d'être accueilli par la sainte famille des Bourbons. On craint qu'il n'en compromette l'honneur et le prestige, et l'on accumule sur sa tête toutes les calomnies dont on accabla Hervagault, Mathurin Bruneau et les autres faux dauphins.

Le duc de Larochefoucauld, le seul parmi des gentilshommes qui approchent le comte de Chambord et sa tante, osa parler selon sa conscience.

Il fit avouer à la duchesse qu'elle savait que son frère existait, mais qu'ayant appris quelles étaient ses habitudes, ses manières et surtout ses principes, elle répugnait à le reconnaître et à l'admettre auprès d'elle.

Voilà enfin la vérité qui se fait jour. Ce n'est pas le Dauphin du Temple qu'on renie, c'est l'ex-baron de Richemont qu'on ne veut pas connaître.

. . . .

L'inexplicable silence du comte de Chambord pousse le roi à reprendre les hostilités, et Suvigny réunit les pièces nécessaires pour faire aboutir sa requête auprès des tribunaux.

Ces messieurs viennent d'apprendre qu'un certain M. de Beauchesne, avocat intelligent et sans fortune, vient d'être chargé de la rédaction d'un mémoire tendant à établir victorieusement la mort du Dauphin au Temple.

Ce sera la contre-partie de l'œuvre de Suvigny, qui compte publier les pièces réunies dans *L'Inflexible* avant d'en livrer le dossier aux tribunaux. C'est la seule garantie qu'il ait trouvée pour les préserver d'une destruction qui serait en même temps leur anéantissement.

. . . .

Depuis que le Roi m'a quittée, une avalanche de lettres m'apportent les nouvelles les plus diverses, les plus singulières, les plus contradictoires.

Je me perds dans un ensemble de faits, de réflexions, d'anecdotes qui se contredisent, ou même se démentent.

D'une part, on me raconte que le vicomte d'Orcet, définitivement éclairé sur l'identité du Prince, s'efforce de décider M. de Nicolaï à parler énergiquement à la duchesse d'Angoulême de ses devoirs envers son frère... Et Nicolaï, l'ami fervent du Roi, hésite et se tait... C'est le duc de Doudeauville qui, seul, porte haut et ferme le drapeau de la vérité...

Maintenant, voici Monseigneur qui me raconte que l'abbé Lienhard, son confesseur, arrive de Frohsdorff où il a vu sa sœur par surprise.

Il la prétend prisonnière de M. de Montbel, et profondément malheureuse de ne pouvoir échapper à la tutelle qu'il exerce sur elle.

Malgré la présence de ce témoin hostile, la duchesse a longuement entretenu l'abbé Lienhard du baron de Richemont, cherchant à s'éclairer sur les faits qui lui sont journellement rapportés contre lui.

Quand ce saint prêtre eut réfuté un à un les bruits calomnieux répandus sur Monseigneur, il allait se retirer, mais la fille de Louis XVI le retint et dit avec énergie :

« Eh ! bien, Monsieur l'Abbé, je crois ce que vous me dites, et je veux voir mon frère !... »

Elle aurait répété avec force : « Je veux voir mon frère ! Vous entendez, M. de Montbel, vous lui enverrez l'argent nécessaire pour venir à Frohsdorff. »

Sur la page où ces lignes sont tracées, je distingue des larmes. Elles s'élargissent en taches claires sur la matité du papier, ou mettent sur les mots un orbe baveux.

J'ai baisé ces larmes ; ce sont celles du Roi ! Je ne puis plus les sécher ; mais je sais encore les boire...

. . . .

Je n'ai pas achevé hier le chapelet des nouvelles. Le duc de Lévis, conseiller politique du comte de Chambord, et ennemi déclaré de Monseigneur, travaille sans relâche contre lui, et son influence intimide la foi inébranlable de son beau-frère, le marquis de Nicolaï. De là le silence de ce dernier, au moment où le roi comptait sur lui pour soutenir sa cause...

Nous ne sommes pas au bout...

M. Nicolaï vient de réfuter victorieusement dans *L'Inflexible* l'absurde identité de Perrin le Bossu avec Monseigneur, qu'on cherchait à exploiter de nouveau.

La volonté manifestée par la Dauphine de revoir son frère et de le faire venir à Frohsdorff s'est fondue dans un silence significatif.

Le roi recommence à désespérer de la voir jamais.

. . . .

Le livre de M. de Beauchesne, que l'on vient de m'envoyer, ressemble à un buisson où se seraient confondues, dans un inextricable enlacement, des ronces et des plantes.

Le vrai et le faux s'y nouent si étroitement qu'il est impossible de les dégager l'un de l'autre.

L'auteur y fait preuve d'habileté, et son œuvre obtiendra, auprès des ignorants, le succès qu'on en attend.

Elle serait assurément néfaste pour le Roi si, le même jour où elle est apparue, M. de Suvigny n'avait lancé son livre, qui est une œuvre de vérité et de justice.

Il contient le fac-similé des pièces qui existent encore et qui sont entre les mains du Roi ou de ses amis, plus un virulent réquisitoire contre la Restauration et les souverains de la Sainte-Alliance.

Ces deux ouvrages, notoirement en contradiction, doivent forcément préoccuper l'opinion, et Monseigneur compte sur le mouvement pour donner aux débats qui vont s'ouvrir toute l'importance nécessaire.

. . . .

A peine paru, le livre de Suvigny vient d'être saisi par la police, et condamné à disparaître... Nous aurions dû nous y attendre... La réfutation des arguments contenus dans celui de M. de Beauchesne constituait un danger pour le succès de cette œuvre, et, sans hésitation, on a supprimé la vérité qui gênait.

M. Foyatier a cependant réussi à sauver l'édition ; mais elle va s'ensevelir dans sa cave, pour en sortir clandestinement volume par volume, comme une publication malsaine que la morale réprouve, et que la censure contraint d'étouffer.

. . . .

Le vicomte d'Orcet avec qui je conserve des relations courtoises depuis le jour où je reçus de lui la flèche empoisonnée des révélations, m'adresse une missive en quelque sorte officielle, que je n'ose cependant transmettre à Monseigneur.

Il a su, je ne sais par quel canal, que la duchesse d'Angoulême ne cesse de demander à M. de Montbel de faire venir son frère et ce dernier, pour couper court à toute insistance, lui aurait assuré que le baron de Richemont, fort malade, ne peut se rendre à son appel.

M. d'Orcet, dont les sentiments pour Monseigneur semblent singulièrement modifiés, me dit pouvoir lui communiquer directement l'information recueillie auprès des intimes de Frohsdorff ; mais il compte sur moi pour agir.

Que faire ?... Donner au roi cette suprême espérance de se rapprocher de sa sœur pour qu'il se heurte encore une fois à la barrière élevée entre elle et lui par les préjugés et l'hypocrisie de son entourage, n'est-ce pas une imprudence !...

Monseigneur est âgé, souffrant ; une émotion peut lui devenir funeste.

Si j'étais près de lui, je verrais de plus près ce que l'on peut faire, et si la communication de M. d'Orcet doit lui être transmise.

J'écris à M. Foyatier en le priant de me donner conseil à ce sujet.

. . . .

La duchesse d'Angoulême est très malade... Les journaux

eux-mêmes annoncent la nouvelle comme officielle, et je me demande ce que va faire le Roi ?...

. . . .

Monseigneur m'écrit une lettre de désolation. On y sent vibrer l'âme du frère et du monarque. Sa sœur, c'était le rameau d'olivier laissé à sa détresse, la dernière épave de l'espérance, le seul cœur contre lequel il eut voulu s'appuyer... Si elle meurt, c'est l'écroulement complet de l'édifice, l'adieu définitif au rêve de gloire qui, malgré tout étreint le cerveau de tout homme né pour le trône.

. . . .

M. de Larochefoucauld adresse au roi un bulletin journalier qui m'est aussitôt transmis.

L'état de la princesse s'aggrave, et ne laisse aucun espoir de la sauver !... Ses dernières heures paraissent profondément troublées par la pensée de son frère. Placée en face de l'éternité, elle commence à juger sa vie, et redoute l'effrayante responsabilité qu'elle a encourue.

N'est-ce point son silence qui consacra l'usurpation du trône et peut-elle oublier qu'elle porta atteinte au droit divin en rejetant dans l'ombre l'élu de Dieu.

. . . .

L'agonie morale de la Dauphine est atroce, mande le duc de Larochefoucauld. Elle se repent amèrement d'avoir étouffé la vérité, et veut, avant de mourir, réparer, dans la mesure de ses forces expirantes, le tort fait au roi et à la monarchie par sa coupable faiblesse.

Elle a supplié le général de Larochejaquelein, présent dans sa chambre de l'aider, dans l'œuvre de réparation qu'elle tente d'accomplir.

« Vous irez, lui a-t-elle dit, partout où peuvent encore se rencontrer des témoins de l'existence de mon frère ; vous les réunirez, et vous les produirez, afin qu'Il soit remis sur le trône de ses pères. Pie IX qui connaît son existence et sa vie, vous aidera à lui faire rendre justice, et je mourrai alors tranquille et consolée. »

Le général a promis ; il ne tiendra pas, ajoute le duc, comme tous les autres, il considère que la reconnaissance du Dauphin serait la condamnation de toute la famille royale, et il se taira pour laisser sauf l'honneur des Bourbons.

. . . .

La duchesse est morte !... Le panégyrique de ses vertus encombre les journaux... Moi, je pense au roi ! Au roi dont les larmes doivent avoir la corrosiveté brûlante de celles qui tombent sur l'irréparable...

. . . .

Monseigneur est ici... Si j'avais pu tendre Vauxrenard de crêpe pour le recevoir, je l'aurais fait, tant son chagrin trouve d'échos dans mon vieux cœur encore tout plein de lui...

. . . .

La soirée hier en tête-à-tête dans le petit salon où jadis nous avons connu des heures douces, a été tragique.

Le roi, que j'avais à peine vu à son arrivée, a laissé couler devant moi les larmes de sang qui engorgent son cœur.

Devant le spectre de sa sœur, il a eu de magnifiques cris de révolte et de douloureux attendrissements.

Il s'est cabré dans sa souffrance, comme le lion blessé rugit et se plaint avec une égale grandeur... Puis, plus calme, il a voulu revenir avec moi sur les pages de son existence où le nom de la Dauphine s'est plus particulièrement gravé, et une mélancolie mouillée de larmes a succédé à l'excitation des premières heures.

« Vous le voyez, Madame, m'a-t-il dit avec une grande tristesse, le fils de Louis XVI n'a plus en ce monde ni espérance, ni affection... Ma sœur a emporté avec elle le dernier rayon qui colorait encore mon déclin... et je ne garde plus au cœur que le sentiment de reconnaissance que je dois à votre dévouement.

« J'ai eu des amis ; ils ont cru en moi ; mais ils se sont tus dans la crainte de nuire aux Bourbons... On a étouffé la voix de ceux qui auraient osé parler, et on a répandu la calomnie pour éviter d'accueillir la vérité.

« La légitimité, désormais domestiquée par l'imposture, a tendu son front au bandeau de l'hypocrisie et elle s'est courbée sous la honte... Je reste seul debout avec mon droit et ma douleur ?...

— Monseigneur, ai-je répondu d'une voix étouffée de larmes, vous m'avez appelée autrefois votre sœur... Ne la suis-je pas doublement aujourd'hui où je comprends et partage la détresse de votre âme... Vous prétendez dire adieu à toute espérance parce que la duchesse d'Angoulême n'est plus et que nul autre en ce monde ne saurait comme elle en imposer par un témoignage à la mauvaise foi de vos adversaires... Mais songez avant de désespérer, que de là-haut, son âme dépouillée de toute vaine considération, peut inspirer à ceux qui la pleurent des sentiments généreux. Le comte de Chambord est, dit-on, le digne fils du duc de Berry... Pourquoi ne subirait-il pas l'influence de la morte ; et savons-nous si, dès aujourd'hui, il ne vous est pas acquis.

Le roi a secoué la tête.

— Vous cherchez, Madame, à engourdir ma douleur par de vaines espérances ; je vous en sais gré ; le sentiment de sympathie qui vous inspire me touche profondément ; mais il ne saurait me convaincre.

« La mort de ma sœur a brisé en moi le ressort de vie déjà si usé par l'adversité. La lutte a été longue et sans éclaircie...

On a nié ma naissance, on a voulu me rabaisser jusqu'au rang le plus infime, et la France n'a pas compris que, pour subir sans fléchir de semblables épreuves, il fallait vraiment que je sois un pur sang... Je mourrai debout, comme les chevaux de grande origine, et personne n'assistera à mon agonie... Je ne donnerai pas au monde le spectacle du fils de Louis XVI et de Marie-Antoinette mendiant la pitié de ceux qui n'ont pas voulu le reconnaître... »

Monseigneur s'est laissé tomber dans un fauteuil, la tête dans ses mains, et j'ai deviné un sanglot qui montait à sa gorge.

. . . .

Le roi reste très affaissé...

Les lettres de condoléance abondent. Les unes maladroites et emphatiques, d'autres pleines de sentiment ; certaines enfin sont empreintes de cette banalité de commande qui glace le cœur au lieu de le réchauffer.

Le roi les lit avec une attentive émotion ; il les relit même plusieurs fois, cherchant un soulagement à sa douleur parmi les phrases qui les composent...

Les détails donnés par les habitués de Frohsdorff sur les derniers moments de sa sœur le préoccupent...

Il en voudrait tous les jours de nouveaux, afin d'y découvrir un mot, une nuance témoignant pour lui d'une dernière tendresse, d'un suprême regret.

Il voudrait savoir que sa mort fut douce et que si sa pensée se porta sur lui, elle n'éveilla que le regret de ne point le voir auprès d'elle, et non le remord de l'avoir renié ! Quel cœur que celui qu'on a meurtri ! et quel prince eut été Monseigneur si, au lieu de le repousser du pied comme un être vil, les siens l'avaient accueilli et porté, enfant, jusqu'au trône.

. . . .

M. de Nicolaï ne peut se consoler, paraît-il, d'avoir laissé mourir la Dauphine sans s'être ouvert à elle de tout ce qu'il savait sur son frère... Il a le remord d'une conduite qui paraît équivoque, et qui ne fut dictée que par le désir de ne point troubler la quiètude des Bourbons.

Ce fut là la cause initiale du silence de ceux qui leur étaient dévoués. Ils n'eurent pas le courage d'oser... Ils attendaient je ne sais quel événement chimérique ou providentiel, pour les aider à parler, et ce fut la mort qui vint !..

... Depuis longtemps la question d'identité était écartée, parce qu'elle était résolue ; mais on repoussait le roi à cause de ses principes religieux et politiques. Le mot de Mme de Tourzel : « C'est un mauvais sujet qu'il faut oublier » reste le seul vrai dans ce dédale de mensonges.

. . . .

Le roi ne se sent pas bien... Il souffre de sa jambe, les douleurs se généralisent ; une torpeur l'accable... MM. de Suvigny et Foyatier, qui sont ici en ce moment, viennent de le décider à partir pour Aix-les-Bains... Une saison d'eau le remettra peut-être...

Une lettre du duc de Larochefoucauld a contribué à l'abattre plus encore qu'il ne l'était ces jours derniers. Il lui raconte qu'ayant été faire une visite de condoléances au comte de Chambord, celui-ci l'a reçu froidement, l'accusant d'avoir empoisonné les derniers jours de sa tante en lui parlant de Louis XVII. M. de Doudeauville prit fort mal la chose, et releva vertement l'observation du Prince.

Il se sait assez bon gentilhomme pour ne point accepter, même d'un roi, un reproche qu'il ne mérite pas.

Le duc partit donc en jurant de ne plus remettre les pieds à Frohsdorff, ce qu'il eut fait certainement sans l'intervention du duc de Lévis, qui s'employa à réconcilier les deux hommes.

Monseigneur m'a tendu la lettre avec, sur les lèvres, un sourire figé qui en disait long.

Il se souvenait sans doute qu'ayant voulu lui rendre l'espérance, j'avais invoqué la belle figure du comte de Chambord.

Hélas ! lui comme les autres pense que le roi est un mauvais sujet qu'il faut oublier !...

Je n'ai rien trouvé à répondre ; mais j'ai respectueusement baisé la main qui me tendait la lettre.

. . . .

Monseigneur est parti pour Aix... Avant de quitter Vauxrenard, il a voulu régler lui-même toutes ses affaires avec une minutie qui m'a peinée.

Je devinais sa pensée qu'il nous dérobait, peut-être par pitié pour moi.

Il a prié Suvigny de suspendre la publication de *L'Inflexible* jugeant inutile toute nouvelle tentative vers la justice et le droit. Puis il a écrit de courts billets aux amis restés fidèles, ainsi qu'à tous ceux qui ont pris part à son deuil.

La veille de son départ, il s'est longuement promené dans le parc, avec la lenteur qu'impose sa jambe malade.

Il a dit adieu aux jardiniers qui travaillent dans les plates-bandes, et s'étant arrêté devant la serre où, en toutes saisons, fleurissent des lis, il a dit à l'homme plus spécialement chargé de leur culture :

« Vos fleurs dureront plus longtemps que moi !... »

Le soir, après souper, il a voulu aller s'asseoir sur un banc qui, jadis, nous fut familier, et longtemps il est resté silencieux.

Puis d'une voix lente et comme lointaine, il a prononcé :

— J'aimais Vauxrenard, Madame, plus que vous ne l'avez cru, et je ne voudrais pas mourir loin d'ici... Je me sens très bas, et entreprendre un voyage en ce moment est sans doute une folie...

Suvigny et Foyatier qui venaient de nous rejoindre, insistèrent pour qu'il persiste dans sa décision.

Le roi ne dit plus rien, et le lendemain il était parti...

Bien entendu, Bernard l'accompagne ; mais, comme il est trop âgé maintenant pour être seul auprès de son maître, j'ai supplié Monseigneur d'emmener Joseph, en qui j'ai confiance. Tout en étant un vieux serviteur, il garde encore les forces nécessaires pour être utile au roi.

. . . .

Un courrier de Lyon m'annonce le retour de Monseigneur... A peine arrivé dans cette ville, il s'est senti souffrant... Le Dr Pictet chez qui il est descendu, voulait lui mettre les sangsues ; mais il s'y est opposé et a voulu rentrer ici en toute hâte...

Alors on m'a envoyé un courrier qui le précède de quelques heures, pour me prévenir et m'éviter une trop grande émotion.

. . . .

Monseigneur est arrivé fort tard hier dans la soirée. Sa chambre était prête à le recevoir, et je l'attendais avec une double inquiétude : celle de le trouver plus malade qu'on n'avait osé me le dire et la crainte de le lui laisser voir...

Assurément, le roi n'est pas bien ; mais il ne me semble pas en danger.

Sa jambe le fait souffrir, et sa langue s'embarrasse davantage ; mais ce sont là les suites de son attaque, qui s'aggravent toujours au moment des fortes chaleurs. Le Dr Pictet m'a envoyé le détail du régime qu'il doit suivre, et je m'efforce de l'y contraindre.

Le malaise de Monseigneur continue sans s'aggraver... Nous l'entourons de soins incessants, et il nous en remercie avec douceur. On croirait qu'un souffle d'indulgence a passé sur son âme... Il ne se plaint plus de personne, témoigne une grande reconnaissance à ceux qui s'intéressent à sa santé, et passe de longues heures dans le parc, étendu sur une chaise longue, plongé dans de graves méditations...

. . . .

Hier, en feuilletant un livre posé sur la table du roi, j'y ai trouvé ces mots écrits sur un feuillet resté blanc d'imprimerie :

1785

NUL NE DIRA SUR SA TOMBE

PAUVRE LOUIS,

QUE TU FUS A PLAINDRE !

PRIEZ DIEU POUR LUI !

J'ai tant pleuré en lisant ces lignes qui résument la destinée de celui que nous disputons à la mort que mes paupières flétries en ont pris une teinte de sang.

Le roi l'a remarqué, et m'a demandé ce que j'avais :

— C'est un moustique qui m'a piquée, ai-je répondu, prise au dépourvu.

Monseigneur a eu ce sourire qui, maintenant, glisse sans cesse sur ses lèvres, et il a dit en fixant le vide :

— Ce n'est pas le jour où l'on part qu'il faut pleurer ; c'est le jour où l'on vient au monde pour y souffrir et y haïr...

Puis il s'est tu ; et comme il était fort pâle, je l'ai prié de rentrer. Le soir il se sentait mieux, et ce matin, je le trouve presque bien.

. . . .

Le roi est mort cette nuit...

. . . .

Hier soir, il s'est couché comme de coutume ; Bernard

auprès de lui dans un cabinet attenant à sa chambre, et Joseph dans la pièce à côté. Ni l'un ni l'autre n'ont rien entendu ; mais ce matin, Monseigneur était froid dans son lit...

Oh ! ce lit fleurdelysé où repose le Roi de France ! Ce lit auprès duquel je pleure dans l'infinie détresse d'une douleur qui ressemble à un abîme.

La date lugubre du 10 août sonne encore une fois le glas de la royauté.

. . . .

Le Prince est encore là... Sa belle tête lasse s'appuie sur l'oreiller dans un calme majestueux ; et son profil bourbonnien, rendu plus net par les arêtes de la mort, semble opposer un dernier défi à l'opinion qui l'a vaincu.

Je prie à genoux au pied de ce lit où repose un fils de roi, et j'ai conscience de porter à moi seule le deuil de la France.

. . . .

Le Dr Noyer et M. Foyatier sont arrivés... Demain on enterre le roi dans ce cimetière de Gleyzé qu'il aimait, et où dès longtemps, il a marqué sa place.

Je le suivrai jusqu'au bout ; mais j'entretiendrai des lis sur sa tombe, comme un dernier hommage et un dernier symbole ; et je mourrai aussi sans doute, car nul ne saurait vivre quand il n'a plus au cœur amour ni espérance...

Vauxrenard, 11 août 1853.

DIJON, IMP. DARANTIERE